LE NOUVEAU PÉRIL SECTAIRE

JEAN-LOUP ADÉNOR
et TIMOTHÉE DE RAUGLAUDRE

LE NOUVEAU PÉRIL SECTAIRE

Antivax, crudivores, écoles Steiner, évangéliques radicaux…

Robert Laffont

ISBN : 978-2-221-25532-2
Dépôt légal : octobre 2021
Éditions Robert Laffont – 92, avenue de France 75013 Paris

« Les sectes sont des clignotants qui signalent un défaut dans les circuits de notre civilisation matérialiste. »

Alain Woodrow,
Les Nouvelles Sectes, 1977

« C'est leur loi à eux, mais ils ne sont pas tout seuls sur la Terre. C'est pour ça qu'on dit qu'il y a deux sociétés qui vont se créer. Il y a ceux qui veulent accepter l'autorité mise en place, et il y a les autres. »

Abigaël, nouvelle habitante
du village d'Éourres

« La seule solution, c'est de lâcher prise avec tout ce qu'on a connu. Et c'est ça le piège. »

Carla, ancien parent d'élève
d'une école Steiner-Waldorf

PROLOGUE

Les « sectes » n'existent pas

Une « prison psychologique » pour Enzo. Une situation d'« impuissance au paradis » pour Carla. Une « arnaque à la religion » pour Daniel. Une « manipulation mentale » pour Paul. Du « formatage » pour Sandrine. Quand nous nous sommes lancés dans cette longue enquête, la première difficulté à laquelle nous avons été confrontés a été celle de définir les dérives sectaires, afin de mieux appréhender les mouvements sur lesquels nous allions nous pencher. Les dizaines de témoins que nous avons interrogés racontent des histoires survenues dans des contextes extrêmement différents – d'une communauté chrétienne fondamentaliste isolée à une école alternative dissimulant une doctrine ésotérique, en passant par des promoteurs en ligne d'une alimentation entièrement crue.

Certains mouvements « isolationnistes » sont proches de l'idée qu'on se fait des « sectes » : ils vivent coupés du monde, repliés sur eux-mêmes – comme le suggère l'une des étymologies latines du terme, *secare*, qui signifie « couper ». Un exemple éloquent est celui de La Famille, une communauté d'inspiration chrétienne, née au XIXe siècle d'une dérive janséniste et qui a récemment recommencé à attirer l'attention. Leurs 2000 à 3000 membres se partagent huit patronymes et pratiquent une stricte endogamie, reclus dans l'est de Paris, en attendant l'Apocalypse.

D'autres, à l'inverse, assument leur volonté de transformer en profondeur une société en perdition, dont il faudrait sauver les âmes. Ceux-là, qui pourraient être qualifiés d'« expansionnistes », n'hésitent pas à influencer discrètement les sphères politique, économique et sociale. Notre livre en fournit plusieurs illustrations, inquiétantes pour la société dans son ensemble. Ainsi, les anthroposophes avancent par exemple masqués en politique, dans l'éducation ou dans l'agriculture, espérant modifier la société selon leur système de croyances, remportant parfois de petites victoires comme dans le village d'Éourres, dans les Hautes-Alpes, où nous avons passé deux jours en immersion.

En effet, le phénomène sectaire, dévastateur en premier lieu pour ses victimes directes, l'est également pour le bien commun. Dans certains pays outre-Atlantique, des mouvements à tendance sectaire sont parvenus à atteindre le plus haut niveau de l'État, au point de dicter une partie de la politique nationale.

À rebours d'un cliché répandu, l'emprise sectaire ne frappe pas forcément les plus fragiles ou les plus démunis. Toutes les classes sociales sont potentiellement concernées. Les publics varient en fonction du courant de pensée : les mouvements « élitaires » cherchent à recruter dans les milieux d'affaires, la bourgeoisie catholique conservatrice ou chez les urbains en quête de naturel et de bien-être ; les mouvements « populaires », eux, profitent du retrait de l'État dans les quartiers pauvres ou les campagnes reculées pour séduire de nouveaux adeptes, en leur faisant miroiter un enrichissement miraculeux, une guérison divine ou un idéal guerrier. Cependant, quelle que soit la catégorie de population ciblée, ces mouvements hétéroclites recréent souvent, *in fine*, une forme de système pyramidal qui écrase les possibilités d'émancipation de leurs recrues.

*

* *

Par-delà la diversité des mouvements incriminés et des expériences vécues, nous nous sommes mis en quête du plus petit dénominateur commun de ces dérives. Qu'est-ce qui relie les parcours d'Enzo, de Carla, Daniel, Paul, Sandrine et des nombreuses autres victimes d'emprise sectaire qui ont bien voulu se confier à nous ? Pour la plupart, une faille dans leur vie, un moment de vulnérabilité les a rendus perméables à des discours séduisants au premier abord. Beaucoup décrivent avec émerveillement leur arrivée dans une église dynamique, une école située en pleine nature, une « communauté d'éducation financière » prometteuse. « Nous avons de grandes difficultés à caractériser certaines emprises, nous a prévenus Serge Blisko[1], ancien président de la Miviludes[2]. Parce que l'emprise est douce, souvent, elle est même agréable. Les buts ultimes sont dissimulés. »

Puis, petit à petit, nos témoins se sont heurtés à la doctrine du groupe et à l'obligation de s'y conformer. Lorsqu'ils ont commencé à interroger celle-ci, des dirigeants ou d'autres adeptes leur ont répondu qu'ils se posaient « trop de questions », qu'ils étaient « trop intellectuels », qu'il fallait « lâcher prise ». Là est pro-

1. Entretien avec les auteurs, le 16 février 2021.
2. Mission interministérielle de vigilance et de lutte contre les dérives sectaires.

bablement le point commun à toutes ces histoires douloureuses, formant ainsi le cœur de l'emprise : l'annihilation de l'esprit critique.

Certaines de ces dérives peuvent être réprimées par des délits pénaux – abus de faiblesse, exercice illégal de la médecine ou de la pharmacie, escroquerie financière, agressions sexuelles, discriminations, etc. – mais, hélas, les victimes n'osent pas toujours franchir la porte du commissariat et prendre le risque de s'enliser dans des années de procédures judiciaires. Toutes, en revanche, ressortent éprouvées physiquement et moralement de leur expérience. Certaines se sont coupées de leur famille, ont enduré des dépressions. D'autres ont interrompu leur traitement médical pour se soigner aux médecines parallèles, au péril de leur vie. D'autres encore ont tenté de mettre fin à leurs jours. Car l'emprise sectaire tue.

D'aucuns nous accuseront sûrement de participer à une sorte de « chasse aux sorcières », de rejoindre une « police des esprits ». Dans les années 1990, les parlementaires français avaient dressé des listes de « sectes » et s'étaient aussitôt vu reprocher de mettre à l'index les communautés jugées déviantes. Une approche maladroite et contre-productive qui a heureusement été abandonnée. Aujourd'hui, ni les autorités ni les associations de terrain ne parlent de « sectes », notion qui n'a aucune définition juridique. Elles préfèrent désormais s'intéresser aux comportements dangereux pour les adeptes ; elles parleront donc plutôt de « dérives sectaires », d'« emprise sectaire » ou, s'il faut qualifier les groupes en question, de « mouvements à tendance sectaire ». Nous avons choisi de reprendre à notre compte cette approche contemporaine, bien plus proche à notre sens de la réalité de ce que traversent les victimes. Aussi notre livre ne doit-il en aucun cas être considéré comme une liste de « sectes » – jamais, sous notre plume, on ne trouvera ainsi qualifiés les mouvements que nous décrivons. Nous ne prétendons d'ailleurs à aucune exhaustivité, tant le phénomène est protéiforme.

*

* *

Pour bâtir notre enquête, nous nous sommes efforcés de recueillir avec patience la parole de dizaines de victimes, qui ont souvent choisi l'anonymat par peur des représailles ou par volonté de tourner la page. Nous avons recoupé cette parole avec l'éclairage d'acteurs de terrain mais aussi avec le point de vue des groupes et personnalités mis en cause, lorsque ceux-ci ont accepté de nous répondre. Cependant, du gourou crudivore Thierry Casasnovas à la puissante Fraternité Saint-Pie-X, en passant par l'église évangélique Charisma ou l'ancienne ministre de la Culture Françoise Nyssen, liée à l'anthroposophie, bon nombre de protagonistes cités n'ont jamais donné suite à nos demandes d'entretien, ce qui nous interroge sur leur souci de la transparence et du débat contradictoire.

Pour analyser les récits accumulés et déterminer s'ils relevaient ou non d'une emprise sectaire, nous nous sommes appuyés sur les 11 critères de la Miviludes :

- la déstabilisation mentale ;
- le caractère exorbitant des exigences financières ;
- la rupture avec l'environnement d'origine ;
- l'existence d'atteintes à l'intégrité physique ;
- l'embrigadement des enfants ;
- le discours antisocial ;

- les troubles à l'ordre public ;
- l'importance des démêlés judiciaires ;
- l'éventuel détournement des circuits économiques traditionnels ;
- les tentatives d'infiltration des pouvoirs publics.

Nous avons aussi cherché à rendre compte de l'évolution du paysage sectaire ces dernières décennies et de ses grandes tendances actuelles. Car l'image bien ancrée dans les mentalités, héritée des années 1990, d'un groupe multinational structuré autour d'un gourou autoritaire ne correspond plus tout à fait à la réalité. Une multitude de petits groupes se sont formés – les services de l'État estiment leur nombre à 500 –, proliférant à la faveur des réseaux sociaux. Une forme d'« ubérisation » du phénomène sectaire.

Par ailleurs, son centre de gravité s'est déplacé ; l'emprise se greffe désormais beaucoup moins sur la spiritualité organisée, au profit des questions de santé et de bien-être, comme nous l'explique Serge Blisko : « On a beaucoup focalisé l'attention sur des religions, para-religions ou péri-religions. Ces dérives existent. Mais nous nous sommes aperçus que les affaires religieuses ne couvraient que 5 à 10 % des signalements faits à la Miviludes. Aujourd'hui, nous avons affaire à un morcellement des dérives sectaires. C'est un archipel : il y a quelques grosses îles et une quantité de petites îles qui tournent autour du bien-être, de la santé, de l'hygiène, de la nourriture saine, du travail avec la nature. Il y a une préoccupation légitime, surtout dans les catégories les plus aisées, pour le bien-être. Dieu y a été remplacé par la nature. Et un certain nombre de charlatans se sont engouffrés là-dedans. Les questions de santé regroupaient déjà, à la fin des années 2010, entre 45 et 50 % des signalements à la Miviludes. » D'après le rapport d'activité 2018-2020 de l'organisme, ce sont aujourd'hui 38 % des demandes qui concernent la santé et le bien-être.

Depuis maintenant un an et demi, la pandémie mondiale de Covid-19 en offre un tragique aperçu. En France, toutes les associations de lutte contre les dérives sectaires constatent avec inquiétude une explosion des signalements. Des mouvements à tendance sectaire ont en effet profité du climat d'incertitude, d'un affaiblissement de l'État, d'une délégitimation du gouvernement et d'une hausse des inégalités dans une société en voie d'atomisation, composée d'individus qui vivent de plus en plus séparés les uns des autres. Ils ont capitalisé sur cette crise en diffusant des discours complotistes, anti-masques, anti-vaccination, offrant une perspective de rupture radicale avec la société. Ces mouvements prospèrent toujours sur la faillite de nos élites. Ils sont un miroir grossissant des faiblesses de notre modèle social. C'est pourquoi cette enquête offre des clés de compréhension qui dépassent le seul phénomène sectaire et permettent de comprendre ce qui dysfonctionne et nous concerne tous : la montée de l'hyper-individualisme et le manque criant d'une transcendance, d'un idéal commun pour faire société.

La crise sanitaire a rappelé que le phénomène sectaire n'était pas un fantôme du passé. Rien qu'en France, il toucherait encore 500 000 personnes, dont un cinquième de mineurs, indiquait récemment la Miviludes sur son site Internet. Un Français sur cinq dit connaître dans son entourage proche un adepte de mouvement à tendance sectaire.

Malgré cette réalité, depuis dix ans, les pouvoirs publics se sont désintéressés du sujet, au profit de problèmes aux effets plus brutaux, plus visibles et aux enjeux mieux identifiés, comme la radicalisation islamiste – qui n'est pourtant pas étrangère à l'emprise sectaire, mais n'est pas traitée comme telle. La menace d'une « dissolution » de la Miviludes à la fin de l'année 2019, qui a participé à déclencher notre envie d'écrire ce livre, n'en est que le symptôme le plus flagrant.

C'est là une question de fond que nous nous sommes posée tout au long de notre enquête : l'État est-il en train d'abandonner la protection des citoyens victimes d'emprise, dans un aveu d'impuissance, les laissant seuls face à des mouvements structurés et dangereux ? A-t-il réellement conscience des conséquences de l'insuffisance de son action ? En somme, la République a-t-elle déposé les armes face au phénomène sectaire ?

PARTIE I

L'État face au péril sectaire

1

Adieu Miviludes ?

« On ne fait que prendre des coups de massue. C'est de la violence institutionnelle, ce qui se passe pour nous[1]. »

Automne 2020. Une source proche de la Miviludes, qui tient absolument à garder l'anonymat, nous fait cette confidence alarmante à la terrasse d'un café et à l'abri des regards. Un an plus tôt, un séisme a frappé le petit milieu de la lutte contre les dérives sectaires. Le 1er octobre 2019, le site Internet de France Inter titre : « Lutte contre les sectes : la Miviludes va disparaître[2] ». Depuis un an déjà, l'institution, placée sous la tutelle directe du Premier ministre et travaillant depuis dix-sept ans sur le phénomène sectaire, est sans président après le départ en retraite de Serge Blisko. En outre, elle n'a pas publié, deux années de suite, son rapport annuel d'activité.

D'après la radio publique, elle doit disparaître au 1er janvier 2020. Une partie de ses fonctionnaires – trois

1. Entretien avec les auteurs, le 10 septembre 2020.
2. Ouafia Kheniche, « Lutte contre les sectes : la Miviludes va disparaître », France Inter, 1er octobre 2019.

sur une petite quinzaine – doivent être rattachés au ministère de l'Intérieur, plus précisément au SG-CIPDR[1], créé en 2006. « C'est une catastrophe », s'affole auprès de France Inter le magistrat et ancien député Georges Fenech, qui a été président de la Miviludes entre 2008 et 2012. « Cette décision est d'une conséquence terrible. Cette institution nous était enviée par le monde entier ! »

Cette annonce brutale, qui fera par la suite l'objet d'un imbroglio interminable, nous interroge plus largement : comment l'État français en est-il venu à prendre en compte le phénomène sectaire, comment protège-il ses victimes et le fait-il toujours avec autant d'efficacité ?

Hasard de calendrier : alors que se répand cette nouvelle inattendue, nous nous apprêtons à publier notre premier livre d'enquête écrit à quatre mains, *Dieu est amour*[2]. Pour la première fois, nous révélons l'existence dans notre pays de groupes chrétiens fondamentalistes, souvent importés des États-Unis, qui prétendent « guérir » les homosexuels, en leur proposant un parcours pseudo-psychologique pour les aider à réprimer leurs pulsions, voire tenter de les « convertir » à la norme hétérosexuelle. En nous infiltrant dans ces groupes, en recueillant les témoignages inédits de victimes de ces pratiques, nous avons pu mesurer les similitudes avec les phénomènes d'emprise mentale tels qu'on les retrouve dans les mouvements à tendance sectaire. Or ces mal nommées « thérapies de conversion » étaient longtemps restées sous le radar des pouvoirs publics,

1. Secrétariat général du Comité interministériel de prévention de la délinquance et de la radicalisation.

2. Jean-Loup Adénor et Timothée de Rauglaudre, *Dieu est amour. Infiltrés parmi ceux qui veulent « guérir » les homosexuels*, Flammarion, 2019.

à une exception près : la Miviludes, elle, les avait déjà détectées.

Aussi l'annonce de son rattachement au ministère de l'Intérieur nous interpelle-t-elle d'autant plus. Nous voulons comprendre. L'information est reprise par plusieurs médias, qui évoquent une « dissolution ». Pourtant, quelques mois plus tôt, le Premier ministre Édouard Philippe se voulait « rassurant » face aux rumeurs qui, selon Annie Guibert, ancienne présidente du CCMM[1], couraient déjà : « Nous, on disait dissolution exprès, eux disaient réforme, restructuration. On voulait marquer le coup[2]. »

Les associations historiques qui accompagnent au quotidien les victimes d'emprise sectaire sont sous le choc. Le 10 octobre, une conférence de presse est organisée à l'Assemblée nationale pour « sauver la Miviludes et continuer à protéger les concitoyens des dérives sectaires », en présence de Georges Fenech et des principales associations spécialisées. Cependant, la plus ancienne, l'UNADFI[3], reste en retrait. « On a pris ça comme un remaniement comme il peut y en avoir dans l'administration, balaie Pascale Duval, sa porte-parole[4]. Ça ne nous a pas interpellés plus que ça. »

L'événement rassemble une quarantaine de participants, dont beaucoup de militants et seulement trois ou quatre journalistes d'après Annie Guibert. « Un vrai bide », soupire-t-elle. La mobilisation des associations, soutenues par des élus historiquement attachés au sujet, n'a pas eu l'effet escompté. Le 15 juillet 2020, finalement, le décret tombe : la Miviludes sera

1. Centre contre les manipulations mentales.
2. Entretien avec les auteurs, le 9 mars 2021.
3. Union nationale des associations de défense des familles et de l'individu victimes de sectes.
4. Entretien avec les auteurs, le 11 mars 2021.

bien rattachée au SG-CIPDR. Ses fonctionnaires sont priés de déménager en un temps record. « Les leaders sectaires doivent danser en ce moment », désespère alors Charline Delporte[1], présidente du CAFFES[2]. « C'est un enterrement de première classe », jugeait déjà quelques mois plus tôt le sociologue Étienne Ollion, auteur d'un ouvrage sur l'histoire de la lutte contre les dérives sectaires en France[3].

*

* *

Comment expliquer une telle décision, critiquée de toute part ? La première raison invoquée est celle de l'efficacité. Le 23 mai 2017, un référé de la Cour des comptes, connue pour son orthodoxie budgétaire, étrillait les « fragilités » de la Miviludes, regrettait un « schéma d'organisation lourd et confus » et recommandait son rattachement au ministère de l'Intérieur.

Objectivement, pourtant, la Miviludes ne coûte pas cher : la Cour des comptes elle-même tire le constat de ressources budgétaires « très modestes » et « sensiblement réduites au cours des dix dernières années ». D'après les rapports d'activité 2016-2017 et 2018-2020, ses crédits de fonctionnement, qui s'élevaient à 128 500 euros en 2012, sont tombés 85 000 euros en 2019. « On était dans les locaux du Premier ministre, on

1. « "Les leaders sectaires doivent danser en ce moment" : les associations expriment leur colère après le déménagement express de la Miviludes », franceinfo, 16 juillet 2020.

2. Centre national d'accompagnement familial face à l'emprise sectaire.

3. « Comment bien lutter contre les dérives sectaires ? », *Le Temps du débat*, France Culture, 27 décembre 2019. Le livre d'Étienne Ollion, paru en juin 2017 aux éditions La Découverte, s'intitulait *Raison d'État. Histoire de la lutte contre les sectes en France*.

ne payait aucune charge, aucun salaire, puisqu'il y avait des fonctionnaires du Premier ministre payés sur l'enveloppe Matignon et d'autres étaient mis à disposition par leur administration qui continuait à les payer, développe Serge Blisko[1]. Donc on avait un budget d'intervention qui servait aux voyages, à la documentation et à l'organisation de réunions de temps en temps. »

Dans son référé en 2017, cependant, la Cour des comptes suggérait aussi la création d'« indicateurs de performance » pour évaluer l'action de l'organisme. En effet, dans un contexte d'austérité budgétaire et de culture du résultat, difficile d'un point de vue purement comptable de comprendre l'efficacité de l'action de la Miviludes, menée sur le long terme et souvent peu visible. « Il y avait la modernisation de l'action publique, qui consiste à tailler dans le vif, on a supprimé beaucoup d'organismes, relève Serge Blisko. Il y avait une volonté de faire des économies et de ne pas encombrer le cabinet du Premier ministre qui était bourré de petites structures. »

*

* *

Lorsque nous l'interrogeons début 2021, ce médecin de profession, désormais à la retraite, se dit « perplexe » face à la « refonte » de la Miviludes. Un an et demi auparavant, le 26 novembre 2019, son prédécesseur Georges Fenech avait fait cette déclaration remarquée sur la chaîne CNews : « Je suis convaincu, malheureusement, que certains réseaux et certains mouvements ont suffisamment d'influence dans des lieux de pouvoir et de décision pour obtenir cette très, très mauvaise

1. Entretien avec les auteurs, le 16 février 2021.

solution. » Mais à quels « réseaux » et « mouvements » le magistrat pouvait-il bien faire référence ? À l'Église de Scientologie, connue pour ses tentatives d'entrisme dans les sphères de pouvoir[1] ? À l'anthroposophie, dont l'éditrice Françoise Nyssen, ministre de la Culture de mai 2017 à octobre 2018, est réputée proche[2] ? Le journaliste ne le relance pas, on n'en saura guère plus pour le moment.

Serge Blisko, de son côté, est sceptique quant à l'hypothèse d'une influence sectaire à même de convaincre le gouvernement d'enterrer ainsi la Miviludes : « Je ne crois pas à un complot *deus ex machina*, un plan concerté qui viserait à faire disparaître un organisme qui gêne. Certains sont dans la paranoïa. Mais je pense que cette décision est quand même une erreur d'appréciation. Je crois qu'une décision économique mal pensée a amené à une espèce de flou idéologique. L'avenir nous dira si mes angoisses sont vérifiées. »

L'avenir est finalement advenu dès février 2021. À un peu plus d'un an du scrutin présidentiel, Marlène Schiappa, ministre déléguée chargée de la Citoyenneté, sous la tutelle du ministère de l'Intérieur, annonce un « renforcement » de la Miviludes. « Les moyens que nous déployons montrent que nous mesurons l'ampleur du phénomène et qu'il est prioritaire pour nous, comme l'est la lutte contre la radicalisation », fanfaronne-t-elle auprès du magazine *L'Obs*[3]. Il faut dire que le Covid-19 est passé par là. Le même jour, dans un mince rapport de vingt pages réalisé par la Miviludes avec les services de police et de gendarmerie, l'organisme indique avoir

1. Lire à ce sujet le chapitre 12, « L'hydre scientologue ».
2. Lire à ce sujet le chapitre 9, « L'école de la ministre ».
3. Maël Thierry, « Marlène Schiappa : “La crise a favorisé une emprise sectaire” », *L'Obs*, 25 février 2021.

reçu 3 008 signalements et demandes d'information au cours de l'année 2020, un nombre en hausse par rapport aux années précédentes[1]. Une conséquence de l'exposition accrue aux théories complotistes et à la promotion des médecines parallèles sur Internet, de l'isolement des personnes fragiles lié aux confinements successifs ou encore des théories apocalyptiques soi-disant validées par la pandémie mondiale. « La crise sanitaire de 2020 a provoqué une augmentation des pratiques susceptibles d'engendrer des dérives sectaires, sans que les effets de la pandémie de Covid-19 ne puissent être encore totalement mesurés à l'automne 2020 au vu du temps nécessaire à la mise en place du processus d'emprise », développe le document.

D'un « enterrement » à un « renforcement », que s'est-il passé en un an et demi ? Place Beauvau, l'entourage de Marlène Schiappa voudrait réécrire l'histoire : « La dissolution n'était pas du tout le plan initial. Certaines personnes ont vu le passage de Matignon au ministère de l'Intérieur comme un déclassement. C'est la première fois que le sujet figure dans un portefeuille ministériel. Le président de la République a souhaité qu'il soit porté politiquement, ce qui n'était pas le cas jusqu'alors, et qu'il y ait une reprise en main de la Miviludes. Il y a eu des inquiétudes, qui sont pour l'instant levées[2]. »

De fait, la volonté politique de cette fidèle de la Macronie est réelle et soulignée par nos différents interlocuteurs. Parallèlement à cette nouvelle organisation, elle souhaite profiter du rattachement au minis-

1. En 2019, la mission avait enregistré 2 804 signalements et demandes d'information.

2. Entretien avec les auteurs, le 25 mai 2021.

tère de l'Intérieur pour opérer un « rapprochement avec la justice » en améliorant la judiciarisation des procédures, ainsi qu'un « rapprochement avec les services d'enquête » en dotant tous les services territoriaux de la police judiciaire d'un référent aux dérives sectaires. Côté budgétaire également, les subventions gouvernementales aux associations spécialisées, en constante baisse depuis une décennie[1], devraient être multipliées par dix pour atteindre un million d'euros, une hausse « inédite ». « On reçoit ces jours-ci les premiers dossiers pour répondre aux besoins des associations », nous indique le cabinet de la ministre fin mai.

Coup de génie stratégique de Marlène Schiappa, la ministre a réussi à calmer les opposants à la refonte de la Miviludes en les intégrant à un conseil d'orientation redynamisé. Prévu dans le décret de création de l'organisme en 2002, ce conseil, très actif sous Georges Fenech, ne s'était réuni que « deux ou trois » fois au début de la présidence de Serge Blisko, d'après Annie Guibert. Le conseil d'orientation de la « nouvelle Miviludes » ouvre ses portes, aux côtés de chercheurs et de professionnels de la santé et du droit, aux présidents respectifs du CCMM et de l'UNADFI. Autre membre dont la présence est un symbole fort : l'ancien président Georges Fenech lui-même, une des figures historiques de la lutte contre les dérives sectaires.

*

*   *

Le magistrat nous reçoit un soir de mars dans son appartement cossu du XVIe arrondissement de Paris. Sur la cheminée du salon, des photos encadrées le

1. Lire à ce sujet le chapitre 2, « Menaces sur l'exception française ».

montrent aux côtés de Jacques Chirac ou de Rudy Giuliani, ancien maire de New York. Dans un coin de la pièce trône une guitare folk, dont cet homme de droite joue « à ses heures ». Depuis quelque temps, il a volontairement réduit au minimum sa parole médiatique : « Je ne veux pas gêner Marlène Schiappa[1]. » Quelques semaines encore avant de se voir proposer un siège au conseil d'orientation de la Miviludes, il comptait se faire plus discret sur la question sectaire, son combat depuis plusieurs décennies. « Je suis rattrapé par la manche, je ne m'y attendais pas », nous assure l'ancien député à la voix calme et au regard bleu acier.

Au début de notre entretien, Georges Fenech se dit « rassuré » par l'initiative de Marlène Schiappa de « remettre sur les rails cette mission qui avait tendance à être trop discrète ces dernières années ». Mais, à mesure que la soirée passe, sa parole se fait plus libre et son ton plus inquiet. Ses doutes remontent à 2017, lorsqu'il a découvert avec stupeur qu'il n'y avait plus de groupe d'étude sur le phénomène sectaire à l'Assemblée nationale, groupe qu'il avait présidé entre 2012 et 2017. Une première depuis 1995. Au même moment, une quinzaine de députés formaient un groupe de méditation pleine conscience, « une technique présentée comme détachée de toute religiosité mais qui en définitive fait partie intégrante du bouddhisme », estimait le 13 décembre 2018 l'UNADFI sur son site Internet. Un terreau favorable à l'emprise de certains formateurs sur les adeptes, s'accordent à dire les différentes associations. « Et là, ils invitent très officiellement quelques pontes de la méditation, raconte Georges Fenech. Les bras m'en sont tombés. Heureusement, ils n'ont pas obtenu le feu vert de la questure pour se financer sur le compte de la for-

1. Entretien avec les auteurs, le 4 mars 2021.

mation professionnelle. Dès lors que vous demandez des moyens publics de fonctionner, que vous invitez des personnalités, ça prend une connotation officielle. De mon temps, il était inimaginable qu'un tel groupe se crée.» Une anecdote révélatrice, selon lui, de l'évolution du rapport des élites politiques à la spiritualité.

L'ancien président de la Miviludes, tout de noir vêtu à l'exception de ses mocassins bruns, tire une bouffée de sa cigarette, assis sur un canapé face à nous : «Sans doute y a-t-il eu une baisse de vigilance, une baisse de la garde des pouvoirs publics. On vous dira que non, puisque la Miviludes existe toujours, que des procès ont toujours lieu, mais il n'en demeure pas moins que ce sont des signaux forts.» Parmi ces signaux, le nerf de la guerre : les moyens consacrés par l'État à la lutte contre les dérives sectaires. Tout comme les subventions aux associations de terrain, les crédits de fonctionnement de la Miviludes n'ont pas cessé de baisser depuis une dizaine d'années. «Il n'y a pas de problème de moyens», répond l'entourage de Marlène Schiappa, sans toutefois nous donner d'informations sur une éventuelle augmentation de ce budget. Les effectifs de la mission, eux aussi, ont fondu. Sous sa présidence, Georges Fenech comptait quatorze collaborateurs : «Nous avions les moyens de fonctionner. Nous étions les empêcheurs de tourner en rond.» Fin mai 2021, l'organigramme de la «nouvelle Miviludes» n'annonce que huit postes : une cheffe de service, deux conseillers santé, un gendarme et un policier chargés des questions de sécurité, une représentante de l'Éducation nationale, une autre de la direction de la DPJJ[1] et enfin un conseiller de Bercy pour l'aspect financier. «La ministre est en train de s'employer à recruter des conseillers supplé-

1. Direction de la protection judiciaire de la jeunesse.

mentaires sur des thématiques spécifiques, notamment la santé et l'Éducation nationale, nous révèle le cabinet de Marlène Schiappa. Après, ce sont des tractations interministérielles. »

Au sein de la CAIMADES[1], créée en 2009, les effectifs ne sont pas plus rassurants. Au moment où nous rencontrons Éric Bérot, chef de l'OCRVP[2] dont la CAIMADES dépend, dans son bureau spacieux à Nanterre[3], la cellule travaille sur vingt-cinq dossiers, en lien permanent avec la Miviludes, pour seulement huit policiers dévoués à plein temps à la lutte contre les dérives sectaires. « La CAIMADES n'a jamais vraiment eu de moyens, elle est en sous-effectif, mais elle existe toujours », souligne Georges Fenech.

*

* *

Quels que soient ses moyens humains et financiers, la « nouvelle Miviludes » dévoilée par Marlène Schiappa au printemps 2021 est bien différente de celle qui était en place il y a dix ans. S'il n'a finalement pas été victime de la placardisation annoncée, l'organisme interministériel, du fait de son rattachement à un service du ministère de l'Intérieur, a considérablement perdu en autonomie politique. Georges Fenech avait pourtant voulu le « sanctuariser » dans la loi en faisant de lui une Haute Autorité, pleinement indépendante. Sans succès. Le CCMM, de son côté, défendait l'attribution d'un « pouvoir d'enquête » à la Miviludes, nous indique Annie Guibert. À rebours de ces propositions,

1. Cellule d'assistance et d'intervention en matière de dérives sectaires.

2. Office central pour la répression des violences aux personnes.

3. Entretien avec les auteurs, le 25 février 2021.

qui auraient pu constituer un véritable renforcement, le poste de président a été supprimé. Le nom de Catherine Picard, ancienne présidente de l'UNADFI et réputée franc-maçonne[1], à l'origine de la loi About-Picard de 2001 étendant notamment le délit d'abus de faiblesse à l'emprise mentale, avait pourtant circulé. « Elle attendait sa nomination, j'avais même eu une confirmation, il était question qu'elle succède à Serge Blisko », nous apprend Georges Fenech. C'est pourtant une magistrate inconnue, Hanène Romdhane, qui a en définitive pris les rênes de la Miviludes. Elle n'en est pas la présidente mais la cheffe de service. « C'est toute la différence, de mon point de vue, analyse Georges Fenech. Moi, j'étais président, ancien parlementaire. Quand je décidais d'une action, je n'allais pas demander au préfet une autorisation de le faire. Il n'y aura plus cette même autonomie, même par rapport à l'administration. Il m'arrivait de dénoncer ce qui se passait dans tel ou tel ministère. Il y avait un statut. Là, ça devient plus hiérarchisé dans les échelons administratifs. Il y a la cheffe de service de la Miviludes, au-dessus le secrétaire général du CIPDR, encore au-dessus la ministre de tutelle Marlène Schiappa. Ce n'est plus la même chose. Il y a une hiérarchie administrative qui n'existait pas lorsque nous étions rattachés à Matignon. » Notre source anonyme proche de la Miviludes abonde : « Avant, chaque conseiller de la Miviludes devenait en quelque sorte un N moins deux du Premier ministre. »

Un autre changement, qui nous concerne directement, illustre de manière éloquente cette perte d'autonomie. Jusqu'alors, il était relativement aisé pour les

1. François Koch, « GODF chez l'Amorc : Catherine Picard répond à Philippe Guglielmi », blog La Lumière, *L'Express*, 23 octobre 2010.

journalistes d'interviewer la Miviludes et ses conseillers. Depuis la reprise en main de la mission par Marlène Schiappa, ils doivent désormais passer par le service de presse du ministère de l'Intérieur, qui filtre les demandes. De son côté, Hanène Romdhane va décliner notre demande d'entretien : « Cette magistrate vient tout juste de prendre ses fonctions et il serait prématuré pour elle d'échanger aussi vite avec des journalistes », nous répond au mois d'avril la chargée de communication du SG-CIPDR[1].

Sous sa présidence, la parole de Georges Fenech était beaucoup plus libre, se souvient-il : « J'avais mon attachée de presse, qui connaissait tous les journalistes de Paris, elle m'informait de tout. J'avais ma propre communication, qui était différente de Matignon. Jamais je n'ai demandé une autorisation à qui que ce soit, j'avais une liberté d'action totale. » Au CCMM aussi, on déplore une communication plus difficile avec les conseillers de la Miviludes, désormais placée dans un « carcan » : « Ils sont muselés. Avant, on les appelait directement, maintenant on doit passer par l'Intérieur. Ça ne donne plus envie d'appeler, on sait très bien que ça les met en difficulté. C'est un gâchis. »

À Beauvau, l'entourage de Marlène Schiappa assume ce verrouillage politique : « La Miviludes vivait un peu sa vie, parce qu'on les a habitués à ça. On ne peut pas faire ça quand on est un service de l'État et accessoirement quand on est rattaché au ministère de l'Intérieur, au sein du SG-CIPDR, qui a beaucoup de services. Là, vous vous inscrivez dans le périmètre d'un ministère régalien, vous ne pouvez plus être un électron libre et parler de façon autonome sur tous les sujets, alors que

1. Réponse envoyée aux auteurs par mail le 27 avril 2021.

le ministère a aussi des objectifs politiques[1]. » Une question de politique-fiction peut dès lors légitimement se poser : qu'adviendra-t-il de la Miviludes au prochain quinquennat, maintenant qu'elle est placée sous la tutelle d'un ministre et le contrôle politique du gouvernement ? *A fortiori*, si le Rassemblement national arrivait au pouvoir, comment ne pas penser qu'il pourrait alors chercher à protéger certains groupes accusés de dérives sectaires avec lesquels il entretient une certaine proximité[2] ?

Près de deux ans après l'annonce de son rattachement au ministère de l'Intérieur, la Miviludes existe toujours. Cependant, force est de constater qu'elle a perdu de sa stature et de son autonomie politique et continue, à ce jour, de fonctionner avec peu de moyens. « Il faut que les pouvoirs publics se ressaisissent », conclut Georges Fenech dans son vaste salon, le visage soudain sombre.

1. Entretien avec les auteurs, le 25 mai 2021.
2. Lire à ce sujet le chapitre 6, « Les fantômes de l'extrême droite ».

2

Menaces sur l'exception française

« On fait ça avec nos faibles forces. On est de vieilles bonnes femmes[1]. »

Un matin grisâtre de mars 2021, Annie Guibert nous accueille dans un bureau donnant sur un modeste jardin. C'est ici, dans le nord-est de Paris, qu'a déménagé il y a quelques mois le CCMM, une des associations historiques de lutte contre les dérives sectaires.

Les nouveaux locaux ne comportent aucune décoration ; seuls des dossiers cartonnés, jaunis par les années, tapissent les murs, laissant découvrir des noms de mouvements comme Moon[2], les Témoins de Jéhovah ou Arsinoé[3]. Jusqu'à l'année passée, l'association était propriétaire de son siège, près du cimetière du Père-

1. Entretien avec les auteurs, le 9 mars 2021.

2. La « secte Moon », officiellement Église de l'Unification, est un mouvement spirituel fondé en 1954 par l'autoproclamé « révérend » coréen Sun Myung Moon, qui prétendait avoir reçu du Christ la mission de continuer son œuvre.

3. Officiellement, le but de l'association Arsinoé est de proposer un « autre regard sur l'inceste pour ouvrir l'espoir ». Mais elle a été accusée d'avoir utilisé des pseudo-médecines dangereuses (comme l'induction de « faux souvenirs ») pour guérir les victimes et d'avoir fait de l'entrisme auprès de diverses institutions.

Lachaise, dans le XXe arrondissement de Paris. Elle a dû le revendre pour combler ses déficits.

« Avant qu'on vende, je cautionnais les découverts sur mes biens propres », raconte l'ancienne présidente du CCMM, col roulé et veste de costume noirs contrastant avec sa chevelure rougeoyante. Entourée d'une équipe de quinze bénévoles au siège parisien, la femme tient à bout de bras depuis dix ans, avec une énergie débordante, une association exsangue qui reçoit des appels de victimes et de leurs proches, tente de les accompagner dans leurs démarches juridiques ainsi que leur reconstruction psychologique et cherche en parallèle à cartographier les mouvements à tendance sectaire.

Le manque « drastique » de moyens financiers s'explique par la chute vertigineuse des subventions publiques : de 160 000 euros annuels en 2004 pour la seule branche francilienne, date à laquelle la retraitée a commencé à s'investir dans l'association, celles-ci sont passées à 37 500 euros en 2020. Alors que le ministère de l'Éducation nationale a par le passé versé au centre jusqu'à 50 000 euros pour faire la tournée des écoles dans l'Hexagone et l'outre-mer, il lui accorde aujourd'hui un montant dix fois moins élevé.

« Je mets un temps infini à faire des lettres pour ébranler leur conscience », lâche Annie Guibert avec un rictus amer. Après avoir payé le loyer des locaux parisiens, qui s'élève à 29 000 euros annuels, ainsi que les charges – l'association ne compte qu'une salariée pour 180 bénévoles, répartis dans toute la France –, il ne reste plus grand-chose. Impossible de financer la défense de la structure dans les procès que pourraient lui intenter les groupes accusés de dérives sectaires, depuis le dernier qui a été gagné contre Raël, à la fin des années 2000. Le leader spirituel, croyant aux extraterrestres, adepte du clonage et du transhumanisme, avait porté plainte en diffamation contre un membre du CCMM qui relevait, lors d'une interview, ses propos ambigus sur la pédophilie[1]. Bien que Raël ait été débouté de sa plainte, l'affaire a coûté à l'association 16000 euros en frais de justice. « On est tous vigilants, ici, on fait tout le temps gaffe à ce qu'on dit », indique Annie Guibert.

Des finances en berne, une autocensure permanente pour éviter les procès : le cas du CCMM est loin d'être isolé. Quelques années plus tôt, la toute première association de lutte contre les dérives sectaires à avoir vu le jour en France, l'UNADFI, dont la première antenne locale a été créée en 1974, a dû quitter ses locaux dans le nord de Paris pour déménager à Buchelay, dans les Yvelines. « Ils étaient en redressement judiciaire, ils ont dû vendre, à tel point que leur présidente voulait que nous fusionnions », nous dévoile Annie Guibert.

Une donation tombée du ciel aurait sauvé *in extremis* l'UNADFI. Depuis, ses subventions continuent de fondre : en 2018, elles accusaient une baisse de 29 % pour l'union nationale et de 61 % pour les associations locales[2]. La structure, qui ne peut rémunérer que cinq salariés, serait en sous-effectif de quatre personnes, d'après les estimations de sa porte-parole, Pascale Duval : « Il faut des moyens pour aller chercher de l'argent. Je passe des heures et des nuits à faire les dossiers de subventions. Je préférerais être en train de rédiger un article. C'est le serpent qui se mord la queue[3]. »

1. Stéphanie Forestier, « Il veut vous aider à dire non aux sectes », *Le Parisien*, 30 mai 2007.
2. Ysis Percq, « Une nouvelle présidente pour l'association nationale des victimes de sectes », *La Croix*, 18 avril 2019.
3. Entretien avec les auteurs, le 11 mars 2021.

En octobre 2020, c'était le CAFFES, association schismatique de l'UNADFI située à Lille, qui écrivait une lettre ouverte au président de la République et aux parlementaires après une baisse de 35 000 euros de subventions pour l'année 2020. « C'est un appel au secours que nous lançons [...] afin que notre association ne soit pas contrainte à fermer ses portes, laissant sur le bord de la route des centaines de familles victimes directes et indirectes », alertait l'association qui fonctionne tant bien que mal avec trois salariées.

Alors que le phénomène sectaire est de plus en plus fragmenté, de plus en plus difficile à cerner, qu'il nécessiterait une vigilance accrue, le petit monde des associations engagées contre l'emprise sectaire paraît bien morose. Il semble ne plus tenir que grâce à la motivation sans faille de quelques militants, souvent des femmes d'un âge avancé. Le recrutement de nouveaux bénévoles est de plus en plus compliqué, le renouvellement générationnel fonctionne peu, y compris à Rennes, ville pourtant pionnière en la matière[1]. On en oublierait presque que ces associations forment le cœur battant d'une politique publique réputée pour être la plus avancée au monde.

*

* *

Pour mieux comprendre le scandale que représente l'affaiblissement programmé de la Miviludes sous le quinquennat d'Emmanuel Macron, il nous a fallu remonter quarante-cinq ans en arrière, aux prémices de ce qui deviendra le modèle français de lutte contre les

1. Mathilde Régis, « Face aux dérives sectaires, Rennes manque de bénévoles », *Le Télégramme*, 21 mai 2021.

dérives sectaires. Un soir d'octobre 1974, dans le quartier Sainte-Thérèse à Rennes, Claire et Guy Champollion, respectivement professeure d'allemand et médecin généraliste, sont inquiets : leur fils de 18 ans n'est pas rentré à la maison. Ni la police ni les hôpitaux de la ville n'ont de ses nouvelles. Ce n'est que cinq jours plus tard que les parents reçoivent un appel téléphonique du jeune homme. Il est à Lyon, mais ne donnera aucune adresse, simplement un sigle qu'ils parviennent à lui arracher du bout des lèvres : AUCM.

Au fil de leurs recherches, ils découvrent qu'il s'agit de l'Association pour l'unification du christianisme mondial, branche française de l'Église de l'Unification, plus souvent appelée « secte Moon » d'après le nom de son gourou, le « révérend » coréen Sun Myung Moon. Grâce au travail bénévole d'une centaine de milliers d'adeptes à travers le monde, Moon a bâti un empire industriel mondial – stations de ski, hôtels, usines d'armement et même le quotidien américain *The Washington Times* –, qu'il a dirigé jusqu'à sa mort en septembre 2012. Très vite, les parents Champollion comprennent qu'ils risquent de ne jamais revoir leur fils. Légalement, ils n'ont aucun recours : le garçon est majeur et, d'après la loi française, libre de ses choix.

Ils rencontrent d'autres parents qui partagent leur détresse et, au mois de décembre 1974, la première ADFI[1] est créée à Rennes. La presse locale en parle ; bientôt, d'autres antennes ouvrent leurs portes un peu partout en France. Des dizaines de parents déplorent la perte de leur enfant, mis sous emprise par la « secte Moon » mais aussi par d'autres groupes encore méconnus du grand public, comme les Enfants de Dieu ou Hare Krishna. D'anciens adhérents de ces mouvements

1. Association pour la défense de la famille et de l'individu.

se joignent bientôt à eux. Dans les premiers temps, les bénévoles investis dans les ADFI sont en majorité des catholiques pratiquants, de classe moyenne ou aisée, plutôt à droite, souvent soutenus par les paroisses locales[1]. Dans la section parisienne, on trouve même des groupes de prière où l'on explique, Bible en main, pourquoi le « révérend » Moon a tort. « C'étaient des gens de bonne famille avec qui on allait à la messe le dimanche », se rappelle la présidente du CAFFES Charline Delporte, devenue bénévole en 1990 à l'ADFI Nord Pas-de-Calais Picardie après l'embrigadement de sa fille chez les Témoins de Jéhovah[2]. « La nièce de ma présidente avait été embrigadée chez Moon par des jeunes de nationalités différentes, à la sortie de la messe où allaient ses parents. » Le père Jacques Trouslard, « chasseur de sectes » de l'Église, est alors un compagnon de route des ADFI.

Cette sociologie s'explique aisément. Jusque dans les années 1970, personne ne s'intéressait au phénomène sectaire, à l'exception des églises instituées. Dès les années 1950, le prêtre dominicain Henri-Charles Chéry, fondateur d'un Centre de documentation sur les Églises et les sectes, documente les groupes « prosélytes » et « agressifs » qui font concurrence à la doctrine catholique, parmi lesquels les adventistes, les pentecôtistes ou les mormons[3]. Mais avec le temps, les ADFI, regroupées en 1982 dans une union nationale, se démarquent de plus en plus nettement de l'Église catholique, préférant s'en prendre aux pratiques illégales et aux

1. Étienne Ollion, « La secte sécularisée : étude d'un processus de requalification conceptuelle », *Genèses*, n° 78, 4 mai 2010.
2. Entretien avec les auteurs, le 11 mars 2021.
3. Étienne Ollion, « La secte sécularisée : étude d'un processus de requalification conceptuelle », *op. cit.*

comportements déviants là où l'institution religieuse s'intéresse essentiellement aux croyances.

Quelques années après la création de la toute première ADFI, en 1981, une deuxième association voit le jour. Deux ans plus tôt, l'écrivain Roger Ikor, lauréat du prix Goncourt en 1955[1], a perdu son fils Vincent, mort à l'âge de 20 ans après avoir adhéré au « Zen macrobiotique » – un courant de pensée créé par un enseignant japonais, prônant un régime strict très carencé en protéines et la pratique du jeûne. « On l'a suicidé », écrit l'auteur dans un ouvrage resté célèbre dans le milieu, *Je porte plainte*[2]. Syndicaliste de gauche, athée militant, un temps vice-président de l'Union rationaliste, Roger Ikor dépose les statuts CCMM fin mai 1981, quelques jours après la victoire de François Mitterrand à l'élection présidentielle.

Assise derrière son bureau, dans le nord-est de Paris, Annie Guibert évoque à plusieurs reprises la « réputation » qui précède le CCMM. « C'est plutôt à gauche, le CCMM », concède l'ex-présidente de l'association quand nous lui demandons de préciser. « On est laïques mais pas laïcards. » Il ne serait pas rare de croiser des francs-maçons dans les rangs des bénévoles. « Les loges maçonniques ont pris position dès le début contre l'emprise mentale », explique pudiquement la militante. Ainsi, en octobre 2019, certaines loges ont été parmi les premiers acteurs à s'indigner, dans des communiqués, de la disparition annoncée de la Miviludes.

*

* *

1. Roger Ikor, *Les Eaux mêlées*, Albin Michel, 1955.
2. Roger Ikor, *Je porte plainte*, Albin Michel, 1981.

La lutte contre les dérives sectaires naît donc de la rencontre de deux milieux, l'un proche de la droite catholique, l'autre de la gauche laïque, mais réunis par la douleur d'avoir perdu des enfants arrachés par les griffes de l'emprise sectaire. Malgré la mobilisation des bénévoles, l'État reste relativement sourd aux alertes de ces derniers tout au long des années 1980. Pourtant, les groupes qualifiés de « sectes » – on ne parle pas encore de dérives sectaires – ne manquent pas. Les mouvements spirituels où le libre arbitre des membres semble menacé se multiplient. Une conséquence de plusieurs tendances historiques : le New Age s'est développé en Occident en important des spiritualités orientales, notamment par le biais de la Société théosophique de la philosophe et occultiste russo-américaine Helena Blavatsky, inspirée par ses multiples voyages, et la contre-culture américaine des années 1960, rejetant toute institution et toute idéologie, a gagné l'Europe[1]. Surtout, le catholicisme et le communisme ont décliné. Privés de grands récits et de transcendance, en pleine quête de sens, les jeunes Français puisent là où ils le peuvent de quoi remplir ce vide. Ils deviennent des proies de premier choix pour les mouvements à tendance sectaire.

Du côté des personnalités politiques, le socialiste Alain Vivien est le premier député à s'en inquiéter[2]. Dès 1976, il se fait le relais des associations à l'Assemblée nationale. En 1983, il remet au Premier ministre Pierre Mauroy un rapport rendu public deux ans plus tard, intitulé *Les sectes en France : expression de la liberté morale ou facteurs de manipulation ?* Il y recommande de ne pas adopter de législation spé-

1. Nathalie Luca, *Les Sectes*, PUF, collection « Que sais-je ? », 2016.
2. Étienne Ollion, « La secte sécularisée : étude d'un processus de requalification conceptuelle », *op. cit.*

cifique, pour éviter de faire de ces mouvements des martyrs.

Durant une décennie, ni les parlementaires ni le gouvernement ne prennent d'autre initiative sur le sujet. Il faudra attendre un massacre pour changer la donne. Il y a bien eu, en 1978, l'empoisonnement de près d'un millier d'adeptes du Temple du Peuple au Guyana, au sud du Venezuela, par le pasteur pentecôtiste Jim Jones, mêlant dans son discours anticapitalisme, lutte contre la ségrégation raciale et surtout paranoïa. Si la tragédie, relayée par la presse française, permet de faire connaître au grand public les associations de lutte contre les dérives sectaires, elle paraît encore trop lointaine pour créer un électrochoc dans l'opinion.

Puis arrive l'ordre du Temple solaire. « Les années 1990, c'est l'OTS, c'est des morts, explique Pascale Duval, porte-parole de l'UNADFI. Ça se résume à ça, malheureusement. Ce n'est pas le seul phénomène de société où l'on commence à s'affoler quand le nombre de morts devient insupportable. »

L'OTS, c'est l'ordre du Temple solaire, un groupe ésotérique international se prétendant lointain héritier des Templiers. Créé en 1984 à Genève par un médecin homéopathe et un amateur de New Age, il séduit alors les milieux intellectuels et fortunés[1]. « Je me souviens avoir entendu, vers 1993, des familles qui venaient à propos du Temple solaire pour nous dire : attention, ça va exploser, les gourous sont coincés, raconte Charline Delporte, alors militante à l'ADFI Nord Pas-de-Calais Picardie. Il y en a qui avaient tout vendu et tout perdu, alors que les leaders de l'OTS partaient faire des voyages dans des grands hôtels. » L'association prévient

1. Nathalie Luca, *Les Sectes*, *op. cit.*

le ministère de l'Intérieur, la police s'inquiète d'une détention illégale d'armes. Mais le mécanisme est déjà enclenché. En octobre 1994, dans deux villages suisses, 48 membres de l'ordre du Temple solaire sont retrouvés morts dans une mise en scène qui évoque des suicides collectifs. Un an plus tard, dans la nuit du 15 au 16 décembre 1995, ce sont 16 adeptes qui sont retrouvés immolés par le feu, en France cette fois, dans une clairière du Vercors. Au total, l'ordre du Temple solaire aura provoqué la mort d'au moins 74 personnes entre 1994 et 1997 en Suisse, en France et au Canada.

Ces affaires, dont on ne saura probablement jamais s'il s'agit de suicides motivés par des convictions apocalyptiques ou d'assassinats de masse, ont durablement ébranlé l'opinion. L'État est au pied du mur et n'a d'autre choix que de réagir. « On commençait à réaliser qu'il pouvait y avoir une emprise sur des individus et que l'État devait sans doute se préoccuper du sort de ces personnes vulnérables », se souvient l'ancien président de la Miviludes Georges Fenech, alors juge d'instruction à Lyon et déjà engagé dans un procès contre l'Église de Scientologie[1].

En 1995 est née la toute première commission d'enquête parlementaire sur les sectes en France, qui remet son rapport fin décembre, la veille de l'annonce de la découverte des corps sans vie des membres du Temple solaire dans le Vercors. « L'Assemblée nationale et le Sénat resteront mobilisés sur ce phénomène, avec une unanimité de la classe politique, sans aucun clivage, relate Georges Fenech. À ma connaissance, tous les textes ont été votés à l'unanimité du Parlement. » S'appuyant sur les travaux des Renseignements généraux et des associations, le texte recense 173 mouvements étique-

---

1. Entretien avec les auteurs, le 4 mars 2021.

tés « sectaires ». Déjà, les parlementaires listent une série des critères utilisés encore aujourd'hui par la Miviludes, tout en précisant : « L'absence de définition juridique des sectes en droit résulte de la conception française de la notion de laïcité. » En effet, la République ne reconnaissant aucun culte, ce n'est pas à l'État de dire ce qui relève d'une religion ou d'une « secte ».

Dès lors, les pouvoirs publics se mettent en marche. L'année suivante, un Observatoire interministériel sur les sectes, installé dans les locaux du Premier ministre à Matignon, est créé. Il devient en 1998 la MILS[1], avec des compétences élargies. Un an plus tard, la commission parlementaire dévoile un deuxième rapport sur « la situation financière, patrimoniale et fiscale des sectes, ainsi que sur leurs activités économiques et leurs relations avec les milieux économiques et financiers ». Les listes dressées par les commissions parlementaires de 1995 et de 1999, comparées par certains à l'Index de l'Inquisition, célèbre juridiction du Vatican combattant l'hérésie, abolie au début du XIXe siècle, suscitent des controverses. La loi About-Picard de 2001, quant à elle, étend le délit d'abus de faiblesse, jusqu'alors réservé aux personnes vulnérables – mineures, âgées ou handicapées notamment –, aux situations de « sujétion psychologique ou physique », afin de qualifier pénalement l'emprise sectaire.

*

* *

Après des années passées à crier dans le vide, les associations se réjouissent de cette prise de conscience publique. Le nombre de leurs bénévoles augmente

---

1. Mission interministérielle de lutte contre les sectes.

en flèche[1]. Les « sectes » sont devenues un des phénomènes de société les plus importants de l'époque. Mais à l'étranger, la politique mise en place par la France intrigue et inquiète. Au sein de l'OSCE[2], institution européenne héritée de la guerre froide, des délégations de scientologues et de Témoins de Jéhovah critiquent chaque année les mesures mises en place par l'État français qui, répètent-ils sans relâche, les stigmatiseraient. En France aussi, des associations se constituent, adoptant un discours victimaire et dénonçant la « chasse aux sorcières » à laquelle se livreraient les autorités françaises à travers leur combat contre les dérives sectaires. Elles sont souvent soutenues par des chercheurs qui voient dans leur combat pour les « minorités spirituelles » une nouvelle façon de défendre les opprimés, allant parfois jusqu'à témoigner au cours de procès. « Des intellectuels qui partagent cette idée de liberté totale, de spiritualité, de modes de vie alternatifs, en ont fait un combat personnel, développe Georges Fenech. Ils portent une vision plus libérale, un peu à l'anglo-saxonne. »

La première association de défense des mouvements accusés de dérives sectaires, Omnium des libertés, est créée en 1996 par l'auteur-compositeur Joël Labruyère, aujourd'hui gourou et directeur artistique des chanteuses identitaires Les Brigandes[3]. L'association, ostensiblement soutenue par la scientologie, écrira en 2000 une lettre ouverte au président de la Répu-

1. Étienne Ollion, *Raison d'État. Histoire de la lutte contre les sectes en France*, *op. cit.*

2. Organisation pour la sécurité et la coopération en Europe.

3. Louise Colcombet, « Le groupe des Brigandes rattrapé par son passé », *Le Parisien*, 10 janvier 2020. Lire à ce sujet le chapitre 6, « Les fantômes de l'extrême droite ».

blique Jacques Chirac et au Premier ministre Lionel Jospin pour demander la dissolution de la MILS. Deux ans plus tard est créée par Thierry Bécourt – ancien membre d'Omnium des libertés, influencé par la pensée de l'occultiste britannique Alice Bailey et fondateur de l'Institut de Psychanimie qui, d'après son site Internet, « a pour objet principal de traiter de l'enseignement de la sagesse antique telle qu'elle est exposée dans les écrits de la gnose théosophique » – la CAP LC[1].

Certains de ces militants, souvent qualifiés de « prosectes », tentent de faire de l'entrisme en politique. Lors de la campagne des élections législatives de 2007, Georges Fenech, un an avant de prendre la tête de la Miviludes, dénonce la proximité d'une liste avec certains mouvements sectaires et des associations qui les défendent, ce qui lui vaudra un procès – qu'il gagnera, les plaignants étant condamnés pour procédure abusive[2]. Thierry Bécourt, par exemple, est candidat sur cette liste.

Scission de la CAP LC, le CICNS[3] est très actif entre 2004 et 2013, date de sa disparition. En 2010, il initie une pétition demandant la création d'un Observatoire indépendant des minorités spirituelles en France, qui serait partiellement financé par l'État et calqué sur le modèle britannique, pour contrecarrer la Miviludes. Parmi les signataires de la pétition, dont la liste figure sur le site Internet du CICNS, on trouve des noms de proches de l'anthroposophie comme le célèbre agricul-

1. Coordination des associations et des particuliers pour la liberté de conscience.

2. Pascale Egré, « Un député UMP dénonce des candidats "prosectes" », *Le Parisien*, 9 juin 2007. Lire aussi la dépêche AFP du 24 septembre 2008 citée sur le site Internet du CCMM, « Des membres de "La France en action" condamnés pour poursuite abusive contre Fenech », 26 novembre 2008.

3. Centre d'information et de conseil des nouvelles spiritualités.

teur Pierre Rabhi, l'éditeur Yves Michel, ancien maire de l'écovillage ésotérique d'Éourres[1], ou encore le président du conseil de surveillance de la Nef, banque d'inspiration anthroposophique.

Aujourd'hui, dans la nébuleuse « pro-sectes », seule la CAP LC demeure ; mais la vision libérale de la question sectaire a progressé, à en croire un ancien membre de la Miviludes qui témoignait en juillet 2020 dans les colonnes de l'hebdomadaire *Marianne*, déplorant que les mouvements sectaires aient d'après lui « intégré tous les cercles du pouvoir, œuvrent dans certains *think tanks* qui imposent leurs points de vue aux intellectuels et à certains médias[2] ». Il ajoutait alors : « Les sectes ont désormais le champ libre… »

Sur ce dossier, la France a croisé un autre adversaire et non des moindres. En 1999, sa politique est pointée du doigt par le rapport annuel de l'USCIRF[3], une commission qui dépend directement du gouvernement fédéral américain. Celle-ci fustige une « atmosphère croissante d'intolérance à l'égard des nouveaux mouvements religieux et d'autres minorités religieuses en France ». L'organisme développe : « L'ambassade américaine en France a rencontré à plusieurs reprises la commission interministérielle qui s'occupe des sectes. En soulevant des inquiétudes au sujet de certaines déclarations officielles et politiques françaises envers les minorités religieuses, l'ambassade cherche à s'entendre avec le gouvernement sur les actions acceptables dans le cadre des accords internationaux et à garantir

1. Lire à ce sujet le chapitre 10, « Au village perché ».
2. Claude Ardid et Nadège Hubert, « Champ libre pour les sectes ? », *Marianne*, 24 juillet 2020.
3. *United States Commission on International Religious Freedom*, Commission américaine sur la liberté religieuse dans le monde.

que les groupes qualifiés de "sectes" aient la possibilité de s'adresser aux responsables français au sujet de leur situation. » Un haut responsable du département d'État admettra avoir reçu à plusieurs reprises les avocats des Témoins de Jéhovah et de la scientologie afin d'élaborer son rapport[1].

En décembre 1999, quelques mois seulement après le rapport parlementaire sur « les sectes et l'argent », Hubert Védrine écrit à son homologue américaine Madeleine Albright : le ministre des Affaires étrangères s'agace de l'attitude des diplomates américains, lesquels s'activeraient à « démontrer que les libertés religieuses n'étaient pas convenablement garanties en France[2] ». D'après le socialiste, cette « mise en cause sans fondement de l'action publique française [...] a jeté une ombre sur la richesse même de ce dialogue ». Selon Georges Fenech, cet échange épistolaire a constitué une source de tension sans précédent : « C'est un point de rupture diplomatique sur ce sujet-là. On ne comprenait pas, outre-Atlantique, cette ingérence française dans le domaine de la religion. Les Américains se mêlent de tout. On était sur une liste noire, on figurait juste derrière la Chine. » Cette animosité américaine à l'égard de la politique française de lutte contre les dérives sectaires peut s'expliquer par une conception extrêmement libérale du rapport État-cultes et de la liberté de conscience, à l'opposé du modèle républicain français. En outre, dans leur combat contre le communisme, les États-Unis avaient lors de la guerre froide choisi de soutenir certains mouvements à tendance sectaire, comme celui du « révérend » Moon,

1. Étienne Ollion, *Raison d'État. Histoire de la lutte contre les sectes en France*, *op. cit.*
2. *Ibid.*

virulent anticommuniste souhaitant la chute du régime nord-coréen, ou certains mouvements pentecôtistes en Amérique latine.

Au début des années 2000, la France se résout à donner à son allié américain et aux institutions internationales, qui émettent des réserves à l'égard de la politique française, quelques gages de bonne volonté. En 2002, la MILS devient la Miviludes. La terminologie de « secte » est définitivement abandonnée. En 2005, une circulaire déclare les listes dressées par les rapports parlementaires de 1995 et 1999 caduques sur le plan juridique : « Le recours à des listes de groupements sera évité au profit de l'utilisation de faisceaux de critères », recommande la circulaire. C'est l'approche utilisée aujourd'hui encore par la Miviludes, qui s'appuie sur 11 critères pour analyser les dérives sectaires. « C'était censé rassurer nos alliés et nos partenaires : on ne luttait pas contre les sectes, on luttait contre les dérives sectaires, développe Georges Fenech. Les sectes ont le droit d'exister. Si on les interdisait, on ne serait plus en démocratie. C'est même la preuve vivante qu'on est en démocratie. Aucune n'a été dissoute par l'État, à ma connaissance. »

Pour autant, la France n'abandonne en rien sa politique de lutte contre les dérives sectaires. Sous le gouvernement de Lionel Jospin, les subventions aux associations atteignent des sommets. En 2008, c'est d'ailleurs Georges Fenech qui est nommé à la tête de la Miviludes. Réputé partisan de la « ligne dure », le sénateur affole de nouveau les autorités américaines.

« Du temps de Georges Fenech, les associations ont fait un bon travail, estime Charline Delporte, présidente du CAFFES. En 2008, j'avais tous les relais : la Miviludes, la DST[1], les policiers, les gendarmes, l'Éducation nationale. On faisait des réunions tous les ans à la préfecture. Vers 2009, le président Sarkozy a fait une refonte complète de la gendarmerie, de la DST, du ministère de l'Intérieur, qui a créé un dysfonctionnement. Pendant plusieurs années, je n'ai plus eu les relais qu'il fallait, alors que se profilait la radicalisation islamiste. Il n'y avait plus de capitaine à bord[2]. » En effet, la crise de 2008 est passée par là, et Nicolas Sarkozy montre un faible intérêt pour le phénomène sectaire, malgré le zèle de Georges Fenech. « Il y a eu des coupes drastiques pendant le quinquennat de Nicolas Sarkozy, abonde Annie Guibert, ancienne présidente du CCMM. Ensuite, quand un président a coupé des crédits, on ne les remet plus jamais. »

Les associations de lutte contre les dérives sectaires ne sont pas un cas à part : en 2017, une étude montrait que les subventions publiques à l'ensemble des associations, notamment en provenance des communes, avaient chuté de 17 % en l'espace de six ans[3].

Les années 2010 auraient-elles marqué la fin d'une époque, celle d'un État véritablement mobilisé contre les dérives sectaires et donnant aux associations les moyens de mener leurs actions ? C'est en tout cas l'avis de Didier Pachoud, président du GEMPPI[4], association implantée à Marseille : « L'Europe n'est pas favorable à

1. Direction de la surveillance du territoire.

2. Entretien avec les auteurs, le 11 mars 2021.

3. Marie Bellan, « Secteur associatif : des pistes pour faire face à la baisse des subventions », *Les Échos*, 25 avril 2017.

4. Groupe d'étude des mouvements de pensée en vue de la protection de l'individu.

la lutte antisectes, comme le monde entier. L'exception française a du mal à résister face à l'uniformisation et la tutelle juridique de l'Europe[1]. »

Dans les locaux du CCMM, à Paris, l'heure n'est pas à l'optimisme. « Si rien ne se passe, on tiendra encore dix ans », soupire Annie Guibert. En janvier 2020, inquiète de la situation, Charline Delporte, présidente du CAFFES, a rencontré des conseillères du président de la République Emmanuel Macron qui l'ont assurée de leur soutien. « Mais aujourd'hui, il nous est apporté en guise de début de réponse que les caisses seraient vides », déplore-t-elle dans sa lettre ouverte au président de la République et aux parlementaires, publiée un an plus tard.

Au printemps 2021, toutefois, la situation semble se retourner. La ministre déléguée chargée de la Citoyenneté, Marlène Schiappa, qui a repris en main le domaine des dérives sectaires, annonce un appel à projets à hauteur d'un million d'euros pour les associations, qui vont devoir envoyer leur dossier au ministère et se partager l'enveloppe. Quand nous les recontactons, les militants se disent rassurés par cette « volonté politique », mais « vigilants »[2]. Une décennie de disette budgétaire a considérablement affecté les associations de lutte contre les dérives sectaires et il faudra du temps et un budget plus important encore pour redresser la barre, surtout face à des adversaires aussi puissants.

« On n'est pas du tout de taille financièrement face aux sectes, elles ont du pognon et des adeptes. Des procès, ça ne leur fait pas peur, diagnostique Didier

1. Entretien avec les auteurs, le 16 novembre 2020.

2. Jean-Loup Adénor, « Dérives sectaires : les associations restent "vigilantes" après les annonces de Schiappa », *Marianne*, 24 mai 2021.

Pachoud. C'est une façon d'éliminer les associations. Je pense que nous, les militants antisectes, sommes en voie de disparition. Dans les vingt prochaines années, on disparaîtra tous. C'est assez noir, mais c'est pragmatique. C'est comme ça. »

PARTIE II

Gourous ubérisés

3

Le nouvel apôtre du crudivorisme

Le 24 mars 2021, le quotidien *Libération* présente en « une » un visage bien connu des internautes friands de contre-information sur la santé et l'alimentation. « Complotisme : le péril jeûne », titre le journal réputé pour ses jeux de mots de première page.

À côté de ces mots en lettres capitales, les lecteurs découvrent Thierry Casasnovas, un youtubeur catalan de 47 ans, loin d'être un nouveau venu dans le milieu, sous haute surveillance des autorités et des associations. Depuis dix ans déjà, il inonde le web de ses vidéos et de ses articles de blog supposés réinformer les gens sur le complot de la médecine et de « Big Pharma ». Son credo ? Les maladies ne sont que les symptômes d'un corps dont le fonctionnement n'est pas respecté ; la médecine ment pour vendre des médicaments et le remède à la plupart des maladies, comme le diabète ou le cancer, se trouve uniquement dans une alimentation saine, le plus souvent à base de fruits et légumes crus réduits en jus.

Ce n'est pas seulement le fond des théories de Thierry Casasnovas qui inquiète les associations de lutte contre les dérives sectaires mais aussi la forme de son discours. Dans ses centaines de vidéos YouTube, le gourou du crudivorisme redouble d'assertions péremptoires pour discréditer la médecine et rendre les malades responsables de leur état. Si vous êtes malade, c'est avant tout de votre faute : vous n'auriez pas dû consommer cette viande, ces produits transformés ou ces médicaments. Votre cancer produit des métastases ? Vous n'auriez pas dû faire de chimiothérapie. Vous faites une fausse couche ? Vous n'aviez pas le capital nécessaire pour que l'enfant soit viable. Le procédé est d'autant plus pernicieux que les conseils de Thierry Casasnovas ont souvent l'apparence du bon sens. En prônant une alimentation saine, le youtubeur accroche sa communauté avec des recommandations par ailleurs fondées : manger sainement pour être en bonne santé. C'est ensuite tout naturellement que le discours anti-médecine peut pénétrer les esprits.

En dix ans, Thierry Casasnovas a réuni autour de lui des centaines de milliers d'adeptes de ses théories : dans un groupe Facebook qui compte plus de 5 500 membres, sur une chaîne YouTube qui en compte plus de 500 000, mais aussi dans des conférences et des stages de formation pour devenir coach alimentaire. Si, pour des raisons juridiques évidentes, les publications de son groupe rappellent régulièrement qu'il ne dispense pas de conseils médicaux, dans les faits, des centaines de Français malades s'adressent à lui dans l'espoir de trouver un remède à leur mal.

Les vidéos de Thierry Casasnovas ont poussé des « lanceurs d'alerte » à mettre leurs efforts en commun en créant un collectif. Leur objectif : faire une analyse vidéo par vidéo des affirmations pseudo-scientifiques de Casasnovas et se fonder sur une expertise scientifique rationnelle pour mettre en avant toutes les contradictions et affirmations délirantes du gourou. « Son credo, ce n'est pas seulement les jus de légumes, c'est un peu plus complexe que ça, nous explique Clément, porte-parole du collectif L'Extracteur, lorsque nous lui parlons de notre enquête. Sa méthode, c'est toujours d'aller chercher la petite erreur dans le discours scientifique, l'incertitude ou l'inconnu. Sa posture, c'est de dire que le corps a toutes les capacités pour se guérir lui-même de tout. D'où le nom de son groupe : "Regenere". Là-dessus s'est greffé tout un discours sur les fruits et les légumes, ensuite les jus et puis aujourd'hui il va parler des risques liés, selon lui, aux ondes électromagnétiques, de la méditation, du bio[1]... »

*

* *

La question de la « régénération » est centrale dans l'histoire de Thierry Casasnovas, puisqu'elle fonde la légende qu'il a construite concernant son passé. Et ce passé, c'est encore lui qui en parle le mieux, comme lors de cette conférence TEDx organisée le 16 novembre 2019 à Roanne, où l'apôtre du bien-être déroule le récit de son incroyable guérison : « Il y a douze ans, j'étais mourant. J'avais 33 ans, j'avais une tuberculose, une pancréatite aiguë, j'étais en train de cracher du sang, j'avais une hépatite C, j'étais cachectique[2], en fauteuil roulant, immunodéprimé. J'ai eu un long parcours médical : quand on se sent mourir, on cherche des solutions. J'ai cherché tous azimuts. J'en suis arrivé à un

1. Entretien avec les auteurs, le 7 octobre 2020.

2. Qui est atteint de cachexie, dans un état d'affaiblissement et d'amaigrissement extrêmes, lors d'une dénutrition ou de la phase terminale de certaines maladies.

point de non-retour. Un médecin m'a dit : « Dans cinq jours, vous êtes mort, c'est foutu. » Je ne comprenais pas, j'avais 33 ans, c'est le moment de la vie où tu es en train de te réaliser. Il y avait un sentiment d'impuissance et d'incompréhension en moi. Pourquoi moi ? Qu'est-ce que j'ai fait pour tomber malade ? »

Le décor est planté : à l'âge du Christ, Thierry Casasnovas était presque mort. Par la force d'une « révélation », il a trouvé le chemin de la guérison et d'une nouvelle conception de sa propre santé et de son alimentation. « Un matin, il s'est passé un truc étrange. On a parfois des intuitions ou des révélations. Je me suis lancé dans une véritable petite enquête et j'ai été ébloui par quelque chose : je me suis rendu compte que toute ma vie, je l'avais menée un peu au hasard. En fait, ce que j'ai découvert c'est que la vie obéit à des principes : les principes vitaux. [...] La liberté, c'est connaître les grands principes qui nous déterminent et choisir délibérément de les respecter : l'absence de principe, c'est le chaos. » Ce vocabulaire religieux ne doit rien au hasard : s'il en parle peu, Casasnovas se revendique de la foi chrétienne. Converti au christianisme évangélique en 2012, il assure avoir déjà assisté à des miracles.

Pour comprendre les dangers que présente la rhétorique holistique de Thierry Casasnovas, il faut s'intéresser aux témoignages de personnes malades ayant tenté de s'approprier ses enseignements. Le portail web de vulgarisation scientifique *Futura* a rapporté l'histoire d'Alexandre, un jeune homme atteint de diabète qui, courant 2020, se retrouve aux urgences[1]. Un interne, surnommé Jonathan dans l'article, s'occupe du jeune

1. Julien Hernandez, « Un adolescent diabétique dans un état grave après avoir suivi des conseils sur YouTube », *Futura*, 19 juillet 2017.

homme. Alexandre a récemment découvert souffrir de cette maladie chronique, qui exige des injections rigoureuses d'insuline et un mode de vie sain, parfois austère : pas d'alcool, pas de sucre et un contrôle régulier de la glycémie. Une discipline qui force le respect, surtout pour un garçon de cet âge. D'autant qu'il a parfaitement compris les exigences qu'impose son état. « Il m'a récité sur le bout des doigts les cibles de glycémie qu'il doit atteindre avant chaque repas, après chaque repas, comment modifier son insuline en fonction », explique Jonathan au journaliste.

Comment expliquer alors qu'Alexandre se retrouve aux urgences après une crise d'acidocétose, qui lui provoque des douleurs abdominales intenses et des crises de vomissements ? Jonathan décide de creuser la question et finit par comprendre que l'adolescent a arrêté de faire ses piqûres d'insuline. Pourquoi ? « On peut guérir du diabète, lui explique Alexandre. Il suffit de bien manger. » C'est son père qui confiera finalement à l'interne les origines du problème : son fils s'est mis à se documenter de façon compulsive sur sa maladie *via* Internet, et plus particulièrement sur YouTube. « Il regarde les vidéos d'un mec qui prépare des jus », déplore le père. « Thierry Casasnovas ? » demande l'interne, tout à fait renseigné sur le profil en question. Le père répond par l'affirmative.

Dans une vidéo intitulée « Les diabètes vus sous l'angle du terrain », mise en ligne le 3 décembre 2020, voici ce que Thierry Casasnovas explique quant à l'attitude à tenir vis-à-vis de cette maladie chronique : « Le vrai saut qualitatif pour vraiment accéder à l'autonomie en matière de santé, c'est de ne plus penser en termes de maladie mais de penser en termes de santé. Je pense qu'on nous a baladés pendant quelques siècles au moins, parce qu'on nous a fait suivre quelque chose qui est une chimère : la maladie, qui n'existe pas en tant que telle. Au lieu d'apprendre à faire fructifier sa santé, on nous a dit : "Il faut combattre la maladie." Pour combattre la maladie, c'est très complexe, c'est inaccessible, il faut avoir une blouse blanche pour le faire et toi tu es démuni, tu ne peux rien faire, tu es démissionnaire, parce qu'on t'a poussé à l'être. Tu t'es laissé faire, tu ne t'es pas occupé de l'essentiel, ta santé. »

Voilà le type de vidéos qu'Alexandre s'est mis à regarder lorsqu'il a été confronté à ce diabète, chronique et incurable, qui le poursuivra toute sa vie. Il y voit un message d'espoir, donc, enrobé d'un discours accusant la médecine de mentir aux malades et culpabilisant ces malades d'être tombés dans le panneau. Dans la même vidéo, Casasnovas prescrit : « Bien manger, bien dormir, cultiver des relations harmonieuses avec les autres, prendre du temps pour la nature, dans le silence, faire un exercice physique adapté et de qualité. Tout ça c'est accessible : la santé c'est naturel, c'est spontané, la santé ne demande pas un bac plus dix, ça n'est rien de spécifique, c'est le respect des besoins fondamentaux en tant que tels. Aujourd'hui, on va l'illustrer avec le diabète. »

Bien sûr, Thierry Casasnovas s'empresse de compléter : « Avant ça, je précise, on a une grande promotion sur une formation en ligne, le lien se trouve juste en dessous de la vidéo. Ces formations ont été faites pour que vous puissiez vous autonomiser, pour que vous puissiez être responsables de votre santé. » L'enchaînement de ces trois messages est redoutable : on dénonce un mensonge, on promet une vérité facile et, bien sûr, on vous invite à passer à la caisse. Ces formations en ligne, composées de dix à vingt-cinq heures de vidéos, coûtent entre 100 et 300 euros par personne et par session.

Grâce à ces formations, mais aussi aux ventes d'extracteurs de jus sur le site de Regenere pour lesquelles l'association touche une commission[1], le youtubeur a été rémunéré, d'après les comptes de sa société, à hauteur de 61 251 euros au cours de l'année 2019 – contre environ 2 500 euros par mois les autres années, affirme-t-il au magazine *Society*[2]. Il possède par ailleurs plusieurs sociétés immobilières. Et certains regrettent d'avoir contribué à ce business douteux : « J'ai pensé qu'il s'apparentait à un gourou et que ses activités étaient sectaires, racontait en 2017 au site d'information Rue89 une jeune femme qui avait suivi un stage d'une semaine avec lui[3]. Il y avait même comme des séances de prière. Subtilement, il trouvait le moyen de faire passer un message religieux. Ce n'était pas du tout l'idée du stage, ce n'était pas prévu. Quand je pense que je lui ai acheté un extracteur de jus de plus de 300 euros… »

De quelles formations ou compétences Thierry Casasnovas dispose-t-il pour attaquer si durement la médecine traditionnelle et proposer à ses abonnés de suivre ses régimes ? Dans ses vidéos, il le reconnaît lui-même : aucune. Plus intéressant encore, lors d'une session de formation pour ses aspirants coaches de santé donnée en 2018, repérée et archivée par L'Extracteur[4], Thierry Casasnovas déroule devant l'assemblée hilare la méthode qu'il emploie lorsqu'il dispense des conseils à ses malades : « Si vous voulez vous installer comme

---

1. Thibaut Schepman, « La très juteuse générosité du gourou du "manger cru" Thierry Casasnovas », Rue89, 28 décembre 2014.

2. Léo Ruiz et Guillaume Vénétitay, « Thierry la Fronde », *Society*, mars 2021.

3. Juliette Montilly, « Orthorexie : quand l'envie de manger sainement devient une maladie », Rue89, 17 mai 2017.

4. Vidéo mise en ligne par L'Extracteur sur sa chaîne YouTube, le 27 mai 2020 : https://www.youtube.com/watch?v=JR7p2Dks77Q&t=791s.

naturopathe hygiéniste, c'est super facile. Le mec arrive chez toi, tu fermes les yeux, tu lui dis : "Ne parlez pas." Il faut que tu te concentres pour que le mec lâche le billet. » Rires dans l'assemblée. « Tu dis : "Épuisement nerveux, troubles digestifs, épuisement des ressources micronutritionnelles." Bon, épuisement nerveux, il a compris. Troubles digestifs, ça va. Micronutritionnel, il est largué. Tu rajoutes un petit peu de "microbiote intestinal" par-dessus, et là le mec, il capitule. Il se dit : "Il a tout compris sur moi." Tu lui dis : "Commence à te diriger vers une alimentation beaucoup moins transformée, riche en micronutriments, bio, et reviens me voir dans trois mois." Je fais le pari, on parie ce que vous voulez, que trois mois après, la personne revient, si elle a appliqué à la lettre ces recommandations qui sont d'une banalité totale, quelle que soit sa pathologie, [...] au bout de trois mois la personne a vu son état de santé – ce qu'on appelle la santé – radicalement transformé. » Pour étaler toute cette « science », Thierry Casasnovas affirme simplement avoir suivi deux stages en naturopathie aux États-Unis.

*

* *

Aucune formation scientifique reconnue, donc, mais un bagou à toute épreuve, et une capacité à manipuler et à mentir parfaitement assumée par Thierry Casasnovas devant ses apprentis coaches en « régénération ». À vrai dire, même la théorie qu'il a élaborée sur l'alimentation n'est pas vraiment la sienne. « Pour comprendre comment Casasnovas en est venu à créer Regenere, il faut s'intéresser à la réalité de son parcours et de sa légende », nous explique Clément, le porte-parole du collectif l'Extracteur[1]. En prêtant attention aux centaines de vidéos de Thierry Casasnovas et aux messages laissés par lui sur des forums, le collectif est parvenu à mettre au jour la supercherie qui se cache derrière l'histoire de la mystérieuse maladie que le gourou aurait traversée et de sa supposée guérison miraculeuse. « Il a en réalité beaucoup évolué sur cette histoire. Ce qu'on a pu comprendre, c'est qu'il n'est pas devenu crudivore du jour au lendemain. En fait, Casasnovas suivait déjà un régime alimentaire végétalien et crudivore avant de tomber malade et de perdre énormément de poids. »

Sur le forum anglophone Raw Paleo Forum, deux messages postés les 14 et 15 mai 2010 sous le pseudonyme de « diogene » mais signés « thierry » ont été attribués par un administrateur du forum à Thierry Casasnovas, bien que celui-ci ait nié en être l'auteur[2]. Dans ces messages, traduits ici, on peut lire : « J'étais végétalien crudivore pendant 10 ans, avec beaucoup de fruits et de légumes. Mon poids n'a jamais cessé de chuter pendant ces années-là, j'ai atteint les 40 kilos pour 1,75 mètre. Ensuite, j'ai découvert ce qu'on appelle l'alimentation vivante, avec presque uniquement des légumes, et tout est allé encore plus mal : je suis devenu comme un zombie, incapable de changer de façon de vivre, j'ai été envoyé à l'hôpital avec une tuberculose, une hépatite et un système immunitaire au point mort. » C'est là que Thierry Casasnovas aurait découvert « l'instinctothérapie ». Selon ses dires, qui changent au gré de ses interlocuteurs, il en aurait eu la révélation par un rêve prophétique où lui serait apparu le nom de Guy-Claude Burger.

1. Entretien avec les auteurs, le 7 octobre 2020.
2. Vidéo mise en ligne par L'Extracteur sur sa chaîne YouTube, le 17 décembre 2020 : https://www.youtube.com/watch?v=noGOmB0Tdrs

Guy-Claude Burger est presque tombé dans l'oubli aujourd'hui. Pourtant, dans les années 1980, ce gourou de l'alimentation d'origine suisse s'est fait connaître du grand public en élaborant une théorie fondée sur l'instinct ou le plaisir[1]. Le concept est assez simple : « On étale de la nourriture devant toi, et tu dois sentir et manger ce qui te ferait du bien, à l'instinct, nous raconte un témoin voulant rester anonyme, qui a vu un de ses amis de fac tomber à l'époque entre les griffes de Burger[2]. C'était dans les années 1980, je dirais en 1984, au début des phénomènes New Age. Les gens avaient comme des expériences mystiques, des visions, ou entendaient des voix… J'étais très méfiant car ce n'est pas du tout sérieux d'un point de vue spirituel. »

Pour construire sa légende, Guy-Claude Burger a lui aussi prétendu avoir guéri du cancer par la pratique de cette alimentation, critiquant les méthodes de cuisson traditionnelles comme Thierry Casasnovas critique aujourd'hui la médecine contemporaine. À l'époque, déjà, des médecins avaient alerté sur la recrudescence de malades provenant d'un centre d'instinctothérapie situé à Montramé, en Seine-et-Marne. Guy-Claude Burger est mentionné dans le rapport parlementaire sur « les sectes et l'argent » de 1999, après avoir été mis en examen pour exercice illégal de la médecine en 1987, puis condamné en appel en 1997[3]. Il est également condamné en décembre 2001 à quinze ans de réclusion criminelle

1. Guy-Claude Burger n'a pas répondu à notre demande d'interview, envoyée par mail le 29 juillet 2021.

2. Entretien avec les auteurs, le 5 février 2021.

3. Marion Festraëts, « Guy-Claude Burger aux assises », *L'Express*, 22 novembre 2001.

pour viol sur mineur de quinze ans, décision confirmée en appel en 2003[1].

Car en plus de ses théories alimentaires, Guy-Claude Burger développe une théorie ésotérique pédophile : la métapsychanalyse, selon laquelle l'éveil des enfants à la sexualité leur permettrait d'acquérir des pouvoirs surnaturels. « Guy-Claude part du principe que dans la psychanalyse, on réfrène les pulsions sexuelles des enfants, nous explique un autre témoin souhaitant garder l'anonymat, lui-même victime d'actes pédocriminels commis par un proche de Burger, pour lesquels il a porté plainte[2]. À cause de ça, selon lui, on perd le pouvoir de clairvoyance extrasensorielle. Il suggère donc de libérer les enfants des freins sociaux et de leur permettre de s'exprimer sexuellement avec des adultes. Ce n'est pas quelque chose d'uniquement physique et médical, c'est spirituel. »

*

* *

Le Suisse Guy-Claude Burger mais aussi les Américains Brian Clement et Robert Morse, naturopathes controversés et adeptes du jeûne… Thierry Casasnovas n'a eu qu'à adapter des méthodes qui existaient déjà au climat actuel d'attrait pour le bio et l'écologie, tout en musclant sa communication antimédecine, pour concevoir son crudivorisme contemporain. « Il n'a rien inventé. Il arrive après les naturopathes et adapte régulièrement son discours, nous explique Pascale Duval, porte-parole de l'UNADFI[3]. C'est quelqu'un d'assez

1. « La cavale du fils du gourou s'achève à Bali », *Le Parisien*, 9 novembre 2008.

2. Entretien avec les auteurs, le 4 février 2021.

3. Entretien avec les auteurs, le 11 mars 2021.

intelligent. On le suit depuis 2013 et, récemment, j'ai voulu vérifier les informations qu'on avait sur lui. Elles dataient de 2018 et je me suis rendu compte que certaines choses étaient déjà périmées. Il sait s'adapter ou alors il est très bien conseillé : à chaque reproche, il modifie son site, son activité. Il n'est plus à la tête de ses entreprises, il a supprimé son forum qui était une mine d'informations sur ses pratiques. Chacun y était le médecin de l'autre. »

À la faveur de la crise sanitaire, il a, sans surprise, rejoint le camp des sceptiques, expliquant sans ciller que s'il était ministre de la Santé, « le Covid ce serait réglé rapido. Bain froid et jeûne pour tout le monde, un peu de jus de carotte et vas-y que je t'envoie[1]. » Selon Pascale Duval, la crise l'a aussi rapproché de personnalités comme Christian Tal Schaller, un médecin suisse qui se revendique ouvertement complotiste, Silvano Trotta, ufologue[2] et fier conspirationniste, ou Jean-Jacques Crèvecœur, un conférencier belge formé à la théologie catholique qui a longtemps pratiqué l'instinctothérapie : « Ils ont compris qu'ils avaient un nouvel auditoire, le Covid-19 génère suffisamment de clients pour eux, pour qu'ils puissent se partager des parts de marché. Et puis, ça leur permet de se conforter les uns les autres dans leurs élucubrations. »

Thierry Casasnovas a été de ceux qui ont défendu la thèse selon laquelle la crise du Covid-19 aurait été utilisée par les pouvoirs publics pour détourner l'attention et installer des antennes-relais 5G. Il se déclare

1. Solenn Le Hen, « "Si j'étais ministre de la Santé, ce serait réglé rapido" : les charlatans surfent sur la peur du Covid-19 », Radio France, 6 octobre 2020.

2. Personne qui étudie les objets volants non identifiés. UFO vient de l'anglais *Unidentified Flying Object*.

clairement anti-vaccins : « Je suis contre la vaccination, c'est une énormité totale, c'est un facteur de dégénérescence massif des organismes et, surtout, on n'en a pas besoin[1]. »

C'est une des raisons pour lesquelles, au printemps 2021, lorsque la ministre déléguée chargée de la Citoyenneté, Marlène Schiappa, lance sa communication sur le « renforcement » de la Miviludes, elle met en avant la menace que représentent les dérives thérapeutiques liées aux dérives sectaires. Et la ministre nomme sa cible principale à plusieurs reprises : Thierry Casasnovas. Plus de 600 signalements ont été reçus ces trois dernières années par la Miviludes, dont 96 en 2020, concernant cet adepte du cru, ce qui en fait la personnalité la plus signalée de l'histoire de l'organisme[2]. Selon nos informations, l'OCRVP, auquel est rattachée la CAIMADES, a été chargé d'enquêter sur Casasnovas, après l'ouverture en 2020 par le parquet de Paris d'une enquête pour mise en danger de la vie d'autrui[3].

Mi-mai 2021, *Midi libre* révèle que le parquet de Perpignan a ouvert une information judiciaire et désigné les gendarmes de la section de recherches de Montpellier pour les investigations[4]. Le journal précise que les chefs d'accusation retenus sont l'abus de faiblesse, l'escroquerie, l'exercice illégal de la médecine et de la pharmacie ou encore la mise en danger délibérée d'autrui. « L'UNADFI a également déposé plainte »,

1. Vidéo mise en ligne par L'Extracteur sur sa chaîne YouTube, le 8 octobre 2020 : https://www.youtube.com/watch?v=4FI6DPNpIDU&t=823s

2. Rapport d'activité 2018-2020 de la Miviludes.

3. « Vidéos de Thierry Casasnovas, dans le Vallespir : enquête pour mise en danger de la vie d'autrui », *La Semaine du Roussillon*, 7 mars 2021.

4. Yanick Philipponnat, « Occitanie : enquête sur les dérives sectaires », *Midi libre*, 18 mai 2021.

nous confirme l'avocat de l'association, Jean-Baptiste Cesbron[1].

Après la multiplication des enquêtes journalistiques et judiciaires à son encontre, Thierry Casasnovas a décidé de ne plus parler à la presse à l'avenir, se disant victime d'une forme de harcèlement de la part de la « meute médiatique ». Sous le feu des critiques, il a supprimé la moitié des 1 500 vidéos présentes sur sa chaîne YouTube. Sollicité, Thierry Casasnovas n'a pas donné suite à notre demande d'entretien[2]. « Vous êtes le énième journaliste qui se présente comme voulant donner la parole et la version des faits à Thierry », nous expliquera par mail une membre de Regenere[3]. « En pratique, aucun n'a respecté cette parole, en lui tendant des pièges, en déformant son discours, en mettant en avant des témoignages mensongers sans contre-témoignages et en utilisant des termes diffamatoires. »

Interrogé par nos confrères de *Midi libre* juste avant son retrait médiatique, il a répondu en des termes assez grandiloquents : « J'ai décidé de mettre un terme à ma vie publique, je suis en train de démissionner de toutes mes fonctions car la pression de vos collègues parisiens (pas que…) a eu raison de ma passion. Si le but est de me pousser au suicide, c'est bien joué, sinon qu'on me fiche la paix, je ne suis plus rien. Avez-vous déjà vécu pour vous-même le déchaînement de la meute médiatique avec procès d'intention, règlements de comptes, fausses informations mélangées à du vrai et surtout intrusion totale dans ma vie privée ? Avez-vous déjà

1. Entretien avec les auteurs, le 20 mai 2021.
2. Thierry Casasnovas n'a pas donné suite à notre demande d'interview, envoyée par formulaire de contact sur le site Internet de son association Regenere le 5 juin, puis renouvelée par mail le 29 juillet 2021.
3. Réponse envoyée aux auteurs par mail le 7 juin 2021.

vécu du harcèlement quotidien pendant des mois, et voir ensuite que l'on donne la parole aux mêmes personnes qui vous harcèlent[1] ? »

Selon nos informations, la Miviludes aurait demandé au printemps 2021 aux victimes s'étant signalées auprès d'elle d'éviter de s'exposer publiquement, pour prévenir les situations de harcèlement et de représailles ou les éventuelles pressions des membres de la communauté[2]. « Ce qui est problématique avec Thierry Casasnovas, c'est que l'emprise est exercée par le groupe, qui est souvent l'entourage amical de ceux qui voudraient dénoncer ou porter plainte contre lui », témoigne une source proche d'anciens adeptes de Regenere. Les rares victimes qui osent prendre ouvertement la parole contre Thierry Casasnovas sont souvent la cible de raids numériques sur les réseaux sociaux. C'est notamment le cas de Dominique, une ancienne professeure de dessin de 62 ans à l'époque des faits. Pour guérir de sa bipolarité, elle se met à manger uniquement des fruits et des légumes. « Je n'avais rien à perdre », raconte-t-elle au *Parisien*[3]. Quand elle commence à perdre du poids, que ses dents lui font mal et que ses cheveux se mettent à tomber, elle demande de l'aide aux autres adeptes sur les réseaux sociaux. « À chaque fois, on me disait, c'est normal, c'est la détox. Pour tes dents, mets de l'huile de coco, elles repousseront. » Ses questions

1. Yanick Philipponnat, « Occitanie : enquête sur les dérives sectaires », *op. cit.*

2. Ce qui explique notre grande difficulté à obtenir des témoignages récents de victimes ayant décidé de se manifester auprès de la Miviludes ces derniers mois.

3. Elsa Mari, « Dérives alimentaires : "Ma sœur est décédée, elle s'est fait embarquer dans le sectarisme" », *Le Parisien*, 8 octobre 2019.

finiront par la faire exclure. « Une armée de fanatiques me culpabilisait, en disant c'est ta faute ! [...] C'est comme une secte. »

Depuis que Thierry Casasnovas s'est fait plus discret, certains de ses fans, crudivores radicalisés, regrettent sur la page de remerciements de son site Internet qu'il ait interrompu ses vidéos : « Rien depuis un mois, c'est vraiment dur. » En 2017, l'ancien président de la Miviludes Serge Blisko analysait, à son sujet : « Cet homme a une véritable emprise mentale sur ses abonnés. Certains se sont laissé embobiner. Ils étaient fragilisés et prêts à tout pour éviter la chimiothérapie ou une chirurgie invalidante. Alors ils ont tenté les jus à la place[1]... »

1. Perrine Signoret, « Jus de légume contre cancer : sur YouTube, l'info santé est cuisinée sauce intox », *L'Express*, 10 décembre 2017.

4

Les pyramides de l'infortune

« Salut à toi, jeune entrepreneur ! »

La vidéo, publiée début juin 2020, a rapidement fait le tour des réseaux sociaux et acquis une viralité inouïe, récoltant plus de 1,2 million de vues sur Instagram et 2,5 millions sur Twitter.

Engoncé dans un costume bleu lavande trop étroit pour lui, un jeune homme à la coupe au bol s'adresse à la caméra d'un téléphone portable. Il tient d'une main une flûte de champagne, de l'autre des lunettes de soleil aux verres roses, en dépit des cumulus sombres qui surplombent le lac Léman en arrière-plan. « Alors, si aujourd'hui je me permets de te contacter, c'est pour une raison très simple. Savais-tu que 95 % de la population détenait 5 % des richesses ? Alors, est-ce que tu veux en faire partie ? Il faut que tu te poses les bonnes questions. Est-ce que tu préfères faire pitié et prendre le bus tous les jours ou commencer très rapidement à faire de l'argent avec moi grâce à ton téléphone, et pouvoir peut-être acquérir ce genre de véhicule haut de gamme ? » Il pointe du doigt une Range Rover noire garée sur sa droite et enchaîne : « Moi je pense la question elle est vite répondue [*sic*]. Alors, soit tu me suis, soit tu vas demander de l'argent de poche à ta grand-mère pour aller au resto. »

La séquence d'une minute, devenue un même – c'est-à-dire un contenu visuel extrait de son contexte et réutilisé de différentes manières pour instaurer un comique de répétition –, a fait l'objet de multiples parodies et détournements, y compris de la part de la ministre Marlène Schiappa lors de son arrivée sur le réseau social vidéo TikTok, quelques mois plus tard. L'envers du décor prête pourtant beaucoup moins à rire. Après le buzz de la vidéo, un journaliste du *Parisien* entreprend de contacter son auteur, Jean-Pierre Fanguin, un jeune Suisse de 21 ans connu en ligne sous le nom de « JP Fanguin », pour lui demander comment il s'est enrichi aussi rapidement, ainsi qu'il le prétend[1]. Celui-ci le renvoie alors vers une visioconférence de présentation sur l'application Zoom, animée par un « ambassadeur » de Melius. Cette société, fondée par des Britanniques installés à Dubaï, se décrit comme spécialisée dans la cryptomonnaie et le *trading* et dit couvrir plus de 160 pays.

L'ambassadeur promet de faire gagner rapidement « un million d'euros » grâce au trading sur smartphone. Pour ça, il faudra cependant débourser entre 175 et 1 320 euros pour le « pack » de départ, puis un abonnement d'au moins 87 euros par mois. « Comprenez bien que le risque est de zéro », assure l'émissaire de Melius. Surtout, il vante les bienfaits du « marketing relationnel », c'est-à-dire le fait d'activer son réseau personnel pour ramener un maximum de personnes

1. Antoine Castagné, « "La question est vite répondue" : enquête sur Melius, cette société qui promet la fortune sur les réseaux sociaux », *Le Parisien*, 17 juin 2020.

dans la communauté et accroître ses gains. Pourtant, en suivant Melius et en acceptant d'en faire la promotion sur Instagram, une jeune étudiante précaire qui témoigne anonymement dans le *Parisien* affirme avoir perdu l'équivalent de plus d'un mois de loyer. Depuis, la société s'est renommée BE Factor et a fait l'objet en décembre 2020 d'une mise en garde de l'Autorité des marchés financiers au Québec[1].

De son côté, loin de penser que le ridicule peut tuer, Jean-Pierre Fanguin a fait de sa faute de syntaxe – « Moi je pense la question elle est vite répondue » – un véritable slogan, continuant à diffuser des vidéos courtes sur le même format et même un clip musical dont il est la star. Une notoriété qu'il a pu entretenir d'autant plus facilement qu'il prétendait ne pas être lié à Melius[2].

Mais fin janvier 2021, une vidéo du youtubeur belge POG, en partie tournée en caméra cachée, semble montrer son rôle actif dans un système qu'il assume comme pyramidal – le vidéaste serait en fait de mèche avec lui dans cette opération de communication, comme le suggéreront leurs vidéos respectives ultérieures[3]. En réaction, sur son compte Instagram, il se décrit comme un « escroc bienveillant ». « Je veux bien qu'on me traite d'escroc, mais je veux que les gens sachent que je me suis toujours soucié des autres, je n'ai pas voulu leur causer du tort, même quand je leur extorquais de l'argent, je ne voulais pas leur faire du mal, plaide-t-il,

1. « Prenez garde aux offres de BE Factor », lautorite.qc.ca, 2 décembre 2020.

2. Pauline Rumpf et Yannick Weber, « "La question, elle est vite répondue." Ou pas vraiment », *20 Minutes*, 12 juin 2020.

3. Pauline Rumpf, « Piégé, JP Fanguin se décrit comme "un escroc bienveillant" », *20 Minutes*, 2 février 2021.

un brin provocateur, auprès de la presse suisse[1]. Je me suis laissé un peu emporter, j'ai peut-être été naïf... »

*

* *

Le système qui a enrichi Jean-Pierre Fanguin attire de plus en plus de jeunes et se compose de communautés qui prennent régulièrement un nouveau nom à consonance anglo-saxonne au fil des polémiques. Quel rapport entre ces pratiques ayant tout d'une arnaque à grande échelle et l'emprise sectaire ? Depuis quelques années, la Miviludes reçoit de nombreux signalements et interrogations sur ce phénomène – plus de 250 entre 2015 et 2019[2]. Côté policier aussi, la CAIMADES a récemment commencé à enquêter sur ces sociétés transnationales « où se croisent l'arnaque financière et l'emprise mentale », nous révèle Éric Bérot, chef de l'OCRVP, dont dépend la CAIMADES. « La modification du régime alimentaire, les troubles du sommeil et l'excès d'activité professionnelle, la vente de biens au profit du développement du réseau, le harcèlement continu par messagerie ou par téléphone constituent autant de signes d'alerte d'une emprise mentale potentielle », décrivait la Miviludes dans son rapport 2016-2017. Sa conseillère Anne-Marie Courage, chargée du pôle affaires économiques, travail, emploi et formation professionnelle, nous liste des noms de « formations en ligne proposant une éducation financière », qui « ciblent particulièrement les jeunes hommes de

1. *Ibid.*

2. Laura Motet, « Marketing multiniveau : "Les signalements à la Miviludes mettent en évidence une évolution très inquiétante" », *Le Monde*, 6 novembre 2019.

16-25 ans » : Melius mais aussi Kuvera ou encore Pro Network Vision[1].

Paul Peskens, 21 ans, étudiant montpelliérain, a fait partie pendant six mois de cette dernière, une « communauté d'éducation financière » créée en 2018 par un entrepreneur « visionnaire » et « investisseur » d'après son profil Instagram et résidant lui aussi à Dubaï[2]. L'organisation, qui rassemblerait un petit millier d'adhérents, n'a aucune existence légale ; elle a d'abord été affiliée à la société américaine Kuvera, puis à iMarkets-Live, devenue IM Mastery Academy. Toutes les deux ont été épinglées par l'Autorité des marchés financiers, respectivement en 2019[3] et 2017[4]. Les plus proches sbires du fondateur de PNV ont récemment quitté la communauté pour en créer une autre, Attitude Legacy[5]. « Il y a une espèce de manipulation mentale qui s'est mise en place et j'ai eu du mal à m'en apercevoir », regrette aujourd'hui cet étudiant de la Montpellier Business School qui dénonce ouvertement ces systèmes pyramidaux[6].

Embrigadé par les leaders, mis sous pression pour recruter de nouveaux entrants dans son entourage, Paul commence à l'époque par changer de comportement

1. Réponses envoyées aux auteurs par mail le 16 mars 2021.

2. Pro Network Vision n'a pas répondu à notre demande d'entretien envoyée par mail le 12 avril 2021.

3. « L'Autorité des marchés financiers met en garde le public à l'encontre de la société KUVERA LLC/KUVERA France », amf-france.org, 9 avril 2019.

4. « L'Autorité des marchés financiers met en garde le public contre la société International Markets Live LTD (IMarkets Live LTD) », amf-france.org, 19 décembre 2017.

5. Le P.-D.G. d'Attitude Legacy n'a pas répondu à notre demande d'entretien envoyée par Instagram le 12 avril 2021.

6. Entretien avec les auteurs, le 24 février 2021.

et de discours, inquiétant certains de ses proches. Peu à peu, ceux-ci ont l'impression qu'il répète des phrases toutes faites, qui ne lui ressemblent pas. « Ça lui prenait vraiment plein de temps, de 8 heures du matin à 18 heures il était sur son téléphone ou son ordinateur, témoigne son frère Valentin, de trois ans son cadet[1]. Il était déconnecté du monde, juste en relation avec eux. Pro Network Vision lui disait qu'il n'était pas assez investi, du coup il se forçait, il était fatigué, il ne faisait que ça. » Paul a compté : il cumule alors 25 groupes de discussion sur Messenger, Telegram ou Discord, sur lesquels il reçoit en moyenne un message toutes les deux minutes. À l'époque, Valentin est en contact avec la petite amie de son frère, qui se plaint d'être délaissée au profit des écrans : « Paul, c'est le genre de personne qui se fait facilement influencer. Quand il se lance dans quelque chose, il y va à fond, il n'a pas de demi-mesure, c'est à l'extrême. »

Paul a découvert la vidéo virale de Jean-Pierre Fanguin un mois seulement après avoir quitté Pro Network Vision. D'après lui, cet autoproclamé « escroc bienveillant » faisait en fait partie d'un groupe de jeunes entrepreneurs qui ont monté leur affaire dès 2017, alors que la cryptomonnaie devenait à la mode : « Tous ces jeunes se connaissent à l'origine, ils viennent du même milieu. Ils ont monté une boîte et c'était toujours la course à celui qui allait être à la tête du rang. Ils ont fini par se briser, ont créé deux communautés et ça s'est reproduit. Il y a eu Melius, puis Pro Network Vision, maintenant il y a Attitude Legacy. C'est comme ça qu'ils fonctionnent. »

Sébastien, jeune développeur et fondateur de deux startups, qui a intégré pendant deux ans Pro Network

1. Entretien avec les auteurs, le 10 mars 2021.

Vision puis Attitude Legacy, confirme cet historique : « Jean-Pierre Fanguin était avec les leaders de Pro Network Vision avant de switcher sur une autre branche. Il l'a fait grossièrement, de manière encore plus poussée que les autres. Mais les leaders ont tous des sacs Louis Vuitton, des grosses vestes, des Rolex. On met en avant des gars très bons en marketing pour vendre un max[1]. »

*
* *

Ce business douteux ne date pas d'hier. Le rapport parlementaire sur « les sectes et l'argent » de 1999 citait déjà, parmi trois techniques commerciales employées par les mouvements à tendance sectaire, la « vente pyramidale », importée d'outre-Atlantique une dizaine d'années auparavant. Celle-ci est fréquemment confondue avec le *multi-level marketing* (MLM) ou vente multiniveau, dont se revendiquent officiellement les communautés comme Pro Network Vision ou Melius. « Le système pyramidal est illégal en France, il s'agit d'un réseau commercial factice, décrypte Anne-Marie Courage. En revanche, la vente multiniveau est autorisée. Elle repose sur une activité de vente directe au consommateur. » Le MLM, apparu aux États-Unis après la Seconde Guerre mondiale, a été popularisé par la multinationale Tupperware avant de se répandre dans des communautés évangéliques ou New Age faisant la promotion de la santé et du bien-être[2]. « Dans certains systèmes de vente multiniveau, la vente de produits ou prestations est un prétexte pour déguiser un système

1. Entretien avec les auteurs, le 3 mars 2021.
2. Nathalie Luca, *Y croire et en rêver. Réussir dans le marketing relationnel de multiniveaux*, L'Harmattan, 2012.

pyramidal, poursuit la conseillère à la Miviludes. Car ce n'est pas tant la vente de produits ou prestations qui est importante mais plutôt le développement du réseau qui permet à l'entreprise de collecter de grosses sommes d'argent, ainsi que des données personnelles en un espace-temps limité. »

C'est sur cette frontière ténue que comptent des communautés comme Pro Network Vision ou Melius pour continuer d'exister en passant sous le radar des autorités et en tissant leur toile sur les réseaux sociaux. En décembre 2019, Paul Peskens entend pour la première fois parler de Pro Network Vision. Le jeune homme qui le démarche a 18 ans et a été recruté deux ans plus tôt, alors qu'il était mineur, par le fondateur. Il lui donne rendez-vous dans un « café chic » du centre-ville de Montpellier. « Il était très charismatique, bien habillé, avait une belle montre, raconte Paul. Tout laissait paraître qu'il gagnait bien sa vie. » Ce jour-là, le jeune démarcheur l'interroge sur ce qui l'anime, sur les rêves de ses parents, sur le crédit étudiant qu'il a dû contracter pour payer les 11 000 euros de droits de scolarité à son école. « Il m'a étudié de fond en comble en me posant une multitude de questions, il a pu rapidement tracer un profil de la personne que je suis. »

Paul apprendra plus tard que son recruteur a étudié la programmation neurolinguistique, et que Pro Network Vision classe ses cibles selon un code couleur pour mesurer leur niveau d'influençabilité. Bref, un système de manipulation bien ficelé.

Pour l'attirer dans son réseau, le recruteur n'hésite pas à mobiliser une vision simpliste et binaire de la société. « Tout était appuyé sur la formation au trading, avec le fameux exemple du *Loup de Wall Street* :

on pourrait facilement avoir de gros yachts. Tout le discours porte sur l'argent et la manipulation, d'après eux, de l'État. Il m'a demandé ce que je préférerais si je devais faire le choix entre quarante années de prison, c'est-à-dire un parcours simple de salarié lambda que tout le monde emprunte, avec une retraite à la fin, et cinq années de travail forcé, parmi eux, dans le trading et le recrutement de masse avec le MLM. » Le salarié est ainsi présenté comme « une sorte d'esclave moderne de la société ». Le jeune homme prétend avoir gagné 40 000 euros en une seule journée grâce au trading en ligne. Paul est séduit par ce discours qui lui promet de faire partie du 1 % des personnes les plus riches de la population et accepte de payer un « pack » à 200 euros pour adhérer à Pro Network Vision.

Pendant trois semaines, il reçoit tous les jours des appels de son nouveau mentor. « J'avais besoin à ce moment-là de recevoir de l'affection, peut-être des compliments, ce qu'il faisait régulièrement : tu vas y arriver, on sera riches, on ira au bout du monde, nos prochaines vacances seront à Dubaï. » Mais, très vite, Paul réalise que, parmi les nombreuses réunions organisées par Pro Network Vision, « c'était peut-être 5 % de *calls* par rapport au trading et 95 % de *calls* par les leaders qui s'occupent du recrutement de masse ». La formation au trading en ligne se limite en fait à des ouvrages « crackés » sur Internet et des liens vers des vidéos ou des articles gratuits. Les dirigeants matraquent les adeptes à longueur de journée de citations de Henry Ford, Donald Trump ou de l'entrepreneur américain spécialiste du développement personnel Robert Kiyosaki, qui auraient tous fait la promotion de la vente multiniveau. « Tout est pensé, tout est si minutieux et si bien préparé », analyse Paul *a posteriori*. Lorsque l'étudiant émet des doutes, son supérieur lui répond systématiquement : « Paul, tu te poses trop de questions ! »

Comme dans tout système pyramidal, les membres de Pro Network Vision sont en fait rémunérés au nombre d'adhérents qu'ils parviennent à recruter : pour deux recrutements, ils obtiennent la gratuité de leur abonnement ; au bout de trois, ils gagnent 150 euros par mois ; pour douze recrues, 600 euros mensuels, et ainsi de suite. Une grande partie des gains amassés va directement dans la poche du niveau hiérarchique d'au-dessus, ce qui permet au sommet de la pyramide de récolter des « sommes mirobolantes », alors que les derniers arrivants ont mécaniquement moins de chances de s'enrichir. Les têtes de la maison mère américaine toucheraient jusqu'à un million d'euros par mois et leurs exécutants français, plusieurs dizaines de milliers d'euros. Pour parvenir à récolter ces adhésions, les marketeurs en herbe doivent démarcher en priorité leur « marché chaud », c'est-à-dire leurs proches, leurs amis et leur famille, puis leur « marché tiède », leurs connaissances, et enfin leur « marché froid », les inconnus.

« La première chose qu'on te fait faire quand tu signes, c'est un plan sur 90 jours, explique Sébastien, 21 ans, ancien membre de Pro Network Vision puis d'Attitude Legacy. On te fait faire une liste de contacts, tes 30 ou 60 premiers contacts les plus proches. Tu vas copier-coller le même message et l'envoyer à tous tes amis. » Si la personne démarchée est réceptive, un « *call* » est proposé avec un leader, chargé de l'« embrigader ». Les réseaux sociaux, méthode de recrutement la plus rapide, sont privilégiés : plutôt Messenger pour le marché chaud, plutôt Instagram pour le marché froid.

Plus insolite, certains groupes n'hésitent pas à recruter par le biais d'applications de rencontres. Lorsque

Marie, étudiante à Lille, « matche » sur Tinder avec Hugo, rien ne laisse présager ce qui l'attend. « Au premier abord, c'est un gars très sociable, il parle à tout le monde, il est gentil, souriant[1]. » Puis la conversation s'oriente vers le travail et les études. Hugo l'interroge et promet de lui parler plus tard de sa propre occupation, qu'il adore et qui le fait « énormément voyager ». Un samedi après-midi, il lui propose une rencontre dans son appartement en colocation, dans le centre de Lille. D'abord hésitante, Marie finit par accepter. Lorsqu'il l'accueille chez lui, Hugo est en train de nettoyer les lieux après la soirée de la veille. Il avoue que s'il l'a fait venir, c'est pour lui parler de son travail. Il lui fait visionner une vidéo de quarante-cinq minutes où alternent des témoignages en anglais et quelques-uns en français. Tous les intervenants sont membres d'une communauté, You should be here, affiliée à la société américaine WorldVentures, qui vante des voyages de rêve mais cacherait elle aussi un système pyramidal[2]. « Au fur et à mesure que tu recrutes, tu montes en grade et tu gagnes beaucoup plus d'argent, se souvient Marie. Tu voyages beaucoup, ils font des soirées et des événements sponsorisés, avec des espèces de "*pool parties*" tout le temps au bout du monde. Le voyage, c'est limite la récompense. Tout ce qu'il fallait faire, c'était ramener des gens. »

Après avoir regardé la vidéo, Marie, flairant une « arnaque », a quitté l'appartement et n'a plus jamais parlé à Hugo. Mais elle reste convaincue qu'elle n'a pas été sa seule cible sur Tinder et qu'il avait un « vrai système de recrutement », d'autant plus qu'il animait

1. Entretien avec les auteurs, le 8 février 2021.
2. WorldVentures n'a pas répondu à notre demande d'entretien envoyée par mail puis sur Facebook le 12 avril 2021.

chaque lundi soir des présentations dans un bar du Vieux Lille bien connu des étudiants étrangers.

*
* *

Depuis le début de la pandémie de Covid-19, les étudiants, isolés, sont plus que jamais des proies faciles pour ces systèmes pyramidaux. Le 22 juin 2020, l'Autorité des marchés financiers s'inquiétait dans un communiqué d'avoir reçu en l'espace de trois mois une centaine de signalements concernant des « pratiques souvent agressives de sociétés de marketing de réseau [...] proposant des formations au trading sur le Forex[1] ou les crypto-actifs, selon un mode de recrutement et de rémunération pyramidal ».

« Le temps disponible, l'isolement social et la crise économique générée par la crise sanitaire (chômage, chômage partiel, souhaits de reconversion) ont constitué autant de facteurs d'exposition au risque sectaire, développe Anne-Marie Courage. Une offre abondante de formation s'est développée sur les réseaux sociaux, rencontrant un public captif et en quête d'un monde plus enchanté. » Au mois de décembre dernier, TikTok devenait le premier grand réseau social à interdire la promotion de la vente multiniveau.

Parfois, le recrutement dépasse aussi le cadre virtuel. Chez Pro Network Vision, on organise du démarchage de rue. « Si la personne a l'air physiquement d'avoir plus de 22 ans, on ne la démarche pas, précise Paul

1. Le Forex, de l'anglais *Foreign Exchange Market*, est le marché sur lequel s'échangent des devises étrangères dont le taux de change varie en permanence.

Peskens, qui a quitté Pro Network Vision au bout de six mois. On nous disait que les adultes étaient “matrixés” par la société, qu'on était manipulés depuis tout petits par l'école et qu'automatiquement, à un certain âge, on est fermés, on veut faire comme tout le monde. » Sébastien complète : « C'est juste qu'ils sont plus informés, c'est surtout ça. On profite d'avoir un jeune qui est malléable pour le défaire. »

Ainsi, lorsque des week-ends se tiennent dans des appartements luxueux loués sur Airbnb pour impressionner les potentielles recrues, « les trois quarts du temps, ce sont des étudiants qui sont en galère financièrement », affirme l'ancien membre de Pro Network Vision et d'Attitude Legacy. Malgré la crise sanitaire, les week-ends Airbnb ont continué, parfois sans masques et même en plein confinement, comme l'a montré en novembre 2020 une enquête de la journaliste Marjolaine Koch pour France Inter[1].

Ces communautés poussent leurs adeptes à ne plus envisager leur entourage que comme un terrain de recrutement. Les récalcitrants, ceux qui pensent différemment, deviennent des ennemis. Aussi, certains s'éloignent de leurs études. Les leaders s'emploient à critiquer méthodiquement les écoles de commerce, qui vaudraient beaucoup moins que leur propre « philosophie de vie entrepreneuriale, beaucoup plus puissante », relate Paul. À la Montpellier Business School, l'étudiant passe ses heures de cours à faire du trading en ligne ou à tenter de démarcher ses camarades de classe sur Instagram. Il parviendra à en recruter cinq, dont un est toujours chez Pro Network Vision. Un jour, alors qu'il

1. Marjolaine Koch, « Jeunes endettés et déprimés : le mirage du trading en ligne », *Secrets d'info*, France Inter, 20 novembre 2020.

est absent de classe, son professeur d'économie aborde son comportement devant ses camarades, en parlant de « système pyramidal ». Lorsque Paul l'apprend, il est furieux. « Je suis allé le voir le lundi pour demander des explications. Je lui ai demandé de présenter des excuses auprès de la classe, en disant qu'il n'avait pas à dénigrer mon business, qu'il ne connaissait rien de ma vie, que j'étais dans une communauté stable qui m'éduquait réellement au sujet du trading. » Pire, l'étudiant a rencontré certaines personnes qui ont complètement abandonné leurs cours à cause de Pro Network Vision. « J'en connais un qui, en l'espace de deux mois, a cramé 6 000 euros que sa mère lui avait mis de côté pendant des années pour lui payer ses études universitaires. »

Au-delà des méthodes de recrutement agressives, du discours antisocial et de l'isolement qui peut en découler, ces systèmes pyramidaux font en effet perdre à leurs membres – du moins, à ceux qui ne parviennent pas à se hisser au sommet de la pyramide – des sommes importantes. Sébastien dit avoir ainsi perdu 6 700 euros en deux ans et Paul, 1 500 euros en six mois. « On nous demandait de mentir », décrit ce dernier. « On veut recruter des gens, on veut leur montrer nos profits, mais on ne peut pas leur montrer nos pertes. » Les conséquences de ce mensonge originel sont parfois tragiques. En juin 2020, un jeune Américain de 20 ans s'est donné la mort après avoir perdu plus de 730 000 dollars dans le trading en ligne en suivant les conseils de la société Robinhood[1].

Au fil des mois, Paul commence lentement à sortir de sa « phase d'ignorance ». Il se met à chercher en

1. Antoine Gara et Sergei Klebnikov, « 20-Year-Old Robinhood Customer Dies By Suicide After Seeing A $730,000 Negative Balance », *Forbes*, 17 juin 2020.

ligne des articles, autres que ceux que lui envoie Pro Network Vision, pour avoir un point de vue différent sur ces « communautés d'éducation financière ». C'est alors qu'il tombe sur les communiqués de l'Autorité des marchés financiers et les rapports de la Miviludes. Le rapprochement entre le groupe qui absorbe ses journées depuis des mois et les mouvements à tendance sectaire devient soudain évident. « On parlait tous pareil, on avait les mêmes objectifs, on sortait les mêmes phrases pré-faites, énumère l'étudiant. Quand vous devez démarcher, on va vous donner toutes les phrases à dire et aussi les contre-arguments, par exemple pour répondre quand on vous dit que c'est un système pyramidal. »

C'est alors qu'il entreprend de réaliser, avec ses propres moyens et l'aide de ses proches, une vidéo pour dénoncer ce qu'il a vécu au sein de Pro Network Vision et déconstruire leur discours. Son objectif : empêcher des jeunes de son âge de tomber dans le même piège que lui. « Parce que cette communauté ne vous rendra pas riches mais vous fera perdre de l'argent, explique-t-il dans sa vidéo, publiée sur sa chaîne YouTube le 16 mai 2020. Parce que vous n'apprendrez pas comment gérer votre argent mais comment manipuler des cerveaux. Parce que vous gâcherez votre temps au point parfois de rater vos études. Parce que vous serez peu à peu isolé de vos proches, de vos parents, de vos amis et de tous ceux qui ne pensent pas exactement comme cette communauté. »

Une fois en ligne, la vidéo cartonne. Paul ne se prive pas de l'envoyer sur les groupes de discussion de Pro Network Vision, dont il est rapidement banni. Sur les réseaux sociaux, il reçoit quelques messages d'intimidation de membres de Pro Network Vision qui veulent le faire supprimer la vidéo. Mais surtout, de nombreux jeunes le contactent, encore aujourd'hui, parce qu'ils hésitent à rejoindre tel ou tel groupe. De quoi rassurer Paul sur l'utilité de sa démarche et apaiser la honte qui l'a rongé des mois après sa sortie de Pro Network Vision. « J'ai tenu des discours, des propos qui me dépassent. Ça a été pour moi un choc psychologique de faire cette vidéo mais aussi un mal-être pendant plusieurs semaines, plusieurs mois. »

De telles alertes suffiront-elles pour pousser les pouvoirs publics à agir contre ces systèmes pyramidaux ? Pas si sûr. En ayant leur siège à l'étranger et en contournant les circuits économiques traditionnels, ces communautés échappent facilement à la vigilance de l'État, malgré le travail de la Miviludes en relation avec la DGCCRF[1], l'Autorité des marchés financiers et la police. « Tous les virements se faisaient par des compagnies privées de transfert d'argent, qu'ils mettaient directement sur des "*brokers*", plateformes d'échange de cryptomonnaies, assure Paul. Aujourd'hui, l'État n'a pas réellement la mainmise sur tout ce qui est cryptomonnaie. Ces sociétés ont amassé des fortunes et l'État n'a pas gagné un seul euro, tout ça sur le dos de centaines de jeunes comme moi, naïfs d'être tombés dans ce piège. »

1. Direction générale de la concurrence, de la consommation et de la répression des fraudes.

5

Antivax, la convergence sectaire

À l'heure où nous écrivons ces lignes, près de 50 millions de Français ont reçu au moins une première dose d'un des vaccins contre le Covid-19. Dans le même temps s'est cristallisée dans le pays une forte mobilisation contre le passe sanitaire et la vaccination, réunissant plus d'une centaine de milliers de personnes dans des manifestations saturnales à travers la France métropolitaine. Cette situation, la géographe Lucie Guimier l'avait vue venir. « Historiquement, le credo principal des organisations pionnières de la lutte contre la vaccination, comme la Ligue nationale pour la liberté vaccinale, c'était plutôt l'idée d'un retour à une nature saine, à une nutrition naturelle. Aujourd'hui, on voit beaucoup émerger un discours complotiste, une dissidence envers l'État[1]. »

La géographe Lucie Guimier découvre le phénomène sectaire « par hasard », lorsqu'elle entreprend un travail de thèse, publié en novembre 2016[2], sur la résistance vaccinale et l'épidémie de rougeole qui a traversé

1. Jean-Loup Adénor et Margot Brunet, « Du New Age à l'extrême droite : comment le mouvement antivax a muté pendant la pandémie », *Marianne*, 26 mai 2021.

2. Lucie Guimier, « Approche géopolitique de la résistance aux vacci-

la France entre 2008 et 2011. « Je cherchais à vérifier s'il y avait beaucoup plus de rougeole là où il y a plus d'anti-vaccins. Et, évidemment, ça s'est confirmé[1]. »

Car bien avant le Covid-19, la rougeole, cette infection virale caractérisée par l'apparition d'éruptions rouge vif sur le corps qui touche principalement les enfants, inquiétait déjà les autorités sanitaires. À la fin des années 2000, la maladie, contre laquelle le vaccin ROR – rougeole, oreillons, rubéole – est recommandé depuis la fin des années 1980 et obligatoire depuis 2018, était considérée comme en voie d'extinction. Pourtant, au cours de l'année 2008, des foyers de la maladie apparaissent en France, à la faveur d'une couverture vaccinale déficiente. En 2011, la France connaît une véritable épidémie. Alors que la maladie ne concernait plus que quelques cas par an, 14000 personnes contractent la rougeole cette année-là. Lucie Guimier, docteure à l'Institut français de géopolitique de l'université Paris 8, se souvient : « On savait qu'il y avait une fracture nord-sud dans la couverture vaccinale, dans le sud-est particulièrement. On la constatait, mais on ne savait pas expliquer pourquoi. Je suis géographe, je me suis dit qu'il fallait appréhender ce type de phénomène à une échelle plus précise. Alors j'ai essayé de mettre la couverture vaccinale en lien avec la réémergence de l'épidémie de rougeole. J'ai cartographié l'épidémie, j'ai cherché à savoir comment elle s'est répandue. C'est là que j'ai découvert la Fraternité Saint-Pie-X. Je n'en avais jamais entendu parler avant… »

Pour cet ambitieux travail, Lucie Guimier va s'appuyer sur les enquêtes épidémiologiques, le travail des Agences

---

nations en France : le cas de l'épidémie de rougeole de 2008-2011 », thèse soutenue à l'université Paris-VIII, 7 novembre 2016.

1. Entretien avec les auteurs, le 9 mars 2021.

régionales de santé et de l'Institut de veille sanitaire. À la fin de l'été 2008, les autorités de santé déplorent une situation épidémique tendue : des signalements de cas de rougeole proviennent alors de l'ensemble des régions françaises. « Au total, 580 cas sont recensés en 2008 contre 35 l'année précédente », rappelle Lucie Guimier.

Au cours de cette année-là, une vingtaine de cas de rougeole se déclarent dans l'agglomération de Reims ; entre mars et mai, un deuxième foyer apparaît à Nice. C'est un troisième foyer épidémique qui va donner une dimension nouvelle, autrement plus inquiétante, à la situation. « Entre le 3 mai et le 19 juillet, 110 personnes issues d'une communauté religieuse sont touchées, raconte Lucie Guimier dans sa thèse. Il s'agit de l'éruption la plus importante depuis 2005, année du lancement du plan national d'élimination de la rougeole et de la rubéole congénitale par le gouvernement français. »

« Au cours d'entretiens avec des personnels de l'Agence régionale de santé Rhône-Alpes et de la direction générale de la Santé, il m'a été précisé que la communauté religieuse impliquée lors de cette troisième vague, et par la suite de manière diffuse, était la Fraternité sacerdotale Saint-Pie-X », déroule Lucie Guimier. La géographe n'a plus qu'à vérifier cette information en cherchant, sur le site du mouvement, la liste des écoles afin de la comparer avec les zones touchées par l'épidémie. « J'ai pu confirmer qu'une école de filles était établie à Pouilly-en-Auxois, en Côte-d'Or, et qu'une école de garçons était située à Camblain-l'Abbé, dans le Pas-de-Calais. La suite de l'enquête épidémiologique a permis d'identifier le patient zéro de l'infection : une élève de la Fraternité partiellement vaccinée qui, lors d'une visite familiale à Feldkirch, en Autriche, en avril 2008, est entrée en contact avec un cousin infecté par la rougeole, lui aussi scolarisé dans un établissement affilié à la mouvance Saint-Pie-X en Suisse. » En France, la Fraternité dispose d'une soixantaine d'écoles, toutes hors contrat.

C'est donc à partir de ces écoles-là que l'épidémie se serait diffusée lentement : depuis leurs internats, les enfants rentraient chez eux le week-end et pendant les vacances, contaminant leur fratrie et les personnes rencontrées en chemin. Des conditions optimales pour que la maladie se propage, d'autant que les camps de vacances bretons de la Fraternité auraient amplifié le phénomène. « En août, après la déclaration de plusieurs cas par un médecin généraliste de Saint-Malo, une investigation menée par la DDASS[1] d'Ille-et-Vilaine identifie une soixantaine de cas de rougeole dans un camp de vacances affilié à la Fraternité Saint-Pie-X : 18 cas chez les participants au camp et 40 dans leur famille, détaille la géographe dans ses travaux. Aucun des sujets atteints n'est vacciné. Trois élèves scolarisés dans les établissements cités plus tôt sont identifiés comme étant à l'origine de ce foyer épidémique. »

« Voilà comment, en 2011, quelques foyers de contamination se transforment en épidémie nationale », résume Lucie Guimier. Elle précise : « La contagion atteint son paroxysme avec 15 000 cas notifiés à l'Institut de veille sanitaire. Sur les plus de 22 000 cas déclarés en l'espace de quatre ans, 1 023 personnes ont été victimes de pneumonie, 27 ont subi une complication neurologique et 14 sont décédées des suites de la rougeole. »

*

*   *

1. Direction départementale des Affaires sanitaires et sociales.

Cette approche originale, établissant un lien inédit entre une épidémie et le refus vaccinal prôné dans certaines communautés religieuses, a conduit Lucie Guimier à publier une étude intitulée « La résistance aux vaccinations : d'un défi de santé publique à un enjeu de société », dans le rapport 2016-2017 de la Miviludes. Elle y affirme que « la vaccination est devenue un marqueur identitaire pour certains groupes sociaux ». Parmi ces groupes, les écoles Steiner-Waldorf, issues de l'anthroposophie[1]. C'est depuis deux de ces écoles que s'était diffusée, au printemps 2008, une épidémie de rougeole aux Pays-Bas[2]. Une situation similaire aux observations de la géographe sur les écoles françaises de la Fraternité Saint-Pie-X.

Que sait-on de la Fraternité sacerdotale Saint-Pie-X ? Cette congrégation de prêtres catholiques traditionalistes rejette les réformes du concile Vatican II (1962-1965) qui visaient à moderniser l'Église. Attachée à la messe en latin et à la soutane, la Fraternité est considérée par la grande majorité des catholiques comme un groupe « intégriste » qui présente des dysfonctionnements graves, voire dangereux[3].

Fondée en Suisse en 1970 par l'évêque français Marcel Lefebvre, elle compterait entre 150000 et 600000 fidèles à travers le monde, dont 35000 dans l'Hexagone. Elle est également connue pour ses liens avec le parti catholique d'extrême droite Civitas, qui s'est donné pour mission de « rechristianiser la France ». L'abbé Philippe Laguérie, membre de la Fraternité jusqu'en 2004, avait estimé en 1991 que le Front national était « le parti le moins éloigné

---

1. Lire à ce sujet le chapitre 8, « Le piège des écoles Steiner ».
2. Rapport 2016-2017 de la Miviludes.
3. Contactée par les auteurs le 22 mai 2021, la Fraternité sacerdotale Saint-Pie-X nous a indiqué qu'elle ne souhaitait pas répondre à nos questions.

du droit naturel» car il s'opposait alors à l'avortement et à l'euthanasie[1]. En 2021, celui qui a cofondé une nouvelle société traditionaliste plus proche du Vatican a marié religieusement Jean-Marie et Jany Le Pen. Le premier président du Front a longtemps été proche des lefebvristes; sa fille Marine Le Pen, qui s'en est au contraire éloignée pour dédiaboliser le parti, a tout de même fait baptiser ses trois enfants dans une de leurs églises. La présidente du Rassemblement national, qui a jusqu'ici évité d'affirmer une position favorable à la vaccination contre le Covid-19, était opposée en 2017 à la vaccination obligatoire[2].

Dans son rapport 2016-2017, la Miviludes indiquait : «Les mouvements catholiques dissidents, de la Fraternité sacerdotale Saint-Pie-X aux mouvements sédévacantistes, ont suscité 30 interrogations. Dans cette mouvance, qui attire là encore des jeunes, on trouve des discours religieux qui masquent à peine le racisme et particulièrement l'antisémitisme.» La Fraternité se distingue également par un discours patriarcal assumé. «On sait comment fonctionne cette Fraternité, nous rapporte Pascale Duval de l'UNADFI[3]. Toute autorité extérieure n'est pas reconnue. Il n'y a que la hiérarchie de Dieu et du clergé. Puis, dans la famille, il n'y a que le père. Il s'agit d'une communauté fermée. Les enfants vont dans des écoles tenues par les membres de la Fraternité. Ils ne connaissent pas le monde extérieur.» Un fonctionnement en vase clos qui encourage les déviances les plus graves. Fin 2020, des femmes adeptes de la Fraternité racontaient au magazine *NEON* les violences conjugales

1. «Intégrisme : "Avant chaque conseil, je récite mon chapelet"», *L'Humanité*, 30 avril 2013.

2. Paul Parant, «Marine Le Pen brandit le Mediator pour contester la vaccination obligatoire», *L'Express*, 20 octobre 2017.

3. Jean-Loup Adénor, «La pandémie de Covid-19, une aubaine pour les théoriciens de la fin du monde», franceinfo, 17 mai 2020.

qu'elles avaient subies pendant des années[1]. Des sévices qui, d'après elles, étaient justifiés par les abbés de la Fraternité qui les accueillaient en confession. Les enfants, particulièrement les filles, demeureraient sous le joug du père de famille, y compris une fois devenues adultes et parfois jusqu'à la séquestration.

Cette hiérarchie entre Dieu, le clergé et le père de famille ne laisse pas beaucoup de place à un discours rationnel ou scientifique, même pendant la crise sanitaire. Dans une lettre publiée le 17 mars 2020 sur La Porte latine, site officiel de la Fraternité, le supérieur général s'adressait à tous les fidèles et fixait sans ambiguïté le caractère apocalyptique de la situation. « Cette lettre se voulait un rappel de la finitude de la société », analysait alors Laurence Poujade, présidente de l'association Sentinelle, qui soutient les victimes d'emprise communautaire et leurs proches face aux risques de dérives de groupes religieux[2]. Dans cette lettre, on pouvait lire : « Un simple microbe est capable de mettre à genoux l'humanité. À l'ère des grandes réalisations technologiques et scientifiques, c'est surtout l'orgueil humain qu'il met à genoux. L'homme moderne, si fier de ses réalisations, qui installe des câbles de fibre optique jusqu'au fond des océans, construit des porte-avions, des centrales nucléaires, des gratte-ciels et des ordinateurs, qui après avoir posé son pied sur la Lune poursuit sa conquête jusqu'à Mars, cet homme est impuissant devant un microbe invisible. »

Quelques semaines plus tard, la police intervenait à deux reprises pour des messes qui se tenaient malgré le confinement. Le 11 avril 2020, dans la paroisse de Saint-Nicolas-du-Chardonnet à Paris, occupée illégale-

1. Timothée de Rauglaudre et Jade Serrano, « Prière de garder le silence », *NEON*, octobre-novembre 2020.

2. Jean-Loup Adénor, « La pandémie de Covid-19, une aubaine pour les théoriciens de la fin du monde », *op. cit.*

ment en 1977 par la Fraternité[1] et devenue la place forte du gotha intégriste et d'extrême droite, une trentaine de participants, ecclésiastiques et enfants de chœur, étaient réunis pour une messe en latin, sans aucune protection sanitaire ni respect des gestes barrières, rapportait alors l'Agence France-Presse[2]. Capitalisant sur la violence du premier confinement et sur la crainte profonde générée par l'épidémie, la Fraternité Saint-Pie-X avait alors parfaitement su utiliser les incertitudes du discours scientifique pour y substituer une vision naturaliste du monde.

Ce point de vue antiscientifique se retrouve sur la question de la vaccination. Dans un article publié le 10 juin 2020 sur La Porte Latine, l'abbé Bernard de Lacoste explique que le virus constituant le vaccin contre la rubéole est « cultivé sur des cellules embryonnaires humaines provenant d'un fœtus avorté il y a environ 50 ans ». Se faire vacciner contre cette maladie virale reviendrait donc à une « coopération au péché d'avortement », soit une pratique « souvent immorale ». Et l'abbé intégriste de conclure : « Nous ne devons pas nous contenter de ce déplorable état des choses sans rien faire. Les catholiques influents doivent user de tout leur pouvoir pour inciter l'industrie pharmaceutique à développer de nouveaux vaccins sur d'autres supports cellulaires. »

De nouveau, le 6 mars 2021, cette fois sur le site d'actualité de la Fraternité Saint-Pie-X, l'abbé Arnaud Sélégny, son directeur de la communication, discute le caractère éthique ou non des différents vaccins contre le Covid-19. Revient la question des « fœtus avortés » : « Celui qui fabrique ce vaccin ou le commercia-

1. « Saint-Nicolas-du-Chardonnet : avec foi mais sans loi », *Libération*, 11 mai 2012.

2. « Covid-19 : une messe pascale clandestine en l'église Saint-Nicolas-du-Chardonnet », *Le Point*, 12 avril 2020.

lise coopère au péché d'avortement d'une manière qui, quoiqu'elle ne puisse être qualifiée de proche, peut être appréciée comme immorale. » Les catholiques fidèles de la Fraternité devront choisir de préférence les vaccins n'ayant pas été préparés « illicitement » et, là encore, les « catholiques influents » sont invités à user de leur pouvoir pour faire changer les choses à plus large échelle.

*

* *

En surface, donc, le discours de la Fraternité n'est pas pleinement anti-vaccins mais se veut nuancé. Qu'en est-il dans la vie quotidienne des fidèles de la communauté ? « C'est interdit, personne ne les fait », nous confie Victoire[1], 33 ans, qui a grandi dans la Fraternité Saint-Pie-X qu'elle a quittée il y a quelques années pour fuir un mari violent couvert, affirme-t-elle, par un abbé[2]. D'après elle, la peur du vaccin est transmise dès le plus jeune âge : « On nous inculque que c'est une introduction d'un corps étranger et que, par conséquent, ça nous rend malades, car les vaccins sont fabriqués à base de cellules humaines. »

Cette position, justifiée par une certaine interprétation des textes bibliques, s'accompagne, selon elle, d'une « interdiction formelle » du don d'organes. « Si jamais quelqu'un veut se faire vacciner, on lui demande d'appliquer de l'argile juste après la piqûre, c'est censé désactiver les produits », poursuit Victoire. Les fidèles s'orientent de préférence vers des médecins liés à la Fraternité, aptes à signer des dispenses. Ceux-ci favoriseraient les « plantes naturelles » et les « médecines alternatives » au détriment des médicaments. Encore aujourd'hui, éloignée géogra-

1. Son prénom a été modifié pour préserver son anonymat.
2. Entretien avec les auteurs, le 21 mai 2021.

phiquement de la communauté intégriste, la trentenaire peine à se défaire de ces croyances dans lesquelles elle a baigné depuis l'enfance : « On nous fait hyper peur avec ça. Même maintenant, je ne fais pas du tout confiance aux vaccins, malgré moi, parce que pour moi c'est un poison. Mes enfants ne sont pas vaccinés. Je sais que je suis hors-la-loi. Mais on me l'a dit depuis que je suis toute petite. »

Solène, qui a également grandi dans la Fraternité, témoigne également de ce discours antiscientifique sur la question de la vaccination : « Ils sont dans une croyance selon laquelle la science va modifier l'essence de l'homme. Pour eux, la vaccination engendre forcément des séquelles contre lesquelles ils doivent se protéger. Sur le vaccin contre le papillomavirus[1] par exemple, qui est complètement interdit, ils expliquent que lorsqu'on mène une bonne vie, c'est-à-dire une vie conforme à la moralité de la Fraternité, on n'a pas à se soucier de tomber malade. »[2] Une façon de renforcer l'emprise morale de l'organisation sur les familles et les enfants qui en sont adeptes.

Pour comprendre la rigidité de la Fraternité sacerdotale Saint-Pie-X, il faut s'intéresser à l'histoire du courant anti-vaccins en Europe. L'opposition à la vaccination trouve en effet ses premières sources historiques dans un certain puritanisme chrétien. On trouve notamment les premières critiques de « l'inoculation » dès 1722 dans des écrits religieux, plus précisément dans un sermon du pasteur anglican Edmund Massey comparant la variolisation à une « opération diabolique, qui usurpe une autorité, qui

1. Les papillomavirus sont des virus très contagieux qui peuvent être à l'origine de cancers du col de l'utérus. Ces virus se transmettant aussi régulièrement via la main et la bouche, les rapports sexuels protégés ne constituent pas une garantie absolue d'éviter la contagion.

2. Entretien avec les auteurs, le 23 mai 2021.

n'est fondée ni sur les lois de la nature ni sur celles de la religion». D'après Nicolas Chevassus-au-Louis, docteur en biologie, historien et collaborateur régulier à *Mediapart*, les premières ligues anti-vaccination en Angleterre, premier grand pays à adopter l'obligation vaccinale, «recrutent pour l'essentiel dans des milieux bourgeois moralisateurs et réformateurs, souvent végétariens et hostiles à la vivisection, militant contre le tabac et l'alcool, proches des sectes protestantes dites anticonformistes (c'est-à-dire opposées à l'Église anglicane officielle). Pour ces chantres de la vie saine, vacciner va contre la nature autant que contre la volonté divine[1] ».

S'il n'y a jamais eu d'avis pontifical ouvertement opposé à cette pratique et si le pape François appelle lui-même aujourd'hui le plus grand nombre à se faire vacciner contre le Covid-19, la méfiance envers les vaccins et les politiques publiques de vaccination émaille aussi l'histoire de certaines franges du catholicisme, notamment liées à l'extrême droite, dès le XIXe siècle.

«Dans la première moitié du XIXe siècle, c'est d'abord un courant porté par la droite et l'extrême droite, dont les revendications vont contaminer, à partir des années 1950, les courants catholiques et écologistes», explique Lucie Guimier[2]. Une revue, *La Vie claire* – qui a donné les célèbres magasins bio du même nom –, va leur donner de la voix, prônant déjà, d'après la chercheuse, un retour à un mode de vie patriarcal, anti-avortement, anti-pilule contraceptive et pour la protection de la famille traditionnelle, sur fond d'alimentation biologique. «Ces mouvements-là sont donc plutôt écolos mais pas forcé-

1. Nicolas Chevassus-au-Louis, «Un siècle et demi d'antivax», *Mediapart*, 20 février 2021.
2. Entretien avec les auteurs, le 9 mars 2021.

ment de gauche, plutôt écolos conservateurs, proches du christianisme. » En 1954, certaines personnes issues de *La Vie claire* vont s'associer à d'autres groupes opposés à la vaccination pour créer la Ligue nationale contre l'obligation des vaccinations, devenue Ligue nationale pour la liberté des vaccinations.

Vient le mouvement soixante-huitard, qui va se réapproprier cette méfiance envers la vaccination. « Le refus vaccinal, quelle que soit l'époque concernée, c'est une manière de se poser en contre-pouvoir face à l'État, analyse la géographe. C'est une façon d'affirmer son indépendance d'esprit. C'est ce qu'on entend aujourd'hui sur la vaccination contre le Covid-19 : “Je ne suis pas un mouton.” C'est la vertu émancipatrice du discours antivaccination et c'est pour ça que les milieux complotistes ont pu récupérer ce discours-là depuis une quinzaine d'années. »

Historiquement donc, le courant dit « antivax » tire ses origines d'une galaxie hétérogène, du traditionalisme catholique à l'idéalisation de la nature en passant par une opposition radicale à l'État. « Les causes de ce refus ont parfois bougé mais il y a un certain nombre d'invariants, qu'on retrouve mis à la sauce d'aujourd'hui, décrypte l'ancien président de la Miviludes Serge Blisko[1]. En vaccinant, on trouble l'ordre naturel du monde et de la santé. On pense qu'en vaccinant, on empêche la maladie de se développer et le corps de développer sa propre résistance. Ce n'est pas Dieu, c'est fini : les grandes religions ne sont plus anti-vaccins, à quelques exceptions fanatiques près. »

*

* *

1. Entretien avec les auteurs, le 16 février 2021.

Rien d'étonnant à ce qu'aujourd'hui, dans le contexte particulier de la pandémie mondiale, l'opposition à la vaccination soit devenue le terrain d'intersection par excellence des mouvements à tendance sectaire. Le 2 mai 2021, une mobilisation étonnante interpelle la presse locale de Saône-et-Loire[1]. À Paray-le-Monial, bastion du catholicisme conservateur en France, un groupe de catholiques intégristes se rassemble devant le vaccinodrome de la ville, où s'intensifie depuis quelque temps la campagne de vaccination contre le Covid-19. Les militants réunis prient devant le bâtiment afin de dénoncer la « dictature sanitaire » que mettrait en place le gouvernement. Cette forme de mobilisation est un grand classique de l'association Civitas. Le mouvement catholique a un temps été proche de la Fraternité sacerdotale Saint-Pie-X avant de se rapprocher des Capucins de Morgon, un autre groupe traditionaliste lui-même « communauté amie » de la Fraternité. Son dirigeant, Alain Escada, qui prône notamment le concept de « remigration » cher à l'extrême droite, a transformé l'association en parti politique en avril 2016 pour en faire le bras armé du nationalisme catholique.

Dans le numéro 77 du magazine édité par Civitas, intitulé « Vaccin, ce que l'on vous cache », les positions radicales de l'association contre la vaccination ne dissimulent pas leur origine religieuse fondamentaliste. Le père Joseph d'Avallon – nouveau nom religieux de l'abbé Régis de Cacqueray, ancien supérieur général du district français de la Fraternité Saint-Pie-X, devenu capucin de Morgon –, aumônier national de Civitas, s'y prononce sur la « moralité » des vaccins en estimant : « Ceux qui mènent une vie

1. « Opposés à la vaccination, les catholiques intégristes manifestent à Paray-le-Monial », *Le Journal de Saône-et-Loire*, 2 mai 2021.

conforme aux préceptes du Seigneur s'abstiennent de tous les remèdes que Dieu n'a pas destinés à cette fin ; quand bien même ils seraient assurés de guérir par ce moyen, ils ne laisseraient pas de les avoir en horreur comme des artifices et des enchantements du démon. »

Dans l'éditorial qu'il publie dans ce même numéro, et dont le titre est « Plan-démie, vaccination et totalitarisme », Alain Escada s'emploie à décrypter un projet mondialiste qui viserait l'asservissement des peuples par la vaccination. Défiance envers la science, commandements religieux et complotisme antiétatique : les positions de Civitas réunissent tous les ingrédients qui ont fait la réussite historique du mouvement anti-vaccination.

Souvent plus mesurés que Civitas, certains milieux écologistes mènent également un certain activisme contre la politique vaccinale du gouvernement. En mai 2021, alors que la vaccination contre le Covid-19 est largement déployée, un mystérieux groupe tente de surfer sur le succès de la plateforme CovidTracker, fondée par l'entrepreneur Guillaume Rozier et qui permet entre autres de faciliter la prise de rendez-vous pour une vaccination, palliant ainsi les carences logistiques de l'État[1]. Utilisant le même nom que l'une des pages du site, « Vite ma dose », le CRIIGEN[2] crée un site Internet – supprimé à la suite de la polémique qui a émergé – pour alerter sur les vaccins. « Se faire vacciner contre la Covid-19 est une décision importante, peut-on lire. Toute personne doit pouvoir prendre cette décision avec un avis éclairé. » Et l'on est renvoyé vers une vidéo de Christian Vélot, docteur en biologie et président du conseil scientifique de

1. Les Décodeurs, « Covid-19 : le site Vite ma dose parasité par un site vaccinosceptique », *Le Monde*, 12 mai 2021.

2. Comité de recherche et d'information indépendantes sur le génie génétique.

l'association, qui s'y décrit comme « vaccino-prudent ». Dans un communiqué de presse publié par la suite sur son site Internet, le CRIIGEN s'est défendu d'avoir voulu créer un « faux site », affirmant que le nom de domaine avait déjà été réservé avant la création de la page par Guillaume Rozier : « Comme précisé clairement au tout début de la vidéo, il ne s'agit nullement d'alimenter un quelconque débat entre pro- et anti-vaccins, mais simplement de présenter et expliquer les technologies sur lesquelles reposent ces vaccins, et en particulier ceux de dernière génération (dits "vaccins génétiques") avec les risques potentiels qu'ils peuvent engendrer[1]. »

La naissance du CRIIGEN remonte à 1999. L'association, qui s'est d'abord fait connaître par son opposition aux OGM, a été cofondée par l'ancienne ministre de l'Environnement Corinne Lepage, aujourd'hui coprésidente du parti Cap écologie, et deux scientifiques. Le premier, Jean-Marie Pelt, pharmacien, botaniste et écologue, est décédé en 2015. De son vivant, il a défendu de nombreuses fois l'agriculture biodynamique, issue de la doctrine anthroposophique[2]. « Dans ce courant, on a un rapport très fort avec la nature, déclarait-il en 2008[3]. L'Évangile dit : "On juge l'arbre à ses fruits." Pour moi, les fruits sont indéniables, parmi lesquels la médecine d'orientation anthroposophique (à laquelle j'ai eu recours plusieurs fois avec des résultats positifs) et l'agriculture biodynamique, qui est en quelque sorte un échelon au-dessus de l'agriculture biologique et qui donne des produits de grande qualité. »

---

1. « Communiqué de presse : affaire du "faux site" Vite Ma Dose », criigen.org, 12 mai 2021.
2. Lire à ce sujet le chapitre 10, « Au village perché ».
3. « L'anthroposophie défend ses pratiques devant l'Europe », *Ouvertures*, 8 octobre 2008.

Le second professeur à figurer parmi les fondateurs du CRIIGEN est le biologiste Gilles-Éric Séralini. Selon plusieurs médias, il entretiendrait des liens avec le mouvement Invitation à la vie, à travers les remèdes « détoxifiants » de l'entreprise Sevene Pharma auxquels il a apporté une caution scientifique[1]. D'inspiration chrétienne, ce mouvement fondé en 1983 par la « voyante » Yvonne Trubert était cité dans les rapports parlementaires sur les « sectes » de 1995 et 1999 pour avoir promu la guérison de maladies graves par la prière et l'« harmonisation des centres énergétiques » ou « chakras », poussant certains patients à interrompre leur traitement médical. « Nous n'avons pas reçu de signalement récent, mais nous continuons à surveiller ce mouvement de très près », expliquait en 2013 dans *Le Figaro* Serge Blisko, alors président de la Miviludes[2]. De son côté, Gilles-Éric Séralini a affirmé ignorer les liens entre Sevene Pharma et Invitation à la vie[3].

Les composantes traditionaliste et écolo-spirituelle du courant antivax militent chacune de leur côté, avec leur vocabulaire propre. Mais la crise du Covid-19 leur a permis une convergence très médiatique. En novembre 2020, le documentaire conspirationniste *Hold-Up* défraie la chronique en prétendant dévoiler un complot mondial qui viserait, à travers la pandémie, à éliminer la moitié de l'humanité et à asservir les survivants. Le film instille la méfiance quant à la vaccination à venir. Parmi le panel hétéroclite d'« experts », on trouve aussi bien des catholiques d'extrême droite comme l'ancienne

1. Marc Mennessier, « OGM : les liaisons dangereuses du Pr Séralini », *Le Figaro*, 9 janvier 2013.
2. *Ibid.*
3. Stéphane Foucart, « Accusations de liens entre M. Séralini et une "secte guérisseuse" », *Le Monde*, 17 janvier 2013.

avocate Valérie Bugault, habituée des « Fêtes du pays réel » organisées par Civitas, ou la généticienne Alexandra Henrion-Caude, qui a prétendu que des tests de vaccin avaient été conduits « de force » en Afrique du Sud « dans des centres tenus secrets »[1], que des défenseurs du crudivorisme comme le docteur en médecine moléculaire Miguel Barthéléry ou encore un proche de Thierry Casasnovas, le conférencier belge Jean-Jacques Crèvecœur. Sur sa chaîne YouTube, ce dernier soutient que la crise sanitaire est une « manipulation monumentale à l'échelle de la planète, avec un agenda caché qui consiste à vouloir installer une dictature mondiale, un gouvernement totalitaire mondial[2] ».

C'est dire si la crise du coronavirus a été, pour toute la sphère anti-vaccination, une occasion unique et exceptionnelle de vendre ses théories au plus grand nombre. « Ils sont ressortis de leur trou, regrette Lucie Guimier, plus vigilante que jamais face à cette propagande complotiste. Cette période est une fenêtre d'opportunité incroyable pour eux. Le fait qu'il y ait une grande partie de la population qui a été contaminée et en a été très marquée, soit pour l'avoir connu dans leur corps, soit pour avoir vu des proches en souffrir et parfois en mourir, ça joue énormément. L'expérience du Covid-19 pousse à la vaccination mais les règles qui vont accompagner la politique vaccinale, comme le projet de passe sanitaire par exemple, vont certainement conduire ces réseaux à se remobiliser. On n'en a donc pas fini avec les antivax. »

---

1. Laure Ducos, « Coronavirus manipulé, vaccins forcés… qui est cette chercheuse "complotiste" rejetée des scientifiques ? », *Midi libre*, 7 octobre 2020.

2. Rémi Banet, « Vaccination, 5G, euthanasie : attention, cette vidéo contient de nombreuses fausses informations », Agence France-Presse, 23 avril 2020.

Et la sociologie des manifestations qui ont suivi l'annonce de la mise en place du passe sanitaire, à l'été 2021, lui a rapidement donné raison. On y trouve ainsi une « surreprésentation » des adeptes de médecines parallèles, de l'homéopathie à la naturopathie[1], proches d'une écologie New Age, mais aussi une forte présence de Civitas et autres courants catholiques fondamentalistes[2]. Fin août, les renseignements alertent dans une note confidentielle consultée par plusieurs médias sur l'infiltration de mouvements à tendance sectaire dans les mobilisations anti-passe sanitaire[3]. Parmi eux, des adeptes de la pédagogie Steiner-Waldorf, de Thierry Casasnovas, du mouvement complotiste d'origine américaine QAnon et même de la scientologie. La note confirme ainsi la convergence sectaire qui s'opère sur le terrain anti-vaccins : « Dans un contexte sanitaire et social anxiogène, propice aux discours alternatifs, les phénomènes sectaires et complotistes vont continuer de s'entrecroiser et de prospérer conjointement. »

1. Thomas Mahler, Jérôme Fourquet : « Les médecines douces, l'une des composantes du mouvement anti-passe sanitaire », *L'Express*, 16 août 2021.

2. Étienne Girard, « La sensibilité catholique "tradi", fil conducteur de nombreux réseaux antivax », *L'Express*, 1er septembre 2021.

3. Mélanie Bertrand et Hugo Septier, « Anti-passe sanitaire : les renseignements alertent sur les cortèges infiltrés par des mouvements sectaires », bfmtv.com, 27 août 2021.

6

Les fantômes de l'extrême droite

« Quand on rencontre Marie[1], on ne peut pas se douter de ce qu'elle cache. C'est le genre de femme à qui on s'ouvre facilement. Je lui ai parlé comme à une amie, notamment du pays de ses ancêtres. »

Lorsque Jeanne voit Marie pour la première fois en 2010, elle pense s'adresser à une femme intéressée par le dialogue interreligieux et membre d'une association, FIMB[2] – un réseau aux contours assez flous, qui se présente comme une structure d'entraide « au service d'un monde meilleur ».

Jeanne est catholique, engagée dans une association européenne, cosmopolite et xénophile depuis l'enfance. « J'étais dans une volonté de dialogue entre les religions et je sais qu'elle a joué sur ce terrain-là, nous raconte-t-elle[3]. Elle m'a beaucoup parlé de son organisation et de la "prière du 20 heures". » Elle propose à Jeanne de participer : le soir, au moment du journal télévisé, quand toutes les mauvaises nouvelles seront diffusées,

1. Son prénom a été modifié afin de préserver son anonymat.
2. Femmes internationales murs brisés.
3. Entretien avec les auteurs, le 10 mars 2021.

il lui suffira de prier en récitant une phrase précise et en faisant une gestuelle spécifique des bras : « l'appel », pour les initiés, aussi appelé « ouverture » pour les néophytes. « L'objectif, m'a-t-elle expliqué, c'est de créer un égrégore, une somme d'énergie entre tous les priants. Leur croyance se fonde sur ces énergies et sur l'invisible. Elle m'a parlé de cette prière qui, au départ, me paraissait tout à fait inoffensive, d'autant qu'ils disent la placer sous le "parrainage" d'une enfant sainte, sainte Philomène. Je crois en Dieu, mais sans partir sur des délires ésotériques, et c'est ça qui m'a paru bizarre... Mais au début, je ne me suis pas méfiée, ils avancent à visage couvert. »

Pour s'assurer que Jeanne priera bien seule chez elle tous les soirs à 20 heures, sa nouvelle amie lui fait signer un engagement écrit.

Jeanne a perdu son père très jeune, dont elle était très proche, et s'entend mal avec sa mère. Elle se définit comme une personne avec un fort caractère mais, au moment de sa rencontre avec Marie, « vulnérabilisée par un grand revers professionnel », et cependant « très engagée », avec un « grand sens de la mission et du service ». Quand elle croise la route de Marie en 2010, elle se trouve dans un moment particulier de sa vie : « J'avais besoin de quelque chose de nouveau. »

Après cette première rencontre, Marie la contacte régulièrement pour lui demander si elle s'acquitte bien de sa « prière du 20 heures ». Elle lui rappelle de bien faire le geste : « Vous levez les bras puis les descendez en gardant les mains ouvertes vers le ciel. » Marie lui explique que c'est très important, qu'il ne faut pas oublier de le faire. Jeanne s'exécute une fois ou deux, sans trop y croire, préférant son signe de croix habituel.

« Marie m'a demandé si j'avais déjà ressenti des

picotements après la prière, je lui ai dit oui, parce que c'est vrai ; mais c'est une simple réaction physiologique quand le sang redescend, je suppose. Rien de magique à cela, comme elle semblait l'insinuer. Et puis elle m'a proposé de l'accompagner à un stage dans le Lot, un endroit très beau où on passerait la semaine. C'est là qu'elle a commencé à me parler d'Evelyne Mesquida, la directrice-fondatrice de FIMB. » Marie lui présente ça comme un temps de retraite spirituelle assorti d'un stage de chindaï, un art martial non violent qui prétend aider les gens à retrouver le calme, l'harmonie et la paix intérieure. Ce que Jeanne ne comprend pas tout de suite, c'est qu'elle est en train de se faire recruter. « J'ai réalisé plus tard que j'étais une cible de choix pour eux : je présente bien, je parle couramment anglais, j'ai l'habitude de réseauter y compris dans l'Église, ce dont ils avaient besoin », analyse-t-elle aujourd'hui.

Dans ce stage, Jeanne va rencontrer des gens, de la vingtaine à la soixantaine – essentiellement des femmes seules, divorcées ou veuves, et quelques couples, pour la plupart agnostiques ou athées. Elle comprend que le groupe a de profondes aspirations spirituelles, certains appréciant des formes de spiritualités orientales. Les repas sont copieux, l'ambiance est festive, l'apéritif jamais loin. Jeanne ressent l'impact du *love bombing*[1] que savent mettre en place ces groupes lorsqu'ils tissent leur toile : « On est vraiment cajolés du matin au soir, couverts d'attention. Ce que j'ai découvert après, c'est que chaque nouvel arrivant ciblé comme une personne à recruter se voit attribuer un membre chargé de veiller constamment sur lui, comme

1. Le *love bombing*, littéralement « bombardement d'amour », est une technique de manipulation visant à entourer les nouveaux adeptes d'attention et d'affection pour conforter leur entrée au sein d'un groupe.

une sorte de parrain secret. Ça donne le sentiment de rentrer dans une bulle, un sentiment de bien-être et de déconnexion totale. On a vraiment l'impression d'entrer dans un autre monde. »

Et puis, subtilement et selon le degré de perméabilité de chacun, le dialogue va s'installer autour de l'ésotérisme et de l'invisible. En ce qui concerne Jeanne, catholique pratiquante, la discussion arrivera assez rapidement. « Très vite, la directrice m'a rencontrée et m'a dit que c'était normal que je me sente différente car je l'étais, j'étais spéciale. » Evelyne Mesquida interroge Jeanne sur son image d'elle-même : se sent-elle différente, à part ? S'est-elle déjà sentie incomprise ? « Des questions auxquelles tout le monde peut répondre par l'affirmative, admet-elle. Mais vous vous dites forcément qu'elle a vu quelque chose en vous : qui n'a pas une faille narcissique ? »

*

* *

FIMB a été créé en France en 1990, avec l'objectif officiel de protéger « la vie dans tous ses aspects », de la défense des femmes victimes de violence à la promotion de l'éducation des enfants, en créant un réseau mondial d'entraide. Lorsque nous contactons FIMB pour obtenir des précisions sur ses objectifs, sa présidente Monique Carmona, belle-sœur d'Evelyne Mesquida, se borne à présenter l'association comme un réseau qui chercherait à établir des liens « avec les thèmes suivants : éducation, humanitaire, environnement, interreligieux, femme, art et culture, nous détaille-t-elle[1]. C'est notre état d'esprit "murs brisés". »

1. Réponses envoyées aux auteurs par mail le 5 août 2021.

Une stratégie de diversification qui a été bien identifiée par la Miviludes dans son rapport 2016-2017.

Jeanne a fréquenté FIMB pendant quatre ans, de 2010 à 2014. Elle y a découvert la doctrine véritable des adeptes, persuadés d'être ceux qui parviendront à réunir « les 600 groupes de lumière » disséminés sur Terre et qui ont vocation à s'unir le jour du grand combat – de l'Apocalypse. Leur spiritualité mélange, comme beaucoup de courants New Age, différentes pratiques : méditation, prière, pratique de communication avec des guides spirituels (le « *channeling* ») où l'on « se prépare à être habité, le jour de l'Apocalypse, par des entités supérieurs », se souvient-elle. Interrogée spécifiquement à ce sujet, Monique Carmona ne nous a pas répondu. L'actuelle présidente de FIMB se contente de pointer du doigt « certaines personnes » qui « agitent parfois beaucoup de haine à notre encontre avec le support d'Internet et des réseaux sociaux. [...] Nous nous questionnons sur les mobiles et les conflits d'intérêt de ces personnes[1]... » Monique Carmona n'a pas jugé bon d'étayer lesdits conflits d'intérêt, qui auraient pu motiver le témoignage de Jeanne, par exemple. Sur le volet sanitaire, les fondateurs de FIMB ont développé Chromassonic, un appareil d'« harmonisation énergétique » pour « guérir et soigner le corps grâce au son et à la lumière », note la Miviludes.

Mais la principale dérive de FIMB, selon Jeanne, c'est l'incitation à la contribution financière. « On vous invite à contribuer autant que possible, on doit aller chercher des bienfaiteurs, on utilise aussi vos compétences, on vous demande de vous investir pleinement dans l'association. Le pire, selon moi, c'est le temps

1. Réponses envoyées aux auteurs le 5 août 2021.

qu'on y consacre. On vous demande de donner votre vie, tout votre temps, et personne ne pourra vous le rendre. J'ai perdu plusieurs milliers d'euros. L'argent, vous le perdez, vous le gagnerez à nouveau peut-être, mais le temps, la vie, ça, personne ne pourra vous le rendre. Ni le temps passé et le temps nécessaire pour se reconstruire, ni les personnes que cela vous fait perdre en chemin. »

Evelyne Mesquida se livre aussi à un lobbying inlassable auprès de personnalités publiques variées. Ses cibles de choix : l'Église et l'extrême droite. « Evelyne Mesquida a même été jusqu'à contacter Marine Le Pen, qui n'a pas donné suite », révèle Jeanne. Elle se vantait en privé d'être parvenue à avoir Gilbert Collard, député européen élu sous les couleurs du Rassemblement national, comme parrain du mouvement[1]. « Il était persuadé qu'il défendait des jeunes filles en difficulté, Mesquida racontait à qui voulait l'entendre que Gilbert Collard était son avocat », se souvient l'ancienne adepte.

Dans le journal de l'association daté de janvier 2012, on peut effectivement lire un encadré présentant Gilbert Collard comme parrain. « Gilbert Collard a plaidé dans de nombreuses affaires médiatisées : Laurent Gbagbo, Richard Virenque (affaire Festina), Charles Pasqua, Marine Le Pen, Brigitte Bardot, l'Arche de Zoé », est-il précisé.

Mais la fondatrice de FIMB ne s'est pas arrêtée là : en septembre 2020, Evelyne Mesquida tente de s'attirer les faveurs de Louis Aliot, maire de Perpignan et ancien compagnon de Marine Le Pen[2]. Elle veut qu'il fasse un

1. Gilbert Collard n'a pas répondu à notre demande d'interview, envoyée par mail le 21 juillet 2021.

2. Louis Aliot n'a pas répondu à notre demande d'interview, envoyée par mail le 21 juillet 2021.

mot d'introduction à la conférence annuelle, « Les rencontres du serment de l'humanité ». Le 25 septembre, la conférence s'ouvrira bien par un mot en vidéoconférence du maire RN, « souhaitant la bienvenue » aux participants[1]. L'édile sera aussi représenté en chair et en os par son adjoint à la culture, André Bonet.

*

* *

Pour l'historien des idées et politologue Stéphane François, ce lobbying d'un groupe ésotérique auprès de l'extrême droite n'est pas surprenant : « L'histoire de l'extrême droite européenne est traversée de rapprochements avec une certaine pensée ésotérique et magique. Au début du XXe siècle, on va avoir des courants qui vont apparaître, disons "ésotérisants", d'extrême droite[2]. » Selon le spécialiste, l'ésotérisme et l'extrême droite historique partagent des valeurs d'élitisme : « Ceux qui versent dans l'ésotérisme se revendiquent initiés. On ne sait jamais vraiment à quoi ils sont initiés, mais c'est en tout cas comme ça qu'ils se perçoivent. »

Dans les années 1930, c'est notamment l'Italien Julius Evola qui va développer la pensée ésotérique d'extrême droite. Un petit-bourgeois issu d'une famille catholique, professeur de lycée, qui va participer à une foule de mouvements ésotériques et magiques, jusqu'à se convertir à l'islam. Il finira en païen assumé, nostalgique de la Rome antique. « S'il a toujours refusé de présenter une pensée proprement politique, Evola est clairement conservateur, antimoderne et misogyne, rappelle Stéphane François.

1. « Dérives sectaires à Perpignan : Louis Aliot et André Bonet ouvrent une curieuse soirée », *La Semaine du Roussillon*, 5 octobre 2020.
2. Entretien avec les auteurs, le 4 juin 2021.

Il deviendra un compagnon de route du fascisme et travaillera pour la SS[1]. » Julius Evola influencera l'extrême droite italienne des années 1930 qui, elle-même, influencera l'extrême droite française.

Ces mouvements « magiques » d'extrême droite vont faire leur retour dans les années 1980-1990, inspirés par l'occultiste britannique Aleister Crowley, théoricien d'une magie athée dont l'objectif était d'affirmer son soi divin. « De devenir Dieu, en somme, poursuit Stéphane François. Ces courants sont profondément nietzschéens, adeptes de cette idée de surhomme. Crowley et Evola ont tenté de créer une nouvelle religion d'extrême droite, païenne et magique, qui serait propre aux Européens. Certains de ses anciens adeptes sont toujours actifs aujourd'hui, comme Christian Bouchet, par exemple. »

Christian Bouchet, qui a commencé sa carrière politique comme royaliste à la Restauration nationale puis à la Nouvelle Action française, a fréquenté dans les années 1980 la Nouvelle Droite, courant national-européen qui rejette la tradition judéo-chrétienne, perçue comme la religion de l'étranger, et veut réhabiliter les mythes du folklore européen préchrétien. La Nouvelle Droite influencera beaucoup le Front national, que Christian Bouchet a rejoint en 2008. Il a été candidat à plusieurs scrutins avant de se mettre en retrait du parti. Fasciné par l'occultisme et les spiritualités marginales, il a écrit de nombreux ouvrages sur le sujet, de l'anthroposophie à l'islamisme en passant par le néopaganisme.

1. Issue du Parti nazi allemand, la *Schutzstaffel* (SS) était une organisation policière et militaire.

Dès ses premières années d'existence, le Front national n'a pas hésité à faire cause commune avec des courants spirituels alternatifs. Dans les années 1980, c'est d'abord l'Église de l'Unification de l'autoproclamé « révérend » coréen Sun Myung Moon, alors surnommée « secte Moon », qui s'en rapproche. C'est en opposition à ce puissant mouvement multinational, dont le fondateur se prétend l'envoyé du Christ, que se sont formées quelques années plus tôt les premières associations de lutte contre les dérives sectaires, regroupées au niveau national en 1982 dans l'UNADFI. À l'époque, des familles ayant vu partir leurs enfants dans l'Église de l'Unification – dont les adeptes recrutent souvent à la sortie des messes catholiques –, s'efforcent sans grand succès d'avertir les autorités sur les risques d'emprise et d'exploitation.

Fondée en 1954, la « secte Moon » s'est très tôt engagée dans l'entrisme en politique avec succès, portée par un anticommunisme sans faille. « Cet engagement politique explique que des hommes d'État sud-coréens comme des personnalités importantes du monde politique américain se soient rapprochés de Moon », écrit l'anthropologue Nathalie Luca[1]. « Dès 1965, Moon rencontre le président Eisenhower. Dans les années 1970, il soutient Richard Nixon dans l'affaire du Watergate. En Corée du Sud, le gouvernement le considère comme un faire-valoir et utilise ses services pour améliorer ses relations avec les États-Unis. »

Implantée en France en 1968 sous le nom d'AUCM[2], le mouvement suscite l'intérêt de la partie droitière du spectre politique. Perçue à l'époque comme le « pendant conservateur des mouvements contre-culturels qui se sont multipliés au cours des années passées », défen-

1. Nathalie Luca, *Les Sectes*, *op. cit.*
2. Association pour l'unification du christianisme mondial.

dant des « thèmes chers à la droite conservatrice » selon le sociologue Étienne Ollion, il reçoit d'abord des soutiens en provenance de la droite de gouvernement[1]. En avril 1977, plusieurs de ses représentants – Bernard Stasi, vice-président du Centre des démocrates sociaux, Claude Labbé, président du groupe Rassemblement pour la République à l'Assemblée nationale, Olivier Stirn, secrétaire d'État aux DOM-TOM, ou encore Jacques Médecin, secrétaire d'État au Tourisme – écrivent dans les colonnes du *Nouvel Espoir*, mensuel de l'AUCM, pour fustiger la gauche et le communisme[2].

Mais les années passent, et la « secte Moon » souffre d'une réputation de plus en plus désastreuse. C'est alors vers le Front national qu'elle se tourne, comme le raconte une archive du journal *Le Monde*[3]. En mars 1984, quelques mois avant les élections européennes, elle serait entrée pour la première fois en contact avec son fondateur Jean-Marie Le Pen[4]. Dans la soirée suivant son discours de lancement de campagne à la Maison de la Mutualité, le président du Front national aurait rencontré le colonel Bo Hi Pak, bras droit du « révérend » Moon, qui arrivait tout juste de New York. Le courant serait passé immédiatement ; le premier homme a combattu le communisme en Corée, le second en Indochine lors de ses années dans l'armée. Au mois de juin, l'ancien diplomate franco-roumain Gustave Pordea, membre actif de l'Église de l'Unification depuis le

1. Étienne Ollion, *Raison d'État. Histoire de la lutte contre les sectes en France*, *op. cit.*

2. *Ibid.*

3. « Les auxiliaires du révérend Moon : comment la secte coréenne fournit une aide financière et militante au président du Front national », *Le Monde*, 8 février 1992.

4. Jean-Marie Le Pen n'a pas répondu à notre demande d'interview, envoyée par mail le 29 juillet 2021.

début des années 1970, est élu au Parlement européen, en quatrième place sur la liste Front national. C'est la première étape de la coopération qui se serait nouée entre le parti d'extrême droite et la multinationale à tendance sectaire. Quelques semaines plus tard, Jean-Marie Le Pen aurait reçu en contrepartie 4 millions de francs de la part des moonistes, ce que le fondateur a toujours nié. À travers ce partenariat, le Front national, encore jeune, aurait cherché avant tout un soutien financier. Le mouvement d'origine coréenne espérant de son côté réaliser, par le biais de l'assemblée européenne, une percée dans une Europe de l'Est sous influence communiste.

En 1986, c'est Pierre Ceyrac, un des représentants en France de l'Église de l'Unification, bien intégré dans les réseaux de la droite radicale, qui est élu député du Nord sur une liste Front national, à nouveau contre versement de plusieurs millions de francs, d'après l'archive du *Monde*.

En vue de l'élection présidentielle de 1988, Jean-Marie Le Pen rencontre plusieurs fois, aux États-Unis et en Corée du Sud, des hauts dirigeants de l'Église de l'Unification, et même le «révérend» Moon en personne. L'objectif du mouvement serait alors d'obtenir un relais à l'Élysée. À l'approche du scrutin national, 200 missionnaires moonistes venus de l'étranger sont mis au service de la campagne de Jean-Marie Le Pen, d'après le chiffre donné par *Le Monde*, pour distribuer des tracts et coller des affiches.

En 2012, interrogé par *Les Inrocks*, le dirigeant frontiste admettait un soutien logistique mais réfutait toute aide financière : «Nous n'avons pas reçu d'argent de Moon mais, en revanche, ils nous ont envoyé des militants fantastiques. Je me souviens qu'en 1986, trente types venant de toute l'Europe ont débarqué à Marseille.

Ils ont tapissé la ville d'affiches. Ils couchaient à même le plancher : des gens d'un dévouement extraordinaire[1]. »

En 1989, Pierre Ceyrac, en remerciement de ses loyaux services, devient à son tour eurodéputé Front national. « Le problème de l'Occident, maintenant, c'est sa propre décadence, explique-t-il au *Monde* quelques années plus tard. On ne pourra pas faire l'économie d'un renouveau spirituel. Moon pense que le pire qui puisse arriver à une société, c'est qu'elle devienne athée[2]. »

Ceyrac quittera finalement le Front national en 1994, excédé par les propos outranciers de Jean-Marie Le Pen, notamment sur les chambres à gaz – « point de détail de l'histoire de la Seconde Guerre mondiale[3] ». Il évoque à l'époque, dans la presse, une autre raison à son départ : la montée d'un « courant néopaïen » au sein du parti, du fait notamment de la Nouvelle Droite[4]. Le député européen désertera ensuite la « secte Moon » en 1997. Mais il restera proche de Marine Le Pen, jusqu'à l'accompagner lors de sa visite en février 2017 à New York, en compagnie de Louis Aliot, pour tenter de rencontrer Donald Trump – sans succès[5].

---

1. David Doucet, « Quand le Front national avait rendez-vous avec la secte Moon », *Les Inrocks*, 12 septembre 2012.

2. « Les auxiliaires du révérend Moon : comment la secte coréenne fournit une aide financière et militante au président du Front national », *Le Monde*, *op. cit.*

3. En 1991, le président du FN sera, pour la première fois, condamné à verser 1,2 million de francs (183 000 euros) à onze associations, pour avoir déclaré le 13 septembre 1987 sur RTL : « Je n'ai pas spécialement étudié la question, mais je crois que c'est un point de détail de l'histoire de la Seconde Guerre mondiale. »

4. Pierre Ceyrac, « Pour un renouveau des valeurs », *Le Figaro*, 14 février 1994.

5. Dominique Albertini, « À New York, l'étonnant compagnon de voyage de Marine Le Pen », *Libération*, 12 janvier 2017.

*
* *

Il est une autre communauté à tendance sectaire, mentionnée dans le rapport 2016-2017 de la Miviludes, qui a fait un bout de chemin avec le Front national et sera moins embarrassée par les sorties antisémites de son fondateur : la Fraternité sacerdotale Saint-Pie-X, qualifiée d'« intégriste » par la plupart des catholiques[1]. En mars 1978, Jean-Marie Le Pen assiste aux obsèques du numéro deux du Front, le négationniste François Duprat, à l'église Saint-Nicolas-du-Chardonnet à Paris, occupée illégalement depuis un an par la Fraternité.

La Fraternité cache à peine ses penchants racistes et antisémites. Le 22 septembre 2007, l'abbé Régis de Cacqueray, alors supérieur général du district français, organisait même un pèlerinage à l'île d'Yeu, sur la tombe du maréchal Pétain[2].

Depuis qu'elle en a repris les rênes, Marine Le Pen a fait le ménage dans les rangs du parti, balayant les courants traditionalistes – à commencer par leur principal représentant, l'ancien eurodéputé Bruno Gollnisch. Mais des accointances demeurent. Ainsi, le frontiste de longue date Charles Perrot[3], président du groupe Rassemblement national au conseil régional d'Auvergne-Rhône-Alpes, est réputé proche de l'abbé Pierpaolo Petrucci, curé actuel de Saint-Nicolas-du-Chardonnet et opposant au rapprochement de la Fraternité avec

1. Contactée par les auteurs le 22 mai 2021, la Fraternité sacerdotale Saint-Pie-X nous a indiqué qu'elle ne souhaitait pas répondre à nos questions.

2. Bernadette Sauvaget, « Le bon Dieu sans concessions », *Libération*, 10 décembre 2011.

3. Charles Perrot n'a pas répondu à notre demande d'interview, envoyée par mail le 29 juillet 2021.

Rome[1]. En 2013, lors d'un congrès catholique traditionaliste en vue des élections municipales l'année suivante, il citait de mémoire le pape Pie X, puis Mgr Lefebvre, fondateur de la Fraternité Saint-Pie-X, s'adressant à ses adeptes en 1979 : « Vous n'avez pas le droit de laisser votre pays envahi par les socialistes et les communistes[2]. » En 1985, trois ans avant d'être excommunié, l'évêque français avait explicitement accordé son soutien au Front national dans l'hebdomadaire d'extrême droite *Présent*[3].

« J'ai pensé un moment que Mgr Lefebvre appliquait à l'Église ce que je tentais de faire en politique : enrayer autant que possible la décadence en attendant la renverse, que la marée remonte », écrivait Jean-Marie Le Pen dans le premier volume de ses mémoires, publié en 2018[4].

La même année, le 11 juin 2018, soit quelques mois après que sa fonction de président d'honneur du Front national, devenu entre-temps Rassemblement national, a été supprimée, il figure comme invité de marque dans le clip d'un groupe de chanteuses à la popularité croissante : les Brigandes. Il célèbre alors son 90e anniversaire à Montretout, domaine privé situé sur les hauteurs de Saint-Cloud, dans les Hauts-de-Seine, où réside la famille. Coiffées de bérets bleu marine, un fin masque noir autour des yeux, les quatre jeunes femmes chantent sur un fond sonore aux relents militaires : « Dans le vent, la tempête, y a pas rien qui l'arrête, même les

1. Meynard Denis, « Cathos : les temps changent », *L'Express*, 3 octobre 2002.

2. « Intégrisme : "Avant chaque conseil, je récite mon chapelet" », *L'Humanité*, *op. cit.*

3. « Qu'est-ce que la Fraternité sacerdotale Saint-Pie-X ? », *La Nouvelle République*, 3 mars 2016.

4. Jean-Marie Le Pen, *Fils de la nation*, Muller, 2018.

détails de l'histoire. Journaleux et lopettes voulaient lui faire sa fête, mais ils l'ont élu superstar. » Les paroles rendent hommage à son parcours et dénoncent en creux les trahisons de la nouvelle génération qui lui a succédé à la tête du parti. Souriant sur la vidéo, Jean-Marie Le Pen semble apprécier la chanson et signe même une dédicace à ses interprètes : « Une affectueuse et admirative pensée pour les Brigandes. » À quelques heures près, Marine Le Pen a raté l'hommage et l'animation.

*
* *

Là encore, le groupe de musique féminin n'est pas inconnu des services de la Miviludes. Entre 2015 et 2019, avant de voir leur chaîne fermée par YouTube pour « manquements graves ou répétés aux règles interdisant l'usage de contenu incitant à la haine », elles ont diffusé 80 clips aux paroles racistes, antisémites, homophobes, anti-jésuites ou antimaçonniques et neuf albums, dont *Le Grand Remplacement* et *J'élucubre à Sion*. Au-delà du buzz, le groupe sert de façade à une communauté à tendance sectaire. Les sept chanteuses vivent depuis 2014 dans un cercle fermé d'une trentaine de personnes, dont des enfants déscolarisés – pour fuir le « viol psychique de masse » de l'Éducation nationale –, dans le village de La Salvetat-sur-Agout, dans le département de l'Hérault, où elles divisent les habitants.

Surtout, leur directeur artistique, Joël Labruyère, est connu comme le loup blanc dans le milieu de la lutte contre les dérives sectaires : en 1996, un an après le premier rapport parlementaire sur les « sectes » et la mort d'une quinzaine d'adeptes de l'ordre du Temple solaire dans le Vercors, il crée l'Omnium des libertés, première association à défendre ouvertement les mouvements soupçonnés de dérives sectaires[1]. Il fonde par la suite une communauté autour de sa personnalité et de ses multiples influences ésotériques, successivement baptisée Nation libre, Royaume elfique, Clan des Brigandes puis, depuis 2019, La Rose et l'Épée. Devant ses affidés, il se vante, d'après le site d'information Rue89, d'avoir «deviné avant tout le monde» que les supposés suicides collectifs du Temple solaire étaient en fait une «machination d'État pour lancer une cabale antisectes[2]».

En janvier 2015, une plainte pour abus de faiblesse, travail dissimulé et violences volontaires a été déposée contre lui par cinq anciens adeptes dans les Hautes-Pyrénées, où résidait le groupe auparavant[3]. Selon nos informations, elle n'a toujours pas été instruite. Dans cette plainte collective, consultée par l'AFP[4], les victimes disaient avoir dû «fuir» fin 2014 cette communauté, décrivant la «totale soumission» exigée par un «chef» aux «monologues interminables», qui «diabolise» le monde extérieur, amènerait les plus jeunes à «rompre avec la famille, les amis», contrôlerait les comptes bancaires des adeptes et tenterait de capter certains héritages[5].

Début 2020, nouveau rebondissement : Rue89 révèle qu'une instruction en Belgique «à charge de X» a été ouverte en septembre 2019 pour l'assassinat d'une adepte de la communauté de 39 ans, mère de deux

1. Joël Labruyère n'a pas répondu à notre demande d'interview, envoyée par mail le 21 juillet 2021.

2. Nolwenn Le Blevennec, «Deux jours dans le groupe sectaire qui abrite Les Brigandes», Rue89, 21 novembre 2016.

3. Louise Colombet, «Le groupe des Brigandes rattrapé par son passé», *op. cit.*

4. Agence France-Presse.

5. «Chants xénophobes et soupçons de dérives sectaires : Les Brigandes sèment le trouble à La Salvetat», France 3 Occitanie, 24 janvier 2018.

enfants, dans un cabanon en pleine forêt, dans le sud du plat pays[1].

Atteinte d'un cancer de l'utérus qu'elle ne souhaitait visiblement pas soigner, elle aurait été affamée puis étouffée pour abréger ses souffrances. C'est sa sœur qui a déposé plainte. « Elle a cherché des pistes pour se soigner, mais ça a vite été découragé en interne, raconte peu de temps après, au micro de France Bleu, Annick Lovinfosse, qui a été membre de la Nation libre pendant 9 ans et maîtresse de son fondateur[2]. Labruyère décide vraiment de tout. Pour lui, c'est un grand fantasme initiatique de mourir de faim et de soif. »

Dans cette communauté, Annick Lovinfosse affirme, toujours sur France Bleu, avoir été régulièrement invitée à se suicider…

*

* *

Tout comme Joël Labruyère, Evelyne Mesquida, qui a fondé en 1990 FIMB, a été impliquée dans les réseaux dits « pro-sectes ». Elle aurait en effet été présidente du parti Politique de vie[3], qui prétend défendre les « minorités religieuses », créé en 1994 par Christian Cotten – membre un temps de l'Omnium des libertés, où il a fréquenté Labruyère.

Le système de croyances de FIMB, inculqué *via* son enseignement réservé aux initiés, est très proche de la

1. Nolwenn Le Blevennec, « Secte des Brigandes : une enquête pour assassinat est ouverte en Belgique », Rue89, 8 janvier 2020.

2. Elena Louazon, « Une ancienne adepte de la secte des Brigandes raconte : Joël Labruyère "a quasiment réussi à avoir ma peau" », France Bleu, 22 janvier 2020.

3. « Victime d'un mouvement de croyance à Perpignan : "C'est comme une pieuvre qui vous absorbe et qui vous suce jusqu'au sang" », *La Semaine du Roussillon*, 6 février 2021.

vision du monde prônée par l'extrême droite fasciste : « Ils croient à la hiérarchie des races, au contrôle des naissances, à la race aryenne, à l'inégalité des personnes entre elles. Ils ont cette conception karmique du sort de chacun : si quelqu'un souffre, c'est qu'il a accepté de s'incarner dans cette vie-là, l'aider revient à s'opposer à l'ordre naturel du monde. »

Cette notion de supériorité, Jeanne l'a comprise lorsqu'on a commencé à lui parler des « élus » : « Le tri était fait, selon eux, c'est-à-dire que tout le monde est à sa place, les élus sont déjà choisis. L'association prétend vouloir faire de l'humanitaire et aider les plus faibles, mais la réalité de la doctrine n'a rien à voir avec ça. »

7

Médecines parallèles, les illusions dangereuses

« Mes parents ne sont pas spécialement méfiants vis-à-vis de la médecine traditionnelle. Ils ne sont ni pour, ni contre les médecines parallèles. Ils se disaient qu'au pire, ça ne pourrait pas faire de mal[1]. »

Layla[2], 29 ans, est cheffe de publicité en région parisienne. Courant 2020, son père consulte son médecin traitant, sur la recommandation de proches, pour de simples maux de dos. « Ce dont on s'est rendu compte, c'est que, pendant près d'un an de consultations, le médecin pratiquait des manipulations avec de petites aiguilles mais ne l'a jamais envoyé faire de radio. On ne s'est jamais trop interrogés sur la pertinence de ce qu'il faisait, parce qu'il y avait l'étiquette médecin qui était rassurante. » Mais ce médecin généraliste n'est pas un médecin comme les autres ; il est aussi adepte de la mésothérapie[3] et de

1. Entretien avec les auteurs, le 3 juin 2021.
2. Son prénom a été modifié afin de préserver son anonymat.
3. La mésothérapie consiste à injecter des médicaments localement, à l'aide d'aiguilles ou d'un pistolet injecteur électronique, à proximité des zones à traiter, afin de diminuer les doses circulant dans le corps du patient. D'après le ministère de la Santé, ni son efficacité ni sa sécurité ne sont prouvées.

la vertébrothérapie[1], deux pratiques non reconnues par la médecine conventionnelle. «Il intégrait ces pratiques dans ses consultations au quotidien, décrit Layla. L'impression que j'ai eue, c'est qu'il avait tendance à délaisser les méthodes classiques de traitement pour se reposer sur ces méthodes alternatives.»

En fin d'année, le père de la jeune femme se retrouve «à moitié paralysé» et consulte un autre médecin afin d'effectuer une radio en urgence. Celle-ci révèle des métastases tout le long de son dos. Au mois de janvier 2021, le cancer est diagnostiqué et l'homme est hospitalisé. Quelques membres de sa famille – notamment sa sœur, très portée sur les modes de vie écologiques et alternatifs, méfiante envers la science – lui proposent alors de prendre des traitements en «complément», comme le reiki[2]. Il refuse, tout comme sa femme, «très catholique», qui voit d'un mauvais œil ces pratiques, non pas parce qu'elles seraient nocives mais parce qu'elles sont «ésotériques». Mais les semaines passent et son état se dégrade. Un jour, l'oncologue lui annonce froidement : «La médecine ne peut plus rien faire pour vous.»

Un aveu d'impuissance qui ouvre alors la porte aux thérapies alternatives. «Ma tante et beaucoup de personnes dans cette mouvance sont revenues au galop», poursuit Layla. Son père se voit alors proposer de prendre un traitement à base d'oxygène et de gui, importé de Belgique et d'Allemagne, tout en étant suivi

1. La vertébrothérapie est une pratique non validée scientifiquement, qui s'adresse aux patients atteints de maux de dos et qui utilise des manipulations manuelles issues de l'ostéopathie et de la chiropraxie.

2. Le reiki est une méthode de soin non conventionnelle d'origine japonaise, fondée sur des soins «énergétiques» par imposition des mains. Les associations de terrain et la Miviludes ont pointé des risques d'endoctrinement et de perte de chances de guérison.

à domicile par un thérapeute. La publicitaire a entendu l'entourage pro-médecines parallèles de son père prononcer le terme « anthroposophie »[1], sans parvenir à en savoir davantage. Alors qu'il ne reste à son père que quelques mois à vivre, le désarroi de Layla est grand face à l'invasion de ces thérapies alternatives dans un moment familial aussi intime, avec un risque de susciter chez lui une « fausse espérance » : « Je peux comprendre la démarche d'un patient désespéré ou de proches qui vont chercher n'importe quel traitement un peu miracle qu'on leur promet. Mais je suis assez choquée, je vois ces thérapeutes comme des vautours qui cherchent des personnes en situation de faiblesse, pour leur proposer des traitements souvent très chers, aux justifications scientifiques très opaques, voire inexistantes. »

*

* *

Comme le père de Layla, d'après les estimations de la Miviludes, quatre Français sur dix et 60 % des malades du cancer se soigneraient en ayant recours à des pratiques non conventionnelles à visée thérapeutique ou PNCAVT, plus connues sous le terme de « médecines parallèles » – alternatives lorsqu'elles remplacent le traitement conventionnel, complémentaires lorsqu'elles s'y ajoutent. La Miviludes en recense plus de 400 sur le territoire français, plus ou moins ésotériques, du reiki à l'ennéagramme en passant par la « biologie totale » et l'instinctothérapie. D'après son rapport d'activité 2018-2020, c'est sur les médecines complémentaires et alternatives qu'elle

1. Lire à ce sujet le chapitre 8, « Le piège des écoles Steiner », et le chapitre 10, « Au village perché ».

reçoit chaque année le plus de demandes – 412 rien que durant l'année 2020.

En 2012, dans son guide intitulé « Santé et dérives sectaires », l'organisme interministériel précisait : « Les dangers de ce marché alternatif de la guérison et du bien-être tiennent d'abord à l'absence d'évaluation indépendante et rigoureuse des méthodes et des formations qui excluent explicitement ou de fait les pratiques médicales conventionnelles. Mais certaines de ces pratiques répondent également aux critères de la dérive sectaire car elles sont le fait de "gourous thérapeutiques" qui exercent une véritable emprise mentale sur les malades, pour mieux les dépouiller de leurs ressources. »

Parmi ces thérapeutes, environ 3 000 seraient soupçonnés de liens avec des mouvements à tendance sectaire, toujours d'après la Miviludes. Certains ont eu des comptes à rendre à la justice. Adepte de l'induction de « faux souvenirs » traumatisants, Benoît Yang Ting a été condamné en appel en février 2015, à Paris, à un an de prison avec sursis et 50 000 euros d'amende pour abus de faiblesse[1]. La même année, au mois de novembre, c'est l'ancien médecin « auto-radié » de l'Ordre Claude Sabbah, fondateur de la « biologie totale », laquelle associe toute maladie à un choc psychologique dans la vie du patient, qui a écopé de deux ans de prison ferme et 30 000 euros d'amende à Montpellier pour publicité mensongère[2]. Sa méthode, inspirée du médecin allemand Ryke Geerd Hamer, lui-même condamné en 1997 pour exercice illégal de la médecine, avait précipité la mort d'un homme atteint de cancer. Plus récemment,

1. Caroline Politi, « Le thérapeute accusé d'implanter de faux souvenirs à ses patients condamné », *L'Express*, 12 juin 2012.

2. Zakaria Soullami, « Le fondateur de la "biologie totale" condamné à 2 ans ferme à Montpellier », France 3 Occitanie, 4 novembre 2015.

en novembre 2019, la « gourelle du reiki » Luce Barbe, fondatrice de La Ferme des deux soleils en Haute-Saône, a été condamnée par la cour d'appel de Besançon à cinq ans de prison dont deux avec sursis pour abus de faiblesse[1].

Au-delà des situations d'emprise, les dérives des médecines parallèles peuvent aller jusqu'à mettre en danger la vie de patients, notamment lorsqu'ils sont atteints de maladies graves et se détournent de leur traitement conventionnel. C'est le drame qu'a vécu la famille de Théo[2], 18 ans, il y a plusieurs années, après le décès de son oncle atteint d'un cancer. « Ma famille n'a découvert ces dérives qu'après sa mort, nous raconte le jeune homme[3]. Ils ont retrouvé chez lui plusieurs notes de frais de praticiens en médecine alternative : homéopathes et "conseillers nutrition" plus que douteux. Nous avons aussi trouvé des courriers de rappel de l'hôpital car il avait manqué plusieurs rendez-vous de chimiothérapie dans ses derniers mois. » Selon Théo, son oncle n'a pas pu s'orienter de son propre chef vers ces médecines parallèles : « C'était une personne très solitaire. C'était soit à cause d'une publicité, soit quelqu'un lui en a parlé à l'hôpital. »

De même, en 2015, le magazine de l'association d'information et de défense des femmes atteintes du cancer RoseUp narrait la tragique histoire de Claude, à travers la voix de sa fille Laurence[4]. Ancien cadre

---

1. « La gourou de "La ferme des deux soleils" condamnée en appel à trois ans ferme », *Ouest-France*, 22 novembre 2019.
2. Son prénom a été modifié pour préserver son anonymat.
3. Entretien avec les auteurs, le 25 mai 2021.
4. Catherine Robin, « Médecines parallèles : le danger des thérapies loufoques », *Rose Magazine*, 19 février 2015.

du fabricant de verre ophtalmique Essilor, très « cartésien » jusqu'à ses 65 ans, Claude est devenu « un peu plus baba cool » sous l'influence de sa nouvelle compagne, « très branchée médecines douces ». Atteint d'un cancer, il a décidé de ne pas suivre la radiothérapie que la médecine classique lui proposait et de s'essayer, en parallèle de sa chimiothérapie, une série de médecines parallèles coûteuses, comme l'urinothérapie[1] ou certaines pratiques en apparence anodines comme le qi gong[2]. Il est décédé en 2013, au seuil de ses 80 ans.

Outre-Atlantique, le cofondateur d'Apple Steve Jobs, mort en 2011, avait refusé pendant des années toute opération chirurgicale ou chimiothérapie, afin de se soigner aux plantes, aux jus de fruits ou encore à l'acupuncture. D'après une étude de la prestigieuse université Yale aux États-Unis, les patients atteints de cancer se soignant aux médecines parallèles doubleraient leur risque de décès par rapport aux autres, car ces traitements les éloigneraient souvent des pratiques conventionnelles, notamment la chimiothérapie et la radiothérapie[3].

Plus interpellant encore, ces pratiques s'installent et se développent au sein même des hôpitaux. Le rapport de mai 2012 du professeur Jean-Yves Fagon et du docteur Catherine Viens-Bitker sur les médecines complé-

1. L'urinothérapie est une pratique non conventionnelle d'origine indienne consistant à boire sa propre urine dans le but de se soigner.

2. Le qi gong est une gymnastique traditionnelle chinoise et une science de la respiration fondée sur la connaissance et la maîtrise du souffle, et qui associe mouvements lents, exercices respiratoires et concentration. D'après ses défenseurs, elle aurait des vertus thérapeutiques.

3. Camille Gaubert, « Cancer : deux fois plus de risques de décès chez les adeptes des médecines "alternatives" », *Sciences et Avenir*, 24 juillet 2018.

mentaires à l'AP-HP[1] mentionne la présence dans les hôpitaux de Paris d'aromathérapie, d'auriculothérapie, de balnéothérapie, d'électrothérapie, d'homéopathie, de luminothérapie, de naturopathie, d'olfactothérapie, de qi gong, de sophrologie et tant d'autres. Pour l'ancien président de la Miviludes Georges Fenech, auteur d'un ouvrage sur les dérives thérapeutiques[2], il y a une « baisse de la vigilance » sur ces pratiques non conventionnelles à visée thérapeutique[3]. Il pointe notamment du doigt les « facultés de médecine qui délivrent des pseudo-diplômes universitaires de kinésiologie, de reiki ou je ne sais quoi ». L'ancien magistrat regrette la mauvaise volonté de l'État à auditionner ces pratiques : « Je pense que certaines idées "philosophiques" sur la santé sont répandues au plus haut niveau. Il y a une mauvaise volonté tout à fait évidente. J'ai participé à la création d'un groupe d'appui technique de la Miviludes au ministère de la Santé qui voulait évaluer ces pratiques et informer le grand public. Ce groupe existe officiellement toujours, mais depuis 2010 il a péniblement évalué 10 pratiques alors qu'on en dénombre plus de 400. »

À l'inverse, les groupes d'intérêt qui défendent ces médecines parallèles et tentent de leur donner un caractère officiel sont, quant à eux, très actifs. Le 13 mars 2021, *Le Monde* publie une tribune au titre ambigu : « Il est urgent de structurer les médecines complémentaires et alternatives[4]. » Un collectif de parlementaires, d'anciens ministres, d'universitaires

1. Assistance publique – Hôpitaux de Paris.
2. Georges Fenech, *Gare aux gourous. Santé, bien-être*, Rocher, 2020.
3. Entretien avec les auteurs, le 24 février 2021.
4. « Il est urgent de structurer les médecines complémentaires et alternatives », tribune collective, *Le Monde*, 13 mars 2021.

et de médecins y appelle à la création d'une « agence gouvernementale des médecines complémentaires et alternatives ». L'objectif revendiqué : assurer leur développement et en « contrôler les dérives ». La structure supposée effectuer ce contrôle a d'ailleurs déjà été créée, elle s'appelle l'A-MCA[1] et entend bien obtenir une reconnaissance officielle. Selon la tribune, elle vise à « informer, conseiller, guider sur ces pratiques tout en développant la recherche dans le domaine. L'agence entend aussi lutter contre les dérives en santé, en particulier les dérives thérapeutiques non sectaires, volontaires ou non, et dont les conséquences peuvent, elles aussi, être dramatiques. L'A-MCA a également pour but d'aider à organiser l'enseignement et la formation des pratiques validées et de soutenir, sur le terrain, leur mise en œuvre, de façon structurée et organisée ». Parmi les signataires : l'ancienne ministre du Travail Myriam El Khomri, le député radical de gauche Olivier Falorni, la députée et pharmacienne Agnès Firmin-Le Bodo, ou encore la députée en première ligne dans la lutte contre les thérapies de guérison des personnes homosexuelles ou transgenres, Laurence Vanceunebrock…

Ces députés vont même aller plus loin que ce soutien de principe à l'A-MCA, en déposant une proposition de résolution invitant le gouvernement à transformer cette structure en une véritable « agence gouvernementale d'évaluation des approches complémentaires adaptées et de contrôle des dérives thérapeutiques et des pratiques alternatives ».

Selon cette proposition de résolution, « l'incertitude concernant certaines de ces pratiques (de médecines complémentaires et alternatives) n'est pas favorable à la confiance, aussi il devient urgent de structurer ce champ

1. Agence des médecines complémentaires et alternatives.

et d'en clarifier les indications et les risques. [...] Une association, intitulée l'Agence des médecines des complémentaires et alternatives (A-MCA), a été créée en septembre 2020, par des experts issus de la société civile, pour s'inscrire dans cette double perspective. Il est temps d'aller plus loin. »

« L'idée est venue de la députée Agnès Firmin-Le Bodo, précise Véronique Suissa, cofondatrice de l'A-MCA, lorsque nous la contactons[1]. C'est elle qui a pensé à la tribune, elle nous a dit que cette association gagnerait à être une agence gouvernementale et nous a proposé de porter une résolution. »

Ces « experts issus de la société civile », à l'origine de la création de ce qui n'est encore qu'une simple association loi 1901, sont inconnus du grand public. Trois figures ont porté le projet : Véronique Suissa, psychologue clinicienne et maître de conférences à l'université Paris 8, Philippe Denormandie, chirurgien et père du ministre de l'Agriculture et de l'Alimentation Julien Denormandie, et le sociologue Serge Guérin. Tous trois ont coordonné l'ouvrage *Médecines complémentaires et alternatives, pour ou contre ? Regards croisés sur la médecine de demain*[2], qui a donné lieu à un colloque organisé le 28 octobre 2019 au ministère de la Santé. « Je me souviens qu'Anne Josso, l'ancienne secrétaire générale de la Miviludes, et Catherine Picard, ancienne présidente de l'UNADFI, étaient présentes à ce colloque, c'est dire s'ils sont capables de séduire même les personnes initiées à la lutte contre ces pratiques, tempête Marie Drilhon, présidente de l'ADFI des Yve-

1. Entretien avec les auteurs, le 17 juin 2021.
2. Véronique Suissa, Serge Guérin et Philippe Denormandie, *Médecines complémentaires et alternatives, pour ou contre ? Regards croisés sur la médecine de demain*, Michalon, 2019.

lines[1]. Rien que le titre de leur livre “Pour ou contre ?” m’indigne, l’ouvrage est clairement, du moins quasi totalement pour. » Ce livre, comme s’en targuent ses auteurs, a été remis en mains propres à Brigitte Macron en janvier 2021.

La tribune a été suivie de la publication d’une contre-tribune dans *Le Figaro*, le 11 avril[2]. Dans celle-ci, un certain nombre d’acteurs de la lutte contre les dérives thérapeutiques et sectaires s’inquiètent du lobbying et des puissants soutiens dont dispose l’A-MCA. Selon eux, l’association est, dans les faits, « un lobby profitant de l’engouement pour les pratiques alternatives en santé qui promeut diverses figures liées à des mouvements dénoncés pour leurs dérives sectaires ». Alors que la Miviludes est en pleine restructuration, la création de cette agence n’est pas pour rassurer les acteurs de la lutte contre les dérives sectaires et les pratiques pseudo-thérapeutiques.

« Nous sommes particulièrement inquiets du lobbying de cette structure, qui n’a rien d’une agence de santé, s’indigne Charline Delporte, présidente du CAFFES[3]. Marlène Schiappa a été très honnête dans sa méconnaissance du phénomène sectaire et a exprimé très justement son besoin de s’entourer de personnes compétentes. Le fait que ce type de structure gravite autour du gouvernement n’est donc pas pour nous rassurer. » Pour sa part, Cyril Vidal, du collectif de surveillance des médecines alternatives FakeMed, explique : « Suissa, Guérin, Denormandie… On les suivait déjà depuis quelque temps

1. Entretien avec les auteurs, le 21 mai 2021.
2. « Ne laissons pas un lobby de pseudo-médecines devenir une agence gouvernementale ! », *Le Figaro*, 11 avril 2021.
3. Entretien avec les auteurs, le 23 mai 2021.

avant la création de l'A-MCA. Véronique Suissa, on a déjà débattu avec elle. Disons qu'elle propose une vision extrêmement différente de la nôtre sur la façon d'aborder les pratiques de soin non conventionnelles. Serge Guérin et Philippe Denormandie, ce sont des personnes de qualité, mais ils essaient de donner du crédit à ces pratiques alors qu'aucune étude sérieuse ne démontre leur efficacité et que près de 40 % des signalements faits à la Miviludes concernent la santé ou le bien-être[1]. »

Ce qui dérange ces militants, c'est bien la méthode : prétendre contrôler ces pratiques au sein d'une agence qui aurait un pouvoir d'évaluation conféré par l'État, alors que les personnes impliquées dans l'agence sont déjà convaincues. « Le problème principal de l'A-MCA, c'est que leurs arguments ne tiennent pas, poursuit Cyril Vidal. Ses membres sont déjà favorables à des pratiques qui sont dangereuses ou ne servent à rien. »

Illustration du double discours de l'association, le comité de pilotage de l'A-MCA compte dans ses rangs un certain Antoine Demonceaux[2], grand défenseur de l'homéopathie. Il s'est fait remarquer en racontant sur le plateau du site d'information médicale *Pourquoi Docteur*, dans une émission diffusée en ligne le 26 juin 2019, qu'il était parvenu à faire cesser les violences d'un homme contre son épouse en conseillant à celle-ci de glisser, « à l'insu de son plein gré, comme dirait l'autre », un granule homéopathique, du Nux vomica, dans son café. « Je vous assure qu'elle est revenue un mois après, elle m'a dit : "Écoutez, il

1. Entretien avec les auteurs, le 6 juin 2021.

2. Antoine Demonceaux n'a pas répondu à notre demande d'interview, envoyée par Facebook le 31 juillet 2021.

boit toujours mais il n'est plus agressif, il ne me tape plus dessus." »

Le 13 juillet 2021, le docteur Antoine Demonceaux publie, sur sa page Facebook, une vidéo revenant sur ces propos : « Si certains ont pu croire que je prenais en charge cette problématique de violences conjugales uniquement par l'homéopathie, je peux vous assurer que non, clarifie-t-il. Je suis avant tout médecin généraliste. Si j'ai en consultation une femme qui vient pour des problèmes de violences conjugales, je commence par l'écouter et évidemment mon premier conseil est de l'orienter vers les autorités. [...] Quand on est interviewé, ce n'est pas toujours facile et on fait parfois des raccourcis. Je suis avant tout un grand humaniste et il ne faut pas l'oublier. »

Ce même Antoine Demonceaux, labellisé expert à l'A-MCA donc, a fondé une association de promotion de l'homéopathie. Au bureau de cette association, HoméoFrance, se trouve notamment le directeur général de Weleda[1], la célèbre entreprise suisse qui vend cosmétiques et médicaments anthroposophiques et dont les actionnaires principaux sont la Société anthroposophique universelle et la clinique anthroposophique d'Arlesheim – lesquelles détiennent ensemble 33,7 % du capital et 76,7 % des droits de vote. Et parmi les membres fondateurs d'HoméoFrance, on trouve également la Société savante de médecine anthroposophique et le Syndicat national de la médecine anthroposophique[2]. Interrogée à ce sujet, Véronique Suissa nous assure ne pas être au fait de ces déclarations d'Antoine Demonceaux ni de ses liens avec la médecine anthroposophique[3]. « L'Association de patients de la médecine

1. « HoméoFrance, l'Union des acteurs de l'homéopathie française », *Similis*, juillet 2020.

2. *Ibid.*

3. Entretien avec les auteurs, le 17 juin 2021.

anthroposophique nous a contactés plusieurs fois mais nous n'avons pas de liens spécifiques avec elle. C'est vrai que, sur leur site, ils se réjouissent de la création de l'A-MCA. Certains mouvements parlent de nous mais nous n'y sommes pour rien. »

Effectivement, l'Association de patients de la médecine anthroposophique s'est ouvertement réjouie de la création de l'A-MCA. Par ailleurs, parmi les contributeurs du livre de Suissa, Guérin et Denormandie paru en 2019, figurait Jacques Kopferschmitt[1], professeur de thérapeutique à l'université de Strasbourg, où il est responsable scientifique d'une formation continue aux soins inspirés par Rudolf Steiner[2]. « La médecine anthroposophique offre une vision intégrative du soin, sans le dissocier d'une approche humaniste », écrivait-il dans sa préface du *Livre blanc de la médecine anthroposophique*, publié en ligne en septembre 2020. Ce livre blanc fait entre autres la promotion de l'usage de l'extrait de gui en « soins de support en oncologie ». Le professeur Kopferschmitt était également mentionné comme « expert scientifique » sur le site de l'A-MCA en mai 2021[3] – la page a été supprimée depuis, pour le plus grand soulagement de Jacques Kopferschmitt. « L'A-MCA a mis mon nom parmi les experts sans me solliciter, nous assure le médecin[4]. C'est opportuniste pour eux d'utiliser mon nom et mon titre. Je leur ai dit que ça ne se faisait pas. Quand on veut faire une agence, on fait dans le collaboratif, mais ce n'est pas dans leur habitude. Donc je n'ai aucun lien

1. Jacques Kopferschmitt n'a pas répondu à notre demande d'interview, envoyée par mail le 31 juillet 2021.
2. Site Internet de l'Association pour la recherche et l'enseignement en médecine anthroposophique.
3. Archives du site Internet de l'A-MCA.
4. Entretien avec les auteurs, le 3 août 2021.

avec eux, sauf le fait que j'aie participé au livre de Véronique Suissa. »

Le médecin, très remonté contre l'A-MCA, n'est pas tendre avec ses fondateurs : « Ils n'ont pratiquement pas d'experts issus du milieu médical, ça pose un vrai problème d'expertise. » Jacques Kopferschmitt reste, en revanche, favorable à la création d'un observatoire des médecines complémentaires, mais estime que « ce n'est pas à eux de faire ça, c'est du copinage. C'est à l'État d'intervenir. »

Par ailleurs, le médecin nous assure ne pas être anthroposophe : « Je n'ai aucun lien ni avec la Société anthroposophique, ni avec les instances de la médecine anthroposophique. » Sa participation à la formation strasbourgeoise sur la médecine anthroposophique ? « Je ne dirige pas ce cursus, je suis seulement le garant scientifique de l'enseignement. J'insiste sur le fait que ces pratiques doivent être vérifiées. La médecine anthroposophique est mal connue en France, mais elle présente évidemment des apports positifs. En Allemagne, il y a des hôpitaux universitaires qui y ont recours. Certains ici croient qu'on traite des cancers avec la médecine anthroposophique, mais c'est complètement faux. On traite les cancers avec la médecine et on améliore la situation du patient et ses chances de guérison, notamment en améliorant son moral, par la médecine anthroposophique. »

*

* *

Pour Élisabeth Feytit, créatrice du podcast « Méta de Choc » et cofondatrice du collectif Aedes[1], signa-

1. Alerte État dérives sectaires.

taire de la contre-tribune du *Figaro*, les raisons du lobbying de l'A-MCA sont à rechercher du côté financier. «Je ne crois pas qu'il s'agisse d'une structure anthroposophique à proprement parler, ni même qu'on soit face à une offensive de l'anthroposophie sur la médecine, mais plutôt qu'il existe des intérêts convergents[1].» Un intérêt commercial, en l'occurrence : les médecines alternatives et complémentaires représentent un marché très important, notamment à destination des personnes âgées.

Au niveau mondial, le marché du bien-être représenterait près de 3 500 milliards d'euros. Faire de l'A-MCA une agence gouvernementale reviendrait donc à placer ses dirigeants au centre du marché français. «Ils mettraient la main sur les cordons de la bourse et pourraient juger de qui a le droit d'en faire et de qui n'a pas le droit. Pour ça, il faut être dans la promotion des médecines alternatives et tant pis s'il faut s'associer à des anthroposophes.» Pour Élisabeth Feytit, l'A-MCA n'est rien d'autre qu'un «lobby d'intérêts économiques privés». Et, ajoute-t-elle, «le problème, c'est que ces médecines alternatives sont le lieu idéal de prolifération des dérives sectaires».

Face à ces critiques, Véronique Suissa regrette de n'avoir pas pu échanger directement avec ses détracteurs[2]. «Nous voulons faire les choses sérieusement, nous assure-t-elle. Aujourd'hui, 40 % des Français ont recours aux médecines alternatives. Nous entendons nous fier à la loi, qui réglemente ces pratiques et prévoit des normes de formation, et donner des repères aux citoyens. L'A-MCA dit bien que c'est au médecin de se prononcer sur l'état de santé d'une personne,

1. Entretien avec les auteurs, le 6 juin 2021.
2. Entretien avec les auteurs, le 17 juin 2021.

pas au sophrologue, par exemple. » La cofondatrice de l'A-MCA assure avoir été surprise par la levée de boucliers des associations de lutte contre les dérives sectaires. « Nous nous attendions à une réaction forte des collectifs opposés aux médecines complémentaires, mais les associations de lutte contre les dérives sectaires, pas du tout. C'est vrai qu'il peut y avoir des dérives, parfois involontaires. Certains praticiens ont leurs propres croyances mais nous voulons rappeler que c'est au médecin, au corps médical, d'avoir la priorité. Nous voulons dire aux associations que nous ne comptons pas attendre que des dérives, y compris sectaires, surviennent pour agir. »

La question est en tout cas loin d'être périphérique lorsqu'on s'intéresse au phénomène sectaire. Car, comme nous le rappelle Georges Fenech, la santé est centrale dans presque tous les grands mouvements à tendance sectaire : « La scientologie s'est créée par ce biais-là, par la dianétique. Les adeptes de l'ordre du Temple solaire y sont venus en quête d'une jeunesse éternelle. Chez les Témoins de Jéhovah, on retrouve la question de la pureté du sang. La santé est au cœur de toutes les dérives sectaires car on y retrouve la notion de pureté, d'homme parfait. » Cette appropriation des questions de santé par ces groupes spirituels et religieux a connu un nouvel âge d'or au tournant des années 1970 et 1980, quand le courant New Age s'est diffusé partout en Occident. « Les scandales sanitaires à répétition ont entamé le crédit de la médecine scientifique, regrette le magistrat. Alors on s'est lancés dans des recherches sur les médecines complémentaires et naturelles… »

Malgré les avertissements que Georges Fenech formule devant nous, la « nouvelle Miviludes » impulsée par

Marlène Schiappa, dont il fait partie du conseil d'orientation, ne semble pas décidée à s'opposer frontalement à l'A-MCA. Également nommée au conseil, la philosophe et psychanalyste Cynthia Fleury[1] a elle-même relayé sur les réseaux sociaux la tribune de soutien à la reconnaissance officielle de l'A-MCA. Et Samir Khalfaoui, conseiller santé à la Miviludes, est cité sur le site Internet de l'association parmi ses « experts institutionnels ».

Lorsque nous interrogeons le cabinet de la ministre sur le lobbying de l'association, on se réjouit d'une éventuelle structuration des médecines alternatives et complémentaires : « Ce champ n'existait pas il y a 25 ans, on est face à une situation nouvelle, la question c'est comment on l'organise[2]. »

Mais comment faire le ménage lorsque les personnes chargées de le faire entretiennent elles-mêmes des liens étroits avec des groupes ésotériques, comme Antoine Demonceaux ou Jacques Kopferschmitt avec l'anthroposophie ? « Nous ne nous interdisons pas de travailler avec l'A-MCA, qui n'a pour l'instant d'agence que le nom, balaie un conseiller de Marlène Schiappa[3]. Après, il faut faire le tri. Parce qu'ils ne sont pas suffisamment structurés, je pense. »

Avec des soutiens de taille et la présence du père d'un ministre dans les rangs de l'association, difficile pour le gouvernement de critiquer trop ouvertement cette « agence » sortie du néant qui a réussi, en quelques années, à se rendre incontournable. Et ses détracteurs, qui fonctionnent avec peu de moyens, voire bénévolement, se retrouvent aujourd'hui bien démunis.

---

1. Cynthia Fleury n'a pas répondu à notre demande d'interview, envoyée par mail le 21 juillet 2021.
2. Entretien avec les auteurs, le 21 mai 2021.
3. Entretien avec les auteurs, le 21 mai 2021.

PARTIE III

La pieuvre des mouvements historiques

8

Le piège des écoles Steiner

Il faut bien le reconnaître : à la source du calvaire de Carla[1], on trouve une véritable défaillance de l'école publique. De manière générale, les pédagogies à tendance sectaire, notamment celle qui fait l'objet de ce chapitre, prolifèrent dans le creux des faiblesses de l'Éducation nationale.

C'est au début du cours préparatoire qu'Axel[2], jeune fils de cette mère célibataire de classe sociale aisée, est diagnostiqué dysgraphique et dyspraxique[3]. La maison départementale des personnes handicapées ne lui propose un auxiliaire de vie scolaire qu'à raison d'une demi-journée par semaine, à partir de l'année suivante. Pendant un an, le garçon est maltraité et humilié par son institutrice, y compris devant les parents d'élèves. « J'avais une colère, une blessure par rapport à ce que l'Éducation nationale avait fait vivre à mon fils, raconte Carla[4]. C'est la raison pour laquelle, quand on arrive

1. Son prénom a été modifié pour préserver son anonymat.
2. Son prénom a été modifié pour préserver son anonymat.
3. D'après le *Larousse médical*, la dyspraxie est un « trouble caractérisé par une altération du développement de la coordination motrice ».
4. Entretien avec les auteurs, le 13 juillet 2020.

dans une nouvelle structure, on idéalise, on se dit qu'enfin on est sauvés de cette maltraitance. »

Animée par cette colère, elle commence ses recherches sur Internet, en quête d'une solution adaptée pour son fils. Il y a bien l'école Montessori, du nom de l'inventrice italienne de cette pédagogie alternative mondialement reconnue. Mais elle se trouve trop loin du domicile familial et souffre d'une mauvaise réputation ; elle serait trop élitiste et les enseignements y seraient de mauvaise qualité. Aux alentours de Pâques 2011, la mère appelle l'école des Rythmes[1], qui se réclame d'une autre pédagogie alternative du nom de Steiner-Waldorf. Elle tombe à pic : une journée portes ouvertes doit avoir lieu prochainement.

L'école se trouve dans une ferme, à la campagne. Un environnement qui respire le vert et l'air pur, loin des tumultes de la ville. « Maman, il n'y a pas de barrières ! » s'émerveille aussitôt Axel, qui accompagne sa mère. L'impression d'une « école de liberté où l'on pouvait vraiment être soi, quelque chose qui ferait rêver n'importe qui », voilà le souvenir que garde Carla de ce premier contact.

On y trace sur de grands tableaux noirs à l'ancienne de magnifiques dessins à la craie. Les effectifs des classes n'excèdent pas dix élèves. Professeurs et parents d'élèves se tutoient, échangent de grands sourires et déjeunent ensemble. « Je me suis retrouvée au paradis », résume Carla. Un rendez-vous est pris et l'affaire est entendue[2]. Axel a trouvé sa nouvelle école et entre en première classe, l'équivalent du CP. La famille déménage non loin de l'établissement.

1. Le nom de l'établissement a été modifié.

2. L'école coûte un peu plus de 300 euros par mois. Carla déboursera près de 15 000 euros en trois ans de scolarité de son fils.

Carla est rapidement séduite par les nouvelles méthodes éducatives qu'elle découvre. L'enfant en tant qu'individu est placé au cœur du projet, son rythme doit être respecté. Les activités créatives et les langues sont valorisées. Les « symbolismes » sont omniprésents dans le cursus. On apprend à compter avec des étoiles à plusieurs branches dans une yourte, on danse les formes des lettres lors des cours d'eurythmie, « art du mouvement » pratiqué dans toutes les écoles Steiner[1]. Des façons d'apprendre que, encore aujourd'hui, la mère ne renie pas. Seulement, il y a une contrepartie : « La seule solution, c'est de lâcher prise avec tout ce qu'on a connu. Et c'est ça le piège. » Cette injonction à « lâcher prise » lui sera maintes fois répétée au cours des trois années de scolarité de son fils dans l'établissement.

*

* *

Il faut dire que la pédagogie Steiner-Waldorf a peu à voir avec l'école républicaine de Jules Ferry, de Jean Zay et des savoirs fondamentaux. Rudolf Steiner, intellectuel et occultiste autrichien né en 1861, auteur d'une trentaine d'ouvrages et de plus de 6000 conférences publiées sur la philosophie, la science, les religions, l'ésotérisme mais aussi l'économie, l'agriculture ou encore l'éducation, a créé à l'aube du XXe siècle un nouveau courant spirituel : l'anthroposophie. Son fondateur la définit non pas comme une religion mais comme une « science de l'esprit », selon laquelle « des esprits et des forces surnaturelles agissent dans un monde invisible »,

1. L'eurythmie est une forme de rite ésotérique dansé, inventé par Rudolf Steiner et sa seconde épouse Marie.

décrit *Le Monde diplomatique*[1]. L'anthroposophie, qui s'inspire largement de la Société théosophique dont Steiner a été un membre éminent, s'appuie sur un syncrétisme[2] qui mêle des éléments chrétiens, hindouistes ou encore folkloriques. On y trouve un Christ « cosmique », une croyance en la réincarnation et le karma, les démons Lucifer et Ahriman – issu du zoroastrisme, religion d'origine perse – ou encore des « êtres élémentaires », gnomes, sylphes, ondines et salamandres.

En l'espace d'un siècle, l'anthroposophie est devenue ce que le journaliste Jean-Baptiste Malet qualifie dans *Le Monde diplomatique*, en 2018, de « discrète multinationale de l'ésotérisme ». Un « empire » auquel se rattachent les banques éthiques GLS, Triodos et la Nef, les cosmétiques Weleda, les labels Demeter et Biodyvin qui certifient les produits issus de l'agriculture biodynamique, la médecine anthroposophique distribuée entre autres par le laboratoire Wala, les communautés thérapeutiques Camphill accueillant des personnes handicapées, la Communauté des chrétiens, ordre religieux que ne reconnaissent ni les catholiques ni les protestants, plusieurs lobbies à Bruxelles et, bien sûr, la pédagogie Steiner-Waldorf.

Celle-ci trouve son origine dans les conférences données par Rudolf Steiner en 1919 aux ouvriers de l'usine de cigarettes Waldorf-Astoria de Stuttgart, dans le sud-ouest de l'Allemagne, ville où il ouvre la même année la toute première école de pédagogie Steiner. Le système anthroposophique n'est pas, en apparence, aussi pyramidal que peuvent l'être d'autres mouvements spirituels comme la

1. Jean-Baptiste Malet, « L'anthroposophie, discrète multinationale de l'ésotérisme », *Le Monde diplomatique*, juillet 2018.

2. Soit, selon le dictionnaire *Robert*, une combinaison de doctrines initialement incompatibles.

scientologie ; ainsi, toutes ces structures ne sont pas organiquement liées à la Société anthroposophique universelle, dont le siège, connu sous le nom de Goetheanum, se situe à Dornach, à 10 kilomètres au sud de Bâle, en Suisse.

Sur le papier, ce mouvement ne mise pas sur le nombre : à l'échelle planétaire, la Société anthroposophique universelle ne revendique que 50 000 membres. « En France, l'anthroposophie compte officiellement 1 250 adhérents et probablement plusieurs milliers d'adeptes discrets », estimait la Miviludes dans son rapport d'activité 2016-2017. Si Rudolf Steiner et ses héritiers affirment accepter l'état actuel des connaissances scientifiques, l'anthroposophie est née, d'après Jean-Baptiste Malet, d'une « réaction à la modernité » qui vise à « créer des pôles où germine une contre-société » et semble nourrir aujourd'hui une méfiance vis-à-vis du rationalisme.

Malgré ses faibles effectifs, l'anthroposophie jouit d'une influence croissante dans la société française et bénéficie de la bienveillance d'une partie des élites et des médias. Ainsi, au cœur de l'été 2021, alors que nous terminons la rédaction de ce livre, une série de cinq articles publiés dans *Le Monde* fait polémique sur les réseaux sociaux. Le 13 juillet, le visage de Rudolf Steiner, présenté comme « penseur alternatif », apparaît en « une » du journal. Les cinq volets publiés au mois de juillet – traitant successivement de la biographie de Rudolf Steiner, des écoles Steiner-Waldorf, de l'agriculture biodynamique, de la philosophie de Rudolf Steiner et enfin de sa vision architecturale – sont jugés « complaisants » par des internautes, anciens élèves, parents ou enseignants en école Steiner et par des journalistes ayant enquêté sur le sujet[1]. Certains d'entre eux,

1. Jean-Loup Adénor, « Ce que "Le Monde" ne vous a pas (vraiment) dit sur l'anthroposophie », *Marianne*, 22 juillet 2021.

interrogés par les journalistes du *Monde* en vue de la série, se plaignent d'ailleurs d'avoir vu leur parole édulcorée, d'après eux, voire tout simplement coupée.

Les accusations de dérives sectaires sont balayées d'un revers de main[1] et les critiques du mouvement sont présentées comme l'œuvre d'un « solide noyau de détracteurs » motivés par le contexte particulier d'une « France cartésienne » et d'un « modèle républicain, fondé sur le collectif »[2] – malgré le fait que l'anthroposophie soit également controversée dans les pays anglo-saxons, scandinaves ou germaniques. À l'inverse, les interlocuteurs défendant l'anthroposophie sont nombreux dans la série ; les journalistes se sont d'ailleurs appuyés en partie sur un dossier de presse préparé par un communicant de la Société anthroposophique universelle spécialement pour les journalistes du *Monde* après leur visite au Goetheanum[3].

Comment expliquer ce traitement du sujet par le « quotidien de référence », alors que plusieurs enquêtes journalistiques ont pointé de graves dérives ces trois dernières années ? Interrogé par le média en ligne Arrêt sur images, le journaliste Aureliano Tonet, un des rédacteurs de la série, en charge du volet introductif, explique notamment le « déferlement de haine » contre l'anthroposophie par une « intolérance très française et laïcarde vis-à-vis de la spiritualité », notamment lorsque celle-ci n'est pas catholique[4]. Un discours qui rappelle celui de certains opposants de la Miviludes, qu'ils se

1. Virginie Larousse, « La philosophie de Rudolf Steiner, entre spiritualisme, racialisme et écologie », *Le Monde*, 15 juillet 2021.

2. Violaine Morin, « La pédagogie Steiner, un cas d'école pour ses partisans comme pour ses détracteurs », *Le Monde*, 14 juillet 2021.

3. Loris Guémart, « Le Monde et l'anthroposophie : une question de perspective », Arrêt sur images, 27 juillet 2021.

4. *Ibid.*

trouvent dans les universités, dans le monde associatif ou au sein du gouvernement fédéral américain.

« Cette citation-là est peut-être excessive, reconnaît Aureliano Tonet lorsque nous le contactons deux jours plus tard[1]. Peut-être que le terme d'intolérance est fort mais il y a une forme de méfiance. En France, contrairement à d'autres pays, on ne met pas la religion au centre de la vie publique. »

Le journaliste nie toute complaisance vis-à-vis de l'anthroposophie et se revendique du « courage de la nuance », titre du livre d'un autre journaliste du *Monde*, Jean Birnbaum[2] : « C'est peut-être aussi ce qui nous vaut toutes ces attaques, d'avoir essayé d'être nuancés. » Concernant les accusations d'emprise sectaire dans le mouvement spirituel, il affirme que « la critique sur sa nature sectaire bute un peu sur la dimension très éparpillée du mouvement », lequel aurait un « fonctionnement très à l'allemande, très décentralisé ». Au cours de notre entretien, il déroule une conception du phénomène sectaire très éloignée de celle qui prédomine au sein de la Miviludes et des associations de terrain depuis vingt ans. Ce qui se ressent dans les pages du quotidien : tout au long de la série d'articles, la parole des victimes de dérives sectaires au sein de l'anthroposophie reste purement et simplement absente.

Leurs récits sont pourtant alarmants. À l'école des Rythmes, on cultive, d'après Carla, un discours « anti-institutions » et un dédain vis-à-vis de l'école publique. Peu d'élèves sont vaccinés, les médecines alternatives foisonnent, on s'intéresse à l'astrologie ou à la numérologie. Les rituels occupent une place centrale. Chaque

1. Entretien avec les auteurs, le 29 juillet 2021.
2. Jean Birnbaum, *Le Courage de la nuance*, Seuil, 2021.

matin, on récite des «paroles» de Rudolf Steiner. L'année scolaire est ponctuée de fêtes religieuses et saisonnières où parents et élèves s'impliquent pleinement, de la Saint-Jean à la très ésotérique Spirale de l'Avent. «La forme de la spirale symbolise le chemin à parcourir au fond de soi pour y chercher sa propre lumière qui peut ensuite éclairer le monde», explique par exemple sur son site Internet l'école Rudolf Steiner de Haute-Alsace. Un ensemble de pratiques occultes dont Carla n'avait pas été avertie en visitant l'école.

Baignant dans ce nouveau monde, Carla ne réalise pas tout de suite que, dès les premiers jours d'école, son fils Axel est devenu un «souffre-douleur» collectif. Lors des repas, le jeune garçon dyspraxique peine à manger sans se salir le riz ou les lentilles que préparent les parents d'élèves. Il est alors étiqueté comme «le porc», y compris par les adultes. «De toute façon, ton fils, il pleure tout le temps», lui disent en haussant les épaules d'autres parents. Ce qu'ils omettent de lui signaler, en revanche, c'est que son fils est systématiquement frappé et insulté par les autres élèves. Plus le temps passe et plus le garçon rentre en pleurant de l'école, se plaignant d'avoir été frappé au ventre ou du fait qu'on lui a dit qu'il était fautif de son handicap. «C'est la seule fois de ma vie que j'ai vu des enfants avec un mauvais fond», rapporte, encore médusée, la mère d'Axel. Les récréations ne seraient que peu ou pas surveillées. Axel lui décrit ainsi des enfants jouant avec des cisailles sur le toit en tôle du poulailler. Quand elle essaie d'obtenir un rendez-vous avec la direction, on repousse sans cesse l'échéance. En attendant, on lui assure que la situation est «sous contrôle».

Les seules explications qu'elle parviendra à obtenir seront celles de la fondatrice de l'école. Douce, gentille, Ambrine[1] est respectée : son mari serait la « manne financière » des Rythmes. Sa parole ne saurait être remise en cause. Un beau jour, elle rend visite à Carla chez elle sans la prévenir, comme elle a l'habitude de faire. Le sujet des violences que subit son fils arrive sur la table. « Elle m'a expliqué qu'il y avait un ordre cosmique et que les enfants dans la cour de récréation reproduisaient cet ordre cosmique, rapporte Carla, encore émue par ce qu'elle a entendu ensuite. Il ne fallait donc surtout pas intervenir. Elle m'a aussi expliqué que mon fils aurait commis une faute dans une vie antérieure, que s'il était handicapé et se faisait frapper, c'était en punition de cette vie antérieure. Elle disait que le handicap n'existait pas. » Et d'autres choses plus ahurissantes encore, que la mère d'Axel refuse aujourd'hui de répéter[2].

« C'est extrêmement choquant, si l'on raconte ça à l'ensemble des pédagogues, ils vont être extrêmement choqués, réagit Lucie Iskandar, coordinatrice à la Fédération Pédagogie Steiner-Waldorf en France, lorsque nous lui rapportons ces propos. Ce n'est pas du tout entendable ni acceptable[3]. »

Ces explications pour le moins ésotériques sont avancées avec une douceur et une conviction telles que Carla se retrouve sans défense. « Tu devrais faire un travail sur toi », lui répète-t-on aux Rythmes dès qu'elle émet un semblant de critique. Si un problème émerge, il ne peut venir que d'elle et non des méthodes de l'école, véritable paradis sur Terre.

---

1. Son prénom a été modifié pour préserver son anonymat.
2. Ni l'école des Rythmes ni sa fondatrice n'ont répondu à nos demandes d'interview envoyées par mail le 12 avril 2021 puis le 15 mai 2021, tout comme l'ensemble des écoles citées dans ce chapitre.
3. Entretien avec les auteurs, le 27 mai 2021.

La pensée de Steiner est érigée en vérité absolue et l'école se veut infaillible. La notion de karma revient souvent pour rejeter la responsabilité sur les parents ou les élèves. «Derrière, il y a des techniques manipulatoires extrêmement puissantes, décrypte Carla. J'étais en impuissance au paradis.»

Peu à peu, le piège se referme et elle tombe en dépression. Carla est d'autant plus une «proie facile» qu'elle est la seule mère célibataire de l'école, dans un milieu où elle perçoit «une valorisation des familles nombreuses, établies, mariées, traditionnelles», malgré une orientation politique affichée plutôt à gauche. «Vous mettez vos enfants dans une école parallèle qui vous vend de l'épanouissement et de l'écologie, en réalité on fabrique une culture fondée sur la domination des forts sur les faibles», juge aujourd'hui la mère d'Axel.

Elle finira par saisir la Miviludes, qui recevrait un nombre non négligeable de signalements concernant les écoles Steiner, avec parfois des témoignages similaires au sien, d'après une source proche de l'organisme public : 14 en 2019, puis 26 en 2020 pour environ 2491 élèves fréquentant les 22 écoles Steiner ouvertes en France, dont une poignée sont sous contrat avec l'État ou reconnues d'utilité publique, ce qui permet une réduction fiscale sur les dons.

«Ce ne sont que les gens qui franchissent le pas et osent venir parler à un service public, ajoute notre source, sous couvert d'anonymat. Ce n'est que la partie émergée de l'iceberg[1].» Dans son rapport d'activité 2018-2020, la Miviludes écrit qu'elle n'a pas eu connaissance de «cas avérés de dérives de nature sectaire» dans les écoles Steiner, ce dont la Fédération ne manque pas de se targuer dans sa communication. Il s'agit pourtant, d'après

1. Entretien avec les auteurs, le 10 septembre 2020.

notre source, d'une simple « précaution juridique » pour éviter les poursuites : « La Miviludes n'écrira jamais qu'il y a eu dérive sectaire, sauf s'il y a eu une condamnation en justice au titre de la loi About-Picard. Même pour la scientologie. À partir du moment où un mouvement apparaît dans un rapport, c'est qu'on le suit de près. » Déjà, en 2000, un rapport de la MILS, devenue la Miviludes, s'inquiétait : « Il ne s'agit pas à proprement parler d'écoles alternatives mais d'établissements scolaires se rattachant à une doctrine, l'anthroposophie. Or, certains parents semblent l'ignorer. »

Lucie Iskandar s'en défend : « Il n'y a pas de volonté de dissimulation, il y a au contraire une volonté d'en parler. Après, la façon d'en parler n'est pas forcément uniforme dans toutes les écoles[1]. »

*

*   *

D'autres témoignages d'anciens élèves ou enseignants en école Steiner que nous avons recueillis recoupent l'expérience de Carla. Emprise mentale, méfiance envers la modernité et les institutions ou encore culte voué à Rudolf Steiner : ces ingrédients s'y retrouvent presque systématiquement.

Nina[2], 23 ans, a mis des années à réaliser « l'embrigadement » dont elle dit avoir fait l'objet dès ses 6 ans. À l'école de la Mhotte, dans l'Allier, puis à celle de Colmar, en Alsace, la figure de l'occultiste autrichien fait autorité. « Pour moi, c'était un grand philosophe qui avait fait des choses magnifiques. J'ai mis longtemps à remettre ça en cause. On avait la chance inouïe d'être dans une école

1. Entretien avec les auteurs, le 27 mai 2021.
2. Son prénom a été modifié pour préserver son anonymat.

Steiner[1]. » Un jour, une enseignante évoque le Goetheanum, faisant l'éloge de la vision architecturale de Rudolf Steiner. Lors de ses dernières années, Nina a même droit à un « voyage scolaire » en Suisse pour découvrir le bâtiment à la forme atypique. Avec une visite commentée très édifiante : « On nous a expliqué que les vitraux pouvaient guérir le cancer, grâce à des vibrations particulières », assure la jeune femme.

C'est dans l'espoir de trouver un environnement adapté à sa dyslexie et à ses troubles de la concentration que les parents de Jonathan[2] l'ont inscrit en deuxième classe[3] dans une école Steiner-Waldorf. Le football y serait interdit aux enfants : « Selon eux, c'est une activité qui dénature l'humain, lequel n'est pas fait pour utiliser ses jambes. Elle empêcherait le corps éthérique[4] de se manifester et de changer d'état[5]. » Le jeune homme de 33 ans garde l'impression d'une confusion entre croyances et faits, mythes et histoire. Un rapport de l'académie de Versailles sur la « prévention des phénomènes sectaires et des phénomènes d'emprise sur les jeunes », consulté par les journalistes Jacques Duplessy et Anna Erelle, évoque lui aussi, s'appuyant sur plusieurs contrôles dans des écoles Steiner, une « confusion entre histoire et mythologie, entre connaissances et récits mythiques », qui serait « permanente »[6]. C'est d'ailleurs en partie à cause de cette confusion qu'en août 2021, l'académie de

1. Entretien avec les auteurs, le 15 juillet 2020.
2. Son prénom a été modifié pour préserver son anonymat.
3. L'équivalent du CE1.
4. Selon l'anthroposophie, l'homme serait constitué de sept corps : le corps physique, le corps éthérique, le corps astral, le Moi, le Soi spirituel, l'Esprit de vie et l'Homme-Esprit.
5. Entretien avec les auteurs, le 12 août 2020.
6. Jacques Duplessy et Anna Erelle, *L'école hors de la République*.

Toulouse a décidé pour la première fois en France de fermer une école Steiner-Waldorf, celle de Bagnères-de-Bigorre, dans les Hautes-Pyrénées[1].

Les premières années, Jonathan suit des cours d'astrologie avec une sommité de l'anthroposophie. Face à des situations de harcèlement entre enfants, voire de certains professeurs sur leurs élèves, il décrit un « laisser-faire très fort », qui s'accompagnerait parfois d'une culpabilisation des parents : « Je me rends compte maintenant que c'est aussi une façon de penser : il y a une forme de souffrance nécessaire, ça fait partie du parcours, de ce qui permet de se construire, il ne faut pas l'entraver. »

Hugo, 32 ans, est entré à l'école de Chatou en neuvième classe, l'équivalent de la troisième. Au fil des discussions avec des élèves, parents et professeurs, il entreprend de lire des retranscriptions de conférences de Rudolf Steiner, qui devient rapidement « la plus grande référence » pour lui. Il se met à être lui-même prosélyte auprès de ses camarades. « C'étaient des idées qui m'aidaient psychologiquement, par exemple le Christ comme juste milieu entre Lucifer et Ahriman, entre les passions et l'intellect. Réfléchir dans ce cadre ésotérique peut rassurer. C'est ensuite que ça emprisonne la pensée[2]. » D'après lui, la particularité de l'« endoctrinement » dans les écoles Steiner serait d'être ciblé sur les élèves les plus vulnérables, en difficulté familiale notamment.

Lui-même est en rébellion vis-à-vis de ses parents et les envisage comme représentants de la « doxa » : « À l'école, l'absence de limites alimente un besoin de créer un cocon familial. Ils essaient de se substituer aux parents. »

Enquête au cœur des réseaux de l'enseignement parallèle, Robert Laffont, 2021.

1. Jean-Loup Adénor, « Une grande première : pourquoi une école liée à l'anthroposophie a été fermée », *Marianne*, 25 août 2021.

2. Entretien avec les auteurs, le 18 août 2020.

Devenu étudiant, Hugo sort avec une ancienne camarade de son école, dont les parents, fervents anthroposophes, naviguent entre théories du complot, racisme, antisémitisme, capacité supposée à voir les morts et discours anti-vaccins. « Les anthroposophes sont plus ou moins détachés de la société », estime le trentenaire qui est parvenu, au fil des années, à se détacher des idées steineriennes. « Leur dénominateur commun, c'est de penser qu'il n'y a pas d'égal à Steiner. Ils se prennent pour une élite qui doit sauver l'humanité de Lucifer et Ahriman. »

Myriam[1] a grandi avec une mère célibataire, professeure en école Steiner, qui applique les principes anthroposophiques à tous les domaines de sa vie. Encore aujourd'hui, la jeune femme de 25 ans peine à critiquer un milieu dans lequel sa mère et une partie de ses amis continuent d'évoluer. Elle qui a intégré l'école Steiner de Colmar au jardin d'enfants a été sujette au doute à partir de l'âge de 14 ans. Quand elle se met à fréquenter des « personnes de l'extérieur » rencontrées au conservatoire, elle se pose des questions et change d'attitude. « Dès qu'on commence à ne plus être jovial, ils ont tendance à dire que karmiquement, on a un souci, qu'on est mal incarné. Il fallait que j'aille voir des psychologues, simplement du fait que j'avais d'autres centres d'intérêt[2]... »

Myriam décide alors de passer sa dernière année dans un lycée public. Elle mettra des années à s'adapter à ce nouveau monde qui lui paraît étranger : « En école Steiner, on se sent supérieurs, on a l'impression qu'on peut cerner tout le monde d'un regard. C'est terrible l'ego

1. Son prénom a été modifié pour préserver son anonymat.
2. Entretien avec les auteurs, le 3 août 2020.

qu'on a en sortant. On est un peu traités comme une élite, on a l'impression que les autres ne sont pas dignes de notre intérêt, qu'on est bien entre nous. »

Dans la même école, à Colmar, Nina et ses camarades baignent dans l'anthroposophie. On les incite à suivre l'enseignement religieux de la Communauté des chrétiens, à l'extérieur. Les stages se déroulent en ferme biodynamique ou en usine Weleda. Lors des inspections académiques, elle raconte qu'il était demandé aux élèves de cacher les bougies allumées lors des « paroles » du matin. « Il ne fallait pas que l'État voie qu'on ne respectait pas les normes de sécurité. Il y avait une vision négative de tout ce qui était extérieur. »

Jonathan nous dit se souvenir des programmes modifiés et du mobilier décoratif enlevé lors des inspections : « Tout ce qui est ornemental ou religieux est dissimulé. » Lucie Iskandar nie l'existence de ce type de pratiques, soulignant que, ces dernières années, les inspections « inopinées » se sont multipliées : « Ce que voient les inspecteurs quand ils viennent dans une école Waldorf, c'est ce qu'ils verraient s'ils étaient venus la veille ou s'ils venaient trois jours après, il n'y a pas de possibilité de dissimuler[1]. »

À Colmar, là encore, les enfants seraient très rarement vaccinés. « Petite, mes parents avaient demandé à un médecin que je ne sois pas vaccinée mais qu'on me mette quand même le tampon, se souvient Nina. Il avait accepté. Il y avait beaucoup cette peur du vaccin. »

Myriam abonde : « Ma mère me disait que c'était une machination de l'État, qu'il y avait des enfants qui avaient eu des malformations ou des maladies après un vaccin, qu'elle ne voulait pas prendre le risque. » L'école Steiner de Colmar a d'ailleurs été en 2015 le

1. Entretien avec les auteurs, le 27 mai 2021.

théâtre d'une vague de rougeole, avec une petite centaine d'élèves contaminés[1]. Une enquête sanitaire a montré par la suite que plus de la moitié des enfants scolarisés dans l'établissement n'étaient pas vaccinés contre cette infection, pourtant potentiellement mortelle – le vaccin n'étant obligatoire que depuis janvier 2018.

En décembre 2019, la médecin scolaire d'une école Steiner confie à un journaliste du magazine de France 2, « Complément d'enquête », équipé d'une caméra cachée, qu'elle envisage la rougeole comme positive pour l'enfant[2]. Elle lui apporterait « une chance de se réorganiser dans ce combat chaleur, température, feu et eau ». La femme ajoute : « J'ai entendu des enfants qui ne bégayaient plus après, des enfants qui tout à coup disaient : "Maintenant, je peux dormir tout seul." Des choses comme ça. Tout à coup, il y a une nouvelle saisie, une nouvelle confiance. »

Lucie Iskandar affirme pourtant que le taux de couverture vaccinale dans les écoles Steiner-Waldorf serait correct : « Nous sommes dans l'obligation de demander à ce que les carnets de vaccins soient présentés pour les inscriptions des enfants, c'est fait, c'est la réglementation en place. » Clément Defèche, enseignant à l'école de Colmar et conseiller auprès de la Fédération, tempère : « On est quand même un milieu d'écoles alternatives. En termes de statistiques, on a peut-être plus de gens qu'ailleurs qui sont plus prudents ou mesurés avec la question des vaccins[3]. »

1. Pascale Santi, « Quand la rougeole envahit l'école », *Le Monde*, 11 janvier 2016.

2. Olivier Hertel, « Médecine anthroposophique : les révélations inquiétantes de Complément d'enquête sur France 2 », *Sciences et Avenir*, 12 décembre 2019.

3. Entretien avec les auteurs, le 27 mai 2021.

Rudolf Steiner considérait en effet les maladies infantiles comme un processus naturel en vue de la réincarnation, qu'il ne fallait pas entraver. Depuis les débuts de la pandémie de Covid-19, ses prédictions sur le vaccin, « force ahrimanienne » donc « matérialiste », ont beaucoup circulé dans les réseaux anthroposophiques et même au-delà : « Les esprits des ténèbres souffleront à leurs hôtes [...] de découvrir un vaccin qui puisse dès la prime jeunesse, par la voie du corps, extirper la tendance à la spiritualité. » Sur son site Internet, la Société anthroposophique universelle se défendait en avril 2019 de tout rejet « fanatique » de la vaccination, citant son maître à penser, mais affirmait aussi : « Un enfant peut se développer harmonieusement sans contracter la rougeole, il suffit qu'il reçoive de l'amour, une bonne alimentation, du soleil et des soins adaptés en cas de fièvre. »

*

* *

À l'étage d'un café aux Halles, à Paris, Grégoire Perra récite par cœur, devant nous, les « paroles » de Steiner : « Je me tourne vers le monde où brille le soleil, scintillent les étoiles, où reposent les pierres. Les plantes vives y croissent, les animaux sensibles y vivent et l'homme, doué d'âme, donne asile à l'Esprit. Je regarde aussi l'âme qui vit dedans mon être. L'Esprit de Dieu pénètre lumière du soleil et lumière d'âme, dans l'espace au-dehors, en mon âme au-dedans. Vers toi, Esprit de Dieu, je me tourne et demande que forces bénissantes pour apprendre et pour travailler grandissent dans mon âme. » Il faut dire qu'il a dû répéter cette prose chaque matin avant les cours, pendant huit ans, les mains en croix sur la poitrine.

Le professeur de philosophie, tout juste quinquagénaire, connaît mieux que quiconque les rouages de l'anthroposophie, pour l'avoir fréquentée durant près de trois décennies. Aujourd'hui « lanceur d'alerte », il documente sur son blog l'avancée des thèses ésotériques des disciples de Rudolf Steiner et le danger que représente à ses yeux la pédagogie Steiner-Waldorf. Si son engagement lui vaut de nombreuses attaques des anthroposophes et de leurs soutiens, il se sent de moins en moins seul dans son combat : « Chaque mois, j'ai une nouvelle victime qui se manifeste, donc je sais pourquoi je le fais[1]. »

C'est à l'âge de 9 ans qu'il est inscrit par son père, anarchiste et athée, à l'école Steiner de Verrières-le-Buisson. Il y apprend les mathématiques en dessinant des gnomes sur son cahier. « Pour l'anthroposophie, on ne ferait pas de calcul si des gnomes ne venaient pas dans notre tête pour alourdir nos pensées et nous permettre de faire du calcul mental. Et si vous ne suggérez pas aux enfants qu'ils sont redevables, quand on leur fait faire du calcul, des gnomes qui rentrent dans leur tête, vous leur faites du tort, parce que vous ne reconnaissez pas la part active des êtres élémentaires dans leurs pensées. »

Ces explications ésotériques, il ne les comprendra que bien plus tard. À l'école Steiner-Waldorf, toute mention de l'intellectuel autrichien et de sa pensée anthroposophique n'est suggérée que par petites touches. La première fois que Grégoire Perra en entend parler, c'est lorsqu'il découvre une phrase inscrite par un élève des grandes classes sur un balai : « Posof[2] *is not dead.* »

À la fin de sa scolarité, incité par un prêtre de la Communauté des chrétiens, il commence à assister à

1. Entretien avec les auteurs, le 10 juillet 2020.
2. Nom donné par les élèves aux anthroposophes.

des conférences à la Société anthroposophique, où il prend sa carte. Il devient enseignant à l'école de Verrières-le-Buisson puis à celle de Chatou et écrit dans des revues anthroposophiques. Il conserve un souvenir précis de son parcours, de ses cours d'anatomie – où l'on enseigne que la meilleure contraception serait un bain chaud avant l'acte sexuel – aux consultations avec son médecin anthroposophique – qui explique le mal de tête par la présence d'un rhinocéros dans son cerveau –, en passant par les conférences où l'on professe que les ordinateurs tisseraient une toile d'araignée sur la Terre qui finira par accueillir des araignées gigantesques. « Toute la familiarisation aux pseudo-sciences a structuré mon univers, synthétise-t-il. Les idées scientifiques et pseudo-scientifiques cohabitent, elles ne se confrontent pas. La raison s'endort complètement. »

Près de trente ans après avoir tourné le dos à l'anthroposophie, Marc Giroud, 59 ans, a découvert le blog de Grégoire Perra. « Ce qu'il dit est absolument vrai. Je l'ai vécu aussi de l'intérieur[1]. » Au début des années 1980, ce « jeune idéaliste » issu d'une famille ouvrière sans religion est incité par un ami à se former à la pédagogie Steiner-Waldorf dans une école de l'Oise, aujourd'hui disparue. Il intègre la Société anthroposophique et enseigne un an à l'internat. Il côtoie à l'époque des formateurs qui occuperont plus tard une place importante dans l'anthroposophie, comme Michel Joseph. Celui-ci écrivait en avril 2020, dans un post Facebook, que la pandémie de Covid-19 était « l'annonce de la quatrième vague de naissances d'enfants d'étoiles ». Version anthroposophique des « enfants indigo », ces jeunes

1. Entretien avec les auteurs, le 28 juillet 2020.

êtres hors du commun arriveraient tous les vingt ans au moment de la « conjonction Jupiter-Saturne » et auraient pour mission de guérir l'humanité de sa « culture matérialiste et égoïste ».

Lors de la formation que suit Marc Giroud, l'ésotérisme est la règle. « Pendant deux ans de formation, vous n'apprenez que Steiner, affirme-t-il. Derrière chaque phénomène, il y a une explication spirituelle occulte. » Il étudie ainsi une forme ésotérique de géographie, incluant l'Atlantide, île que le père autrichien de l'anthroposophie ne considérait pas comme mythique. On lui aurait aussi enseigné une « différence entre les races », dont certaines seraient « obsolètes », notamment les Noirs et les Amérindiens. Lorsque Marc Giroud pose trop de questions au goût des formateurs, on lui rétorque qu'il est « trop intellectuel » et que, s'il continue, il se réincarnera en Inuit. À l'internat, il entend des enseignants dire que certains enfants n'ont « pas de "moi" humain » et sont « possédés par des démons ahrimaniens ». D'après ses dires, ce contenu ésotérique déroutant devrait être tenu secret pour les enfants et les parents non initiés : « On se planque. On ne dit pas la vérité. On ne dit pas que, derrière le cahier donné aux enfants pour leurs cours, on essaie de faire passer la croyance aux êtres élémentaires. »

Cette culture de la dissimulation remonte aux conseils donnés par Rudolf Steiner lui-même aux professeurs de la toute première école inspirée de sa pensée, à Stuttgart, entre 1919 et 1921, et édités par la Fédération des écoles Steiner-Waldorf en France (renommée en 2018 Fédération Pédagogie Steiner-Waldorf en France) : « Gardons le silence sur tout ce que nous avons à résoudre à l'école. Tenons-nous-en à une sorte de secret professionnel de l'enseignant. Ne parlons pas aux gens de l'extérieur, excepté aux parents qui viennent nous poser des questions[1]. » Dans ce livre, Rudolf Steiner recommande d'éviter les termes comme « prières » ou « anthroposophie » et affirme que la pédagogie Steiner-Waldorf réalise « l'intention des dieux ».

*

* *

À l'école des Rythmes, la violence subie par Axel ne fait qu'empirer. Dès sa première réunion avec l'équipe pédagogique, sa mère a précisé que son handicap neurologique nécessitait quelques aménagements, notamment l'installation d'un tabouret sous ses pieds pour qu'il mange correctement et l'usage d'un ordinateur afin qu'il puisse écrire en classe. Aucune de ses demandes ne sera prise en compte. « Je ne savais pas que c'était délibéré », précise-t-elle. Un jour, en fin de deuxième année, Carla va chercher son fils à l'école et est abordée par une élève qui lui crie, enthousiaste : « Axel, il va avoir une machine à écrire ! » Carla est sous le choc, effondrée d'avoir été ainsi trahie. « Un enfant qui n'a pas la maîtrise de ses doigts pour écrire peut encore moins taper sur de telles touches, s'indigne-t-elle. Physiologiquement, ce n'est pas envisageable. » L'ordinateur lui sera toujours refusé sous divers prétextes. Serait-ce parce que, dans l'esprit de Rudolf Steiner, toute technologie moderne est l'œuvre d'Ahriman, démon du matérialisme ? Carla ne le saura jamais.

Pourtant, la mère ne songe pas, à ce stade, à retirer son enfant de l'école. « Mon fils ne savait absolument ni

1. Rudolf Steiner, *Conseils : réunions avec les professeurs de l'école Waldorf de Stuttgart*, Fédération des écoles Steiner-Waldorf en France, 2005.

lire ni écrire. Je pouvais le mettre où ? Je n'avais aucune issue. » À la rentrée de la troisième classe (équivalent du CE2), un nouvel arrivant vient remplacer deux enseignantes qui sont tombées enceintes au même moment. La cinquantaine, pur produit des écoles Steiner-Waldorf – il enseigne même en centre de formation et donne des conférences sur l'éducation –, Philippe G.[1] est présenté comme le sauveur de l'école. Dès son arrivée, il change les règles : désormais, les élèves devront vouvoyer leurs professeurs. Le premier jour, il prend Carla à partie devant les autres parents : « Axel, il ne faut pas qu'il profite de son handicap. »

Là où les parents de l'école vénèrent Philippe G., les élèves se mettent immédiatement à le détester. Un jour, la mère d'une élève appelle Carla pour lui signaler que l'enseignant frappe Axel. Le garçon confirme : à plusieurs reprises, Monsieur G. lui aurait administré de violentes gifles. « C'est parce que je courais moins vite que les autres », ajoute-t-il. Carla fait remonter les faits à la direction et une réunion s'organise. Philippe G. aurait alors admis avoir frappé Axel ainsi que deux autres élèves, dont un autiste, tout en minimisant la force des coups et en les justifiant par la turbulence de sa classe. La réunion ne donne lieu à aucun procès-verbal ni aucune mesure. La mère se retrouve isolée des autres parents et Axel continue d'être malmené. « J'ai recueilli plusieurs témoignages du même acabit, avec des violences sur enfants, pas forcément par l'enseignant, nous confie notre source proche de la Miviludes, qui a suivi le dossier de Carla. C'est ce qui est impressionnant : des témoins qui ne se connaissent pas, ne sont pas allés dans les mêmes écoles, rapportent les mêmes faits avec les mêmes conséquences. Ce qui est décrit,

1. Son nom a été modifié pour préserver son anonymat.

c'est systématiquement une manière de faire pression très sibylline. »

Démunie, Carla décide de s'adresser à la Fédération des écoles Steiner-Waldorf en France, dont l'école des Rythmes est membre, en détaillant par le menu les violences dont Axel fait l'objet. Une première réponse lui est envoyée, indiquant que le problème va être pris en charge. Puis plus rien. La mère relance. Dans un courrier daté du 6 juillet 2015 que nous avons pu consulter, Henri Dahan, alors délégué général de l'institution, assure Carla de sa sollicitude mais se dédouane de toute responsabilité : « La Fédération des écoles Steiner-Waldorf condamne tout châtiment corporel, tout comme chacune des écoles affiliées. [...] La gestion du personnel de l'école reste de son entière responsabilité. Ce n'est que dans le cas où s'établit malgré tout, dans une école, une situation contraire à l'éthique de notre mouvement, que la Fédération a le pouvoir de suspendre l'affiliation de celle-ci[1]. »

Au début de la quatrième classe, alors que Philippe G. n'avait signé un contrat que pour un an avec l'école, Carla a la mauvaise surprise de constater qu'il y est toujours enseignant. Elle décide alors de retirer Axel de l'école des Rythmes. Comme si la mère avait commis une faute impardonnable, l'équipe pédagogique lui interdit d'y remettre les pieds. « J'étais déstabilisée et, quelque part, j'avais perdu mon libre arbitre. Le niveau de manipulation mentale a été spectaculaire. »

Pour elle comme pour son fils, le préjudice de ces « années noires » est lourd et les séquelles profondes.

1. Henri Dahan n'a finalement pas répondu à notre demande d'interview, après en avoir pourtant accepté le principe lors d'un échange de SMS les 15 et 18 mai 2021.

En trois ans de scolarité, elle a dû débourser environ 10 000 euros. Pour s'extraire de sa dépression, elle enchaîne les séances de thérapie, doit arrêter de travailler pendant près de deux ans. Axel, lui, fait une phobie scolaire, se plaint de maux de ventre, consulte un psychologue et doit même être hospitalisé plusieurs semaines. « Il avait intégré ce qu'on lui disait, que c'était de sa faute s'il était handicapé », raconte sa mère.

À l'automne 2015, Carla a déposé une plainte avec constitution de partie civile contre Philippe G. pour violences sur mineur handicapé par personne ayant autorité et contre l'école des Rythmes et sa secrétaire en charge de la surveillance des récréations pour omission de porter secours, d'après un courrier au procureur de la République que nous avons pu consulter. Seule la plainte contre Philippe G. a été instruite. Le 15 octobre 2020, lors d'un procès devant le tribunal judiciaire, le parquet a requis contre l'enseignant six mois de prison avec sursis et trois ans d'interdiction d'approcher des enfants. Le mois suivant, le 19 novembre, Carla nous apprend qu'il a finalement été relaxé. « Les faits ont été requalifiés en incident en réponse à un comportement de débordement qui n'a jamais excédé le pouvoir disciplinaire dont disposait l'enseignant, nous raconte-t-elle, amère[1]. Les faits n'ont pas été confirmés, ni par les autres parents ni par le personnel de l'école. Ils se sont couverts les uns les autres. »

1. Entretien avec les auteurs, le 19 novembre 2020.

9

L'école de la ministre

18 mai 2017. Tout juste élu président de la République, Emmanuel Macron vient d'annoncer la composition de son premier gouvernement. Directrice des éditions Actes Sud, Françoise Nyssen est nommée ministre de la Culture. Au micro de BFM TV, Jean-Luc Mélenchon, depuis Marseille où il est candidat à la députation, étrille le choix d'une «ministre de la Culture plus ou moins liée aux sectes», ajoutant, avec son panache habituel : «On est revenus directement au Moyen Âge, on n'a jamais vu autant de gens défenseurs d'autant de vieilleries à la fois.»

Des cris d'orfraie se font entendre en réaction à cette sortie médiatique. Sur son blog, Romain Blachier, membre de l'équipe Culture d'Emmanuel Macron, accuse le fondateur de La France insoumise d'avoir «diffamé pour raisons politiciennes» la nouvelle ministre[1]. Différents médias «fact-checkent» la déclaration : pour le site Arrêt sur images, l'homme politique a «parlé un peu trop vite» et s'est «quelque peu emballé»[2]. Circulez, il n'y a rien à voir?

1. Archives du site Internet romainblachier.fr, site supprimé depuis.
2. Juliette Gramaglia, «Non, Françoise Nyssen, ministre de la Culture, n'est pas "liée aux sectes"», Arrêt sur images, 18 mai 2017.

Pour comprendre les fondements de l'accusation de Jean-Luc Mélenchon, il nous a fallu nous pencher sur le passé de l'éditrice. Car Françoise Nyssen est une femme meurtrie[1]. En 2012, son fils Antoine, issu de son union avec Jean-Paul Capitani, qui lui a succédé à la tête d'Actes Sud après sa nomination au gouvernement, s'est donné la mort à l'âge de 18 ans. Précoce, dyslexique et dyspraxique, il rencontre de grandes difficultés scolaires. « Antoine fut un laissé-pour-compte, explique Françoise Nyssen au *Monde*[2]. Il n'y avait pas de chemin pour lui [dans l'Éducation nationale]. » Durant un an, il va trouver refuge au sein de l'école Steiner-Waldorf de Sorgues dans le Vaucluse. « Nous avons observé à Sorgues des gens qui se posaient des questions, décrit la ministre, élogieuse. Et nous avons apprécié l'intelligence de leur démarche. »

C'est là-bas qu'elle fait la rencontre d'Henri Dahan, directeur de l'école, qui prendra la tête de la Fédération des écoles Steiner-Waldorf en France. Il deviendra aussi le premier directeur pédagogique de l'école qu'elle créera en septembre 2015, le Domaine du possible.

C'est le premier contact de l'éditrice avec l'anthroposophie. Du moins officiellement : en 2008, déjà, les éditions Actes Sud organisaient à Arles un colloque en partenariat avec la Fédération, en présence de l'écrivaine franco-canadienne Nancy Huston, défenseuse acharnée des écoles Steiner[3]. « Quand j'ai été nommée

1. Ni Françoise Nyssen ni son mari Jean-Paul Capitani n'ont répondu à nos demandes d'interview envoyées par mail les 2 et 8 mars puis réitérées par SMS le 22 avril 2021.

2. Benoît Floc'h, « Le Domaine du possible, une école pour "faire bouger les lignes" », *Le Monde*, 10 octobre 2016.

3. Site Internet de la Fédération Pédagogie Steiner-Waldorf en France.

ministre de la Culture, on m'a traitée d'anthroposophe, alors que je ne sais même pas ce que cela veut dire », prétendra Françoise Nyssen dans une interview au *Journal du dimanche* en août 2020[1]. Vraiment ?

Au printemps 2015, deux ans avant de rejoindre le gouvernement, la directrice d'Actes Sud organise trois week-ends de « spiritualité laïque », dans les locaux de la maison d'édition, pour présenter son projet d'école[2]. L'événement a été pensé par Henri et Praxède Dahan, Bodo von Plato, membre du Comité directeur de la Société anthroposophique universelle, sa femme Isis, et Jean-Michel Florin, sommité de l'agriculture biodynamique[3]. Parmi les intervenants, on retrouve Nancy Huston et le sociologue et philosophe Edgar Morin, conseiller officieux de la Fédération Pédagogie Steiner-Waldorf en France d'après l'ancien anthroposophe Grégoire Perra[4]. Bref, tout le gratin de l'anthroposophie.

À l'automne, interrogée par Louis Defèche, rédacteur pour les *Nouvelles de la société anthroposophique* au siège mondial de la Société anthroposophique universelle, le Goetheanum, Françoise Nyssen se confie sur son parcours spirituel : « Je viens d'une famille où régnait l'inverse de la spiritualité, très anticatholique, franc-maçonne, avec des grands-parents très investis là-dedans, dans une Belgique qui luttait contre l'université catholique... J'ai toujours été dans une espèce de ratio-

1. Bruna Basini, « L'ancienne ministre Françoise Nyssen : "Nous vivons dans une société pétrie de politiquement correct" », *Le Journal du dimanche*, 22 août 2020.

2. Louis Defèche, « Partir du point zéro ? "Spiritualité laïque" : chemins vers une spiritualité humaine », *Nouvelles de la société anthroposophique*, septembre-octobre 2015.

3. *Ibid.*

4. Entretien avec les auteurs, le 10 juillet 2020. Lire aussi l'article « Témoignage d'un ancien anthroposophe » publié le 13 juin 2019 sur le site de l'UNADFI, d'après son interview dans *Le Point* du 30 avril 2019.

nalisme et il a fallu un choc, un drame pour que tout d'un coup le voile se déchire et que la spiritualité parvienne au centre de ma vie[1]. »

Mais de quelle spiritualité parle-t-elle au juste ?

L'éditrice aurait été manipulée par le milieu anthroposophique dans un moment de grande vulnérabilité, selon Marc Giroud, formé à la pédagogie Steiner-Waldorf au début des années 1980, aujourd'hui éducateur à Montpellier et fin connaisseur du sujet : « Je la vois plus comme une victime que comme une agissante[2]. »

Lorsqu'elle fait la promotion du Domaine du possible qu'elle a ouvert en 2015, promotion relayée de manière largement positive dans les médias, Françoise Nyssen n'hésite pas à utiliser le nom de son fils. C'est d'ailleurs ce nom qu'elle a choisi pour la structure qui sert à alimenter les finances de l'école, le Fonds de dotation Antoine Capitani. À ce fonds participent généreusement des mécènes de renom comme la Fondation de France, Actes Sud, Hermès ou encore Flammarion. D'après ses comptes, l'école recueille chaque année plusieurs centaines de milliers d'euros de dons – jusqu'à 869 799 euros au cours de l'année scolaire 2018-2019, d'après ses comptes qui sont publics. Parmi les parents d'élèves capables de débourser jusqu'à 6 200 euros par an, on compte un banquier de New York, un prix Goncourt et une vedette de cinéma[3]. La journaliste et ancienne directrice de France Culture Laure Adler, amie

1. Louis Defèche, « Partir du point zéro ? "Spiritualité laïque" : chemins vers une spiritualité humaine », *Nouvelles de la société anthroposophique*, septembre-octobre 2015.

2. Entretien avec les auteurs, le 28 juillet 2020.

3. *Ibid.*

proche de Françoise Nyssen et présidente de l'Association du Méjan fondée par le couple Nyssen-Capitani, anime à l'école des ateliers de philosophie.

À l'image de nombre d'écoles Steiner, le Domaine du possible est situé dans une ferme au milieu de la campagne mise à disposition par Jean-Paul Capitani, route de la Volpelière, à quelques kilomètres du siège d'Actes Sud, à Arles. Interrogée sur son école par *Le Monde*, Françoise Nyssen fustige «l'idéologie de l'école en France» et le «déni d'égalité sous prétexte d'égalitarisme» qui auraient coûté la vie à son fils[1]. Les élèves de sa nouvelle structure, âgés de 3 à 16 ans, seront éduqués selon un projet pédagogique conçu par Henri Dahan, avec une dose de spiritualité assumée. Pourtant, l'établissement n'est pas étiqueté Steiner. Une précaution due au fait qu'il y a «beaucoup trop de préjugés à l'égard du spiritualisme et contre Steiner en particulier», affirme Jean-Paul Capitani en 2016 dans le journal de la section pédagogique du Goetheanum[2].

*

* *

Flore[3] a été enseignante pour les petites classes à l'école du Domaine du possible, qu'elle a quittée en 2017. Loin de tout esprit de vengeance, son témoignage rare et précieux, précis et dépassionné également, nous est de suite apparu comme solide et étayé. Il permet de savoir ce qui s'est réellement joué entre ces murs. «C'était complètement Steiner, soutient-elle

1. Benoît Floc'h, «Le Domaine du possible, une école pour “faire bouger les lignes”», *op. cit.*

2. Jean-Baptiste Malet, «L'anthroposophie, discrète multinationale de l'ésotérisme», *op. cit.*

3. Son prénom a été modifié pour préserver son anonymat.

aujourd'hui[1]. Quand j'ai été embauchée, on m'a donné un livre sur le jardin d'enfants Steiner. Plus de la moitié des instituteurs étaient passés par une formation payante qui était délivrée par Praxède et Henri Dahan. Il y avait un dénigrement systématique de l'Éducation nationale, dont il était encouragé de se moquer. »

Les croyances issues des thèses anthroposophiques, comme celle selon laquelle l'enfant ne doit pas apprendre à lire avant d'avoir perdu ses dents de lait, y seraient présentées comme des vérités[2]. On y retrouverait les rituels steineriens, des cours d'eurythmie à la Spirale de l'Avent.

Maxime[3] a lui aussi été professeur au Domaine du possible pendant quelques mois, à la fin de l'année 2017. Il se souvient de la volonté d'apprendre aux élèves comment prier les saints et le Christ cosmique, d'un livre sur « comment se soigner par les pierres » dans la bibliothèque, d'un autre intitulé *L'Évolution divine. Du Sphinx au Christ* dans la salle des professeurs, écrit par un proche de Rudolf Steiner, des visites régulières de l'anthroposophe haut placé Bodo von Plato pour « donner ses indications dans les choix pédagogiques de l'école ». Mais aussi de l'importance de la Spirale de l'Avent, expliquée par un cadre de l'établissement : « Il a dit que l'être humain rentrait dans l'hiver, que nous étions comme une plante dans la terre, qu'il fallait un temps de mort pour arriver vers la renaissance, la sortie vers la lumière. » Selon l'enseignant, ces allusions spirituelles sont alors assumées par l'équipe péda-

1. Entretien avec les auteurs, le 13 octobre 2020.

2. En l'absence de toute coordonnée d'adresse mail sur son site Internet, le Domaine du possible n'a pas répondu à notre demande d'interview, envoyée par SMS le 15 mai 2021.

3. Son prénom a été modifié pour préserver son anonymat.

gogique, qui se sent « ultra-protégée » par la présence de Françoise Nyssen au gouvernement.

Les témoignages de Flore et Maxime viennent appuyer les révélations faites en juillet 2018 dans les colonnes du *Monde diplomatique*[1]. Au cours de sa visite de l'école, le journaliste Jean-Baptiste Malet dit avoir découvert des ouvrages de pédagogie Steiner, des emplois du temps annonçant des leçons d'eurythmie, une armoire à pharmacie contenant des « médicaments anthroposophiques » ou encore des cahiers de dictées évoquant des mythes médiévaux et des dieux. « Les profs disent qu'ici ce n'est pas une école Steiner, mais c'est 100 % Steiner », lui glisse une élève de seconde. « Je suis en école Steiner depuis que j'ai 8 ans. Mes parents ont déménagé pour m'inscrire ici. Et, franchement, c'est le même délire. On fait exactement les mêmes choses que dans une école Steiner. »

Un jour, en réunion de professeurs, Flore s'inquiète du cas d'une petite fille qui présente des signes de troubles du spectre autistique. « On nous a expliqué qu'on savait très bien que l'autisme était un virus venu d'une autre planète », se souvient-elle, encore effarée par cette scène. D'après Maxime, les pédagogues se référaient aux élèves ayant des besoins spécifiques avec un code couleur : « Ils dressaient un portrait type avec des couleurs, il n'y avait pas de termes scientifiques ou médicaux. » Comme dans d'autres écoles Steiner, la grande majorité des élèves ne seraient pas vaccinés.

Mona[2], qui a enseigné au Domaine du possible dès l'ouverture de l'école et qui y a scolarisé ses enfants, décrit une méfiance vis-à-vis de la médecine conven-

1. Jean-Baptiste Malet, « L'anthroposophie, discrète multinationale de l'ésotérisme », *op. cit.*

2. Son prénom a été modifié pour préserver son anonymat.

tionnelle : « Ils ne m'ont jamais demandé le carnet de santé, il n'y a jamais eu de visite médicale à l'école, ils ne m'ont jamais imposé quoi que ce soit niveau vaccins. Quand les enfants se faisaient mal, on appelait les pompiers ou on donnait de l'Arnica mais on ne donnait jamais de Doliprane[1]. » La professeure, mise à l'écart, d'après elle, par le reste du corps enseignant, a quitté l'école en 2018 et en subit encore aujourd'hui les séquelles : « Ils m'ont vidée, épuisée. C'était la boule au ventre tous les matins, je ne voulais plus y aller. Ce n'est qu'aujourd'hui que je commence à avoir envie de travailler de nouveau, mais dans un autre secteur. Depuis 2018, je suis au chômage ou au RSA. »

Depuis ses débuts, l'école du Domaine du possible nourrit l'ambition de décrocher un contrat avec l'État pour pouvoir payer ses frais de fonctionnement, comme c'est le cas de certaines écoles Steiner. Elle y est finalement parvenue en 2020, avec l'aide de deux anciens députés et recteurs d'académie. « D'autres personnes n'auraient pas eu l'agrément aussi vite », estime une source proche de la Miviludes[2]. Françoise Nyssen a- t-elle utilisé ses réseaux politiques pour accélérer les choses ? Flore se remémore un épisode qui accrédite cette thèse. Un jour de septembre 2017, elle apprend que le ministre de l'Éducation nationale Jean-Michel Blanquer, ami de Françoise Nyssen, doit venir visiter l'école. « Certains disaient qu'il pourrait peut-être aider l'école à griller les étapes pour pouvoir être agréée. On avait besoin d'un d'agrément immédiat pour des raisons financières, parce qu'il fallait prendre en charge le salaire des profs. »

1. Entretien avec les auteurs, le 21 juin 2021.
2. Entretien avec les auteurs, le 15 septembre 2020.

Le ministre doit passer la nuit chez le couple Nyssen-Capitani et se rendre au Domaine du possible le lendemain[1]. Mais, sur le chemin, il est appelé par le président de la République ; un ouragan frappe les Antilles et il doit l'accompagner en déplacement. Plus tard, un de ses proches de l'académie de Montpellier viendra inspecter l'école. « Il est venu pour faire soi-disant une inspection, mais ils n'ont rien inspecté... », se souvient l'enseignante.

D'après plusieurs sources, quatre ou cinq rapports d'inspection ont été rendus sur le Domaine du possible, dont un seulement aurait été défavorable. « L'école n'est pas du tout suspectée de dérive sectaire, assurait dans *Le Monde* le recteur de l'académie d'Aix-Marseille en 2016[2]. S'il y avait quelque chose, nous le saurions tout de suite. »

Nous nous sommes bien entendu mis en quête de ces rapports d'inspection. Sollicitée par mail, l'académie d'Aix-Marseille n'a accepté de nous envoyer qu'une lettre du recteur adressée au nouveau directeur de l'école après le départ d'Henri Dahan, lettre datée du 4 juin 2019[3]. Le ton est globalement positif mais certains reproches sont tout de même formulés : un usage insuffisant des outils numériques et le manque de diplômes de certains professeurs d'origine étrangère. Une amie inspectrice académique de Maxime lui a expliqué : « Les inspecteurs ont tellement peur des anthroposophes et de leur puissance qu'on ferme notre clapet, on n'écrit rien de négatif. » Devant cette réponse pour le moins incom-

1. Jean-Michel Blanquer n'a pas répondu à notre demande d'interview, envoyée par mail le 15 mai puis réitérée le 27 mai 2021.

2. Benoît Floc'h, « Le Domaine du possible, une école pour "faire bouger les lignes" », *op. cit.*

3. Réponse envoyée aux auteurs par mail le vendredi 7 mai 2021.

plète de l'académie d'Aix-Marseille, nous avons saisi la Commission d'accès aux documents administratifs, qui a estimé dans un avis, en juin 2021, que « les rapports d'inspection sollicités [...], s'ils existent, constituent des documents administratifs communicables à toute personne qui en fait la demande », invitant le rectorat à nous les communiquer[1]. Au mois d'août, ce n'était toujours pas chose faite.

Selon Flore, une inspection sérieuse au Domaine du possible aurait permis de révéler des problèmes bien plus graves, qui auraient pu mettre en péril le futur agrément de l'école[2] : « On a eu beaucoup de problèmes de sécurité dans l'école. Dans le jardin à l'extérieur de l'école, on avait une mare très profonde sans barrière, les petits enfants auraient pu tomber dedans. On a eu un petit départ de feu dans une classe parce que l'électricité avait été faite à bas coût, ils n'avaient pas mis les fils adéquats. Il y avait de la fumée, ça sentait le brûlé. Les pompiers sont intervenus, ils ont évacué la classe. Le bâtiment était en bois. Il faut savoir que dans la philosophie Steiner, les règlements, c'est pour les gens qui sont bêtes. On apprend aux enfants que ce sont des êtres supérieurs : parce qu'ils sont en école Steiner, ils n'ont pas besoin de suivre le règlement. »

Comme dans d'autres écoles Steiner-Waldorf, les récréations ne seraient pas surveillées, ajoute Maxime : « La surveillance des gosses était nulle. Les professeurs se retrouvaient devant la salle des profs et discutaient.

1. Réponse envoyée aux auteurs par mail le 29 juin 2021.

2. Dans un mail en date du 25 mai 2021, l'académie d'Aix-Marseille a décliné notre demande d'interview concernant les inspections effectuées au Domaine du possible, demande envoyée par mail dix jours plus tôt.

Les enfants pouvaient se casser la gueule, il n'y avait personne. »

*
* *

Lorsqu'elle a été nommée ministre de la Culture, Françoise Nyssen s'est faite plus discrète sur ses liens avec le milieu anthroposophique : « Françoise Nyssen est heureusement une femme ouverte d'esprit, estime Bodo von Plato, interrogé par le *Monde diplomatique* en juillet 2018[1]. Nous sommes devenus amis. J'ai été très heureux lorsqu'elle a été nommée ministre de la Culture. Je lui ai envoyé un SMS pour lui dire : “Il faut peut-être qu'on interrompe notre contact maintenant.” Elle m'a aussitôt répondu un texto avec un petit cœur, qui disait : “Voyons, ne sois pas fou !” »

Au-delà de la défense des intérêts de son école, certains acteurs de la lutte contre les dérives sectaires soupçonnent que la présence de Françoise Nyssen au gouvernement a pu jouer un rôle dans le rattachement de la Miviludes au ministère de l'Intérieur. En novembre 2019, Georges Fenech dénonçait sur CNews l'« influence dans des lieux de pouvoir et de décision » de « certains réseaux et certains mouvements » sur ce choix politique. Lorsque nous l'interrogeons, début mars 2021, afin de savoir à quels mouvements il faisait référence, l'ancien président de la Miviludes nous répond sans ambiguïté, un sourire en coin : « Vous le savez bien. Il y a un mouvement qui s'est particulièrement diffusé dans certains milieux et cer-

1. Jean-Baptiste Malet, « L'anthroposophie, discrète multinationale de l'ésotérisme », *op. cit.*

tains domaines. Je pensais plus particulièrement à l'anthroposophie[1]. »

Son successeur à la tête de la Miviludes, Serge Blisko, nous affirme qu'aucune pression n'a été exercée sous sa présidence mais ne nous cache pas que certaines questions auraient pu se poser : « Nous n'avons jamais eu de remarque là-dessus, je peux en témoigner. Nous nous sommes astreints à une certaine prudence publique : nous n'allions pas dénoncer une ministre. En plus, la dérive était très complexe. Ce qui a amené Françoise Nyssen à créer cette école est quand même assez lourd. Il faut aussi respecter la vie des gens[2]. »

Pourtant, dans un mail daté du 11 février 2019 et adressé à un détracteur de l'anthroposophie que nous avons pu consulter, Serge Blisko écrit, à propos de la médecine anthroposophique : « Sur les conseils du cabinet du Premier ministre, nous devons rester en *standby* sur cette question. » En clair, Matignon lui demande de ne pas faire de vagues ! Référence au procès perdu par la Miviludes contre les représentants de la médecine anthroposophique en 2018 ou volonté de ne pas froisser les amis de Françoise Nyssen ?

*

* *

Vingt ans avant Françoise Nyssen, c'est une autre femme proche de l'anthroposophie, au parcours étrangement similaire, qui s'est vue accusée de faire de l'entrisme dans le milieu de la lutte contre les dérives sectaires.

Adhérente depuis 1984 à l'UNADFI, Janine Tavernier, aujourd'hui décédée, en est devenue la présidente

1. Entretien avec les auteurs, le 4 mars 2021.
2. Entretien avec les auteurs, le 16 février 2021.

en 1992. Elle avait commencé à militer pour aider son mari à quitter un mouvement New Age à tendance sectaire. Mais voilà, ses enfants et ses petits-enfants sont scolarisés en école Steiner. « Ce qui m'ennuyait, c'était l'objectivité qu'elle pouvait avoir en tant que personne qui défendait ses intérêts de croyante », raconte une ancienne présidente d'une des ADFI locales[1]. Alors que le premier rapport parlementaire sur les dérives sectaires de 1995 excluait d'office l'anthroposophie, le rapport de 1999 sur « les sectes et l'argent » s'intéresse au mouvement ésotérique, estimant qu'il jouit d'une « grosse fortune » : les parlementaires évaluent alors son parc immobilier à 33 millions de francs, les recettes annuelles de la Nef, banque d'inspiration anthroposophique, à 800 000 francs, et les recettes des établissements scolaires ou préscolaires à 6 millions de francs.

Une mention qui aurait rendu Janine Tavernier « folle de rage ». Les associations reçoivent à l'époque de nombreux témoignages sur l'anthroposophie, notamment sur les écoles Steiner, ce qui aurait fortement déplu à la présidente de l'UNADFI. Celle-ci se serait alors employée à faire la tournée des antennes locales pour récupérer les dossiers à ce sujet. « J'ai reconnu en Janine Tavernier une victime de bonne foi qui voulait redorer le blason de l'anthroposophie, poursuit cette ancienne présidente d'ADFI. Pour moi, elle était sous emprise. Elle a fait de l'entrisme, elle est allée partout, elle en a parlé à des réunions nationales. Moi, je n'ai pas été docile. Je ne pouvais pas, en tant que présidente d'association, remettre à une personne endoctrinée des dossiers de familles en souffrance. »

Après avoir quitté la présidence de l'UNADFI, Janine Tavernier revient sur cette controverse en

1. Entretien avec les auteurs, le 11 mars 2021.

novembre 2006, dans le quotidien *Le Monde* : « En 2001, je sentais qu'on s'engageait dans une chasse aux sorcières. Plusieurs dérapages ont eu lieu. On m'a reproché de mettre mes enfants dans une école Steiner, ce que, d'ailleurs, je ne regrette pas. Alain Vivien, alors président de la MILS, a commencé à attaquer l'anthroposophie, qui inspire les écoles Steiner. Pour ma part, je n'ai aucune attache philosophique, dogmatique, politique ou religieuse. Je suis libre et c'est bien ce qui dérange tout le monde ! J'ose à peine dire que je me soigne à l'homéopathie[1]... »

Treize ans plus tard, c'est son fils Nicolas Tavernier qui monte au créneau, répondant à une interview de Grégoire Perra dans *Le Point*, pour nier tout « endoctrinement » dans les écoles Steiner dont il a lui-même été élève[2]. Il lancera même un appel à témoignages pour défendre l'image de ces établissements.

*

* *

Aujourd'hui, Françoise Nyssen semble avoir remis de l'ordre au sein de l'école du Domaine du possible. En juillet 2018, Henri Dahan a été renvoyé de son poste de directeur pédagogique, à la suite d'inquiétudes émises par certains mécènes sur la pédagogie Steiner, notamment après les révélations dévastatrices du *Monde diplomatique*. Dans une lettre envoyée le 29 septembre 2018 à la Fédération Pédagogie Steiner-Waldorf en France, qui sera publiée sur le blog de Grégoire Perra, il s'offusque et insinue surtout qu'il a été une sorte de

1. Xavier Ternisien, « Janine Tavernier : "Il faut distinguer les mouvements religieux des vraies sectes" », *Le Monde*, 16 novembre 2006.
2. Thomas Mahler, « Non, les écoles Steiner ne sont pas une secte ! », *Le Point*, 11 juin 2019.

bouc émissaire : « Il ne fait désormais aucun doute que les raisons [de mon départ, N.d.A.] sont d'ordre politique. La pédagogie Waldorf fait les frais d'une tentative de sauvetage de la ministre de la Culture. »

Jean-Paul Capitani et l'architecte Patrick Bouchain, un des fondateurs du Domaine du possible, s'expliquent de ce renvoi dans les colonnes du quotidien régional *La Provence*, évoquant une « manipulation » des fondateurs et des enseignants de l'école par les anthroposophes : « Chaque année, je devais faire face à mon lot de profs démissionnaires, raconte l'éditeur. J'ai parlé avec eux et je me suis rendu compte que ces gens ne voulaient pas appliquer la méthode Steiner. Or nous n'avons jamais voulu faire une école dédiée à cette méthode[1] ! » Autrement dit, les professeurs se seraient vus contraints par les Dahan d'appliquer la pédagogie Steiner à leur corps défendant.

« Attention, Rudolf Steiner a développé beaucoup de pratiques intéressantes : la biodynamie, l'homéopathie…, poursuit Jean-Paul Capitani. Mais l'anthroposophie, ce n'est pas mon truc. Il y a quelques années, je suis allé aux rencontres des écoles Steiner à Strasbourg : je voulais comprendre leur pédagogie. Je leur ai demandé de clarifier ce lien avec l'anthroposophie, d'en faire un livre. Il n'est jamais venu ! Ce sont des dogmatiques[2]. » Une interview rare, dans laquelle le mari de Françoise Nyssen paraît se décharger de toute responsabilité en accusant le couple Dahan et le milieu anthroposophique de les avoir manipulés.

Clément Defèche, professeur dans une école Steiner et conseiller auprès de la Fédération, remet en cause

1. Delphine Tanguy, « À Arles, l'école de Françoise Nyssen dans la tourmente », *La Provence*, 18 septembre 2018.

2. *Ibid.*

cette version : « Je trouve qu'il y a quelque chose qui est un peu ambigu de la part de l'école du Domaine du possible. Ils ont embauché plein de pédagogues Steiner-Waldorf, qui font leur métier. J'ai eu l'impression d'un petit règlement de comptes, d'affaires internes, de désaccords. Parler de manipulation, c'est quand même assez incroyable[1]. »

Un point de vue étayé par celui de Lucie Iskandar, coordinatrice à la Fédération Pédagogie Steiner-Waldorf en France : « Il y a eu plusieurs livrets qui ont été faits autour de l'école, édités par Actes Sud. Le premier livret est très clair sur le projet pédagogique. Après, qu'ils aient eu des différends avec Henri Dahan, ça peut tout à fait se comprendre. J'ai eu l'occasion d'échanger avec Françoise Nyssen et elle n'a rien contre la pédagogie en tant que telle, qu'elle reconnaît toujours comme une pédagogie qui propose quelque chose de qualité[2]. »

L'ancienne ministre de la Culture n'aurait d'ailleurs pas complètement rompu avec la doctrine anthroposophique, y compris pour ce qui est de son projet pédagogique. D'après Flore et Grégoire Perra, lequel évoque un « ménage temporaire et de façade », plusieurs enseignants proches de la pédagogie Steiner-Waldorf continueraient d'enseigner au Domaine du possible.

En parallèle de l'école, Françoise Nyssen a développé un autre projet, un « centre de formation et de recherche dédié à l'agroécologie » : l'Université Domaine du possible, qui a accueilli ses premiers stagiaires à l'automne 2018. On y délivre toujours, en 2021, une formation à l'« apiculture biodynamique ».

1. Entretien avec les auteurs, le 27 mai 2021.
2. Entretien avec les auteurs, le 27 mai 2021.

Son comité scientifique compte de grands noms de la biodynamie, versant agricole de l'anthroposophie, comme Lydia et Claude Bourguignon, qui défendent ardemment cette méthode, mais surtout Jean-Michel Florin, coordinateur du Mouvement de l'agriculture biodynamique et codirecteur de la section d'agriculture de l'Université libre de science de l'esprit du Goetheanum. Ce dernier a d'ailleurs préfacé deux ouvrages sur la biodynamie… édités chez Actes Sud.

Comme tous les adeptes de l'anthroposophie, il croit à des forces surnaturelles qui régiraient le monde : « Il ne faut pas imaginer que ce monde suprasensible est lointain et diffus[1]. »

1. Jean-Michel Florin, *Opuscule sur la biodynamie*, Amyris, 2016.

10

Au village perché

Des maisons en pierre et quelques yourtes s'accrochent fermement au flanc du vallon.

La pente des montagnes dessine une cuve, donnant l'illusion que rien n'existe en dehors du village. Ici, la couverture réseau est quasiment nulle ; il y a quelques années, les habitants ont refusé l'installation d'une antenne téléphonique pour se protéger des ondes.

En longeant les forêts de pins sur le chemin qui nous emmène à Éourres, à 1 000 mètres d'altitude, nous remarquons, dans un champ, un visage sculpté sur un rondin de bois, avec un symbole occulte en forme de « V » inversé gravé sous son sourire endormi. À l'entrée du village, alors que nous photographions des bois de cerf accrochés à une habitation, un vieil homme nous interpelle, l'air méfiant. Il nous questionne sur les raisons de notre présence en pianotant sur son téléphone portable. Notre style urbain, nos lunettes de soleil et notre appareil photo autour du cou attisent forcément la curiosité dans cette petite commune rurale de 140 habitants, au fin fond des Hautes-Alpes. Nous bredouillons des explications sur un court séjour touristique.

Il faut s'enfoncer un peu plus dans le village pour croiser les premiers véritables signes de vie. Il est bientôt midi mais, ici, le temps semble suspendu. De jeunes adultes s'envoient un ballon ou boivent du thé au soleil, profitant de l'azur immaculé en ce magnifique lundi de la fin mars 2021. La circulation en voiture est interdite. Des panneaux solaires recouvrent entièrement le toit de la mairie. Un écovillage ordinaire, en somme.

À Éourres, nous le comprendrons vite, il faut tendre l'oreille, être attentif aux détails et gratter sous la surface pour saisir ce qui se joue réellement. Des habitants sont postés devant la Biocoop, seul magasin du village – et seul lieu où l'on verra des masques, alors que la troisième vague de Covid-19 bat son plein. Tandis que nous attendons notre tour pour faire nos courses, masque sur le nez, le visage baigné de soleil, une habitante à la silhouette frêle et aux cheveux gris s'approche de nous.

« Faites attention, vous allez avoir un carré blanc avec votre masque !

— C'est vrai que personne ne porte de masque ici, répondons-nous en le retirant.

— Vous savez, le virus est très virulent… uniquement pour ceux qui y croient. On pense différemment, ici. »

En ressortant de chez Biocoop, la villageoise nous explique qu'elle déteste porter le masque, qui la « désaxe ». Alors qu'elle s'apprête à rentrer chez elle, nous lui demandons s'il y a des endroits où déjeuner dans le village. Nous suivons notre nouvelle amie dans la rue qui mène aux sommets, là où une église fermée et une grande croix chrétienne en bois entourée de pierres disposées en cercles surplombent le vallon – c'est là, nous a-t-on dit, que se tiennent les rituels de la pleine lune. Nous découvrons Le Lézard vert, restaurant qui abrite une bibliothèque et sert aussi de cantine aux enfants de l'école. La cuisinière, Doris[1], jeune brune à lunettes, passe une tête sur la terrasse. Il est trop tard pour un repas mais, si nous revenons le lendemain, nous aurons droit à un déjeuner végétarien, bio et local pour la modique somme de 5 euros par personne. L'affaire est entendue.

C'est le témoignage d'une ancienne habitante qui nous a alertés, nous décidant à passer deux jours dans cette contrée reculée, à une heure de route de Gap, sous de fausses identités. Son expérience, marquée par l'emprise, la méfiance et même une certaine violence, donne à voir une tout autre image du village que celle que renvoient généralement les médias.

*

* *

À l'été 2018, Marianne[2], 45 ans, est chamboulée par une séparation difficile avec le père de son fils et cherche à s'éloigner de la ville. C'est alors qu'elle tombe sur Internet sur le nom d'Éourres, dans la vallée de la Méouge. Le site de la mairie vante un « village d'initiatives », qui « fait le pari de respecter des valeurs en lien avec le respect de la nature et de l'être humain ».

« Quand j'ai vu que ce petit village se disait alternatif, avec un mode de vie basé sur le maraîchage, je n'étais pas inquiète », raconte la quadragénaire[3]. L'école de la commune, privée mais sous contrat avec l'État, dit s'inspirer des pédagogies Montessori, Freinet et Stei-

1. Son prénom a été modifié pour préserver son anonymat.
2. Son prénom a été modifié pour préserver son anonymat.
3. Entretien avec les auteurs, le 17 juillet 2020.

ner. Elle pourra y mettre son fils de 2 ans et demi. « J'ai foncé tête baissée, un peu trop vite », regrette-t-elle deux ans plus tard.

Elle s'installe dans un appartement communal à côté de la mairie. Rapidement, la jeune mère perçoit l'hostilité des habitants à son égard. Sa « rythmique citadine » leur déplaît ; elle retourne fréquemment voir ses amis à Gap et ne s'implique pas pleinement dans la vie du village. Même son style vestimentaire ne passe pas, par exemple lorsqu'elle ou son fils portent des T-shirts Batman, Disney, Nirvana ou Iron Maiden. « On m'a dit que je véhiculais des énergies négatives, que j'appelais du Mal, de la négativité. On m'a fait comprendre très vite qu'il y avait des gens qui n'étaient pas faits pour rester au village, parce que leur taux d'énergie est beaucoup trop bas. Le village a une charge énergétique, qui protège les gens qui sont là-haut pour ascensionner[1]. Moi, je n'avais pas ma place parmi eux, je ne faisais pas partie de leur monde, j'étais plutôt du côté des démons. Les démons de la société de consommation. » On lui reproche également de ne pas être à la Nef, banque d'inspiration anthroposophique.

Louise[2] a elle aussi fait les frais de cette intolérance concernant son manque d'adhésion aux principes de l'anthroposophie. La sexagénaire n'a revendu que récemment ses terrains à Éourres, achetés dans les années 1980. Sceptique, comme Marianne, quant aux tendances ésotériques du village, elle s'est à l'époque retrouvée ostracisée : « Vous ne savez pas que vous êtes sous une forme d'emprise, nous décrit-elle[3]. C'est un peu comme quand vous êtes harcelé en entreprise : vous

---

1. « Ascensionner » est un terme du vocabulaire New Age qui signifie se rapprocher de la vérité.
2. Son prénom a été modifié pour préserver son anonymat.
3. Entretien avec les auteurs, le 11 juin 2021.

êtes dans le brouillard. J'étais mal à l'aise partout, on me faisait des réflexions bizarres, sur mes cheveux frisés, je ne comprenais pas. En fait, c'était une référence à Steiner. »

À l'école aussi, des problèmes commencent à survenir. Marianne réalise peu à peu que seule la pédagogie de Rudolf Steiner est réellement appliquée. Il y a les paroles de l'occultiste récitées le matin, les cours d'eurythmie, les fêtes religieuses et saisonnières. « Il y a une dimension religieuse qui est flagrante mais qui n'est pas dite », décrit la jeune mère.

Dans le village, comme dans beaucoup de communes de cette taille, il n'y a pas de pharmacie. Pour trouver un médecin ou un psychologue, il faut se rendre à Laragne, à 26 kilomètres de là. Les habitants se soignent aux médecines naturelles et aux soins ésotériques, qui prolifèrent dans le village : homéopathie, chamanisme, dentiste holistique, constellation familiale, Access Bars – une méthode de soin énergétique inventée par un Américain proche de l'Église de Scientologie – ou encore voyance métaformique[1]. « La plupart du temps, on est d'abord dans une démarche de soins naturels, à l'homéopathie, aux huiles essentielles mais tout le monde accepte d'aller dans la médecine conventionnelle quand il y en a besoin », plaide auprès de nous Caroline Yaffee, exploitante agricole et ancienne maire du village[2]. D'après Marianne, pourtant, il serait mal vu

1. La métaformie se présente comme une méthode thérapeutique qui s'appuie sur les énergies et les supposés systèmes vibratoires du corps humain. Elle s'inspire notamment de l'autrice américaine Barbara Ann Brennan, ancienne physicienne à la NASA reconvertie dans le New Age et les soins non conventionnels. D'après certains praticiens, elle permettrait même une forme de voyance.

2. Entretien avec les auteurs, le 30 avril 2021.

pour les parents d'élèves de donner des médicaments à leurs enfants et encore plus de les faire vacciner. « On m'a dit franchement que ce n'était pas une bonne chose d'avoir vacciné mon fils, parce qu'apparemment en le vaccinant je lui avais inoculé des virus qui allaient se développer plus tard sous forme de cancers, de maladies. » Caroline Yaffee, de son côté, affirme que chaque habitant a un rapport différent à la vaccination : « Je peux simplement vous dire que je ne me ferai pas vacciner, en général et contre le Covid-19. J'ai une santé qui me le permet, je ne veux surtout pas en faire une vérité. J'ai de très bons amis qui se font vacciner. »

D'après certains habitants, raconte Marianne, être passée par un juge aux affaires familiales pour se séparer du père de son fils aurait ouvert une « faille karmique énorme », et avoir accouché par péridurale aurait porté atteinte au « corps éthérique » de son fils. Loin de garder leurs réflexions pour les parents, certains villageois, imprégnés des idées steineriennes, de chamanisme et biberonnés aux vidéos des gourous conspirationnistes comme Thierry Casasnovas ou Jean-Jacques Crèvecœur, tenteraient d'embrigader les enfants. Devant eux, ils feraient l'apologie du jeûne, qui nettoierait leur « corps vibratoire », leur suggérant de boire des jus de légumes pour se couper l'appétit. « On leur mettait des notions karmiques en tête : vous êtes réincarnés par choix, ce n'est pas pour autant que vous devez accepter l'autorité de vos parents, vous avez le droit de ne pas être d'accord avec eux », détaille Marianne. À mesure qu'elle découvre le concentré d'ésotérisme, de théories du complot et de pseudo-sciences qui anime le village, la mère célibataire sent le piège se refermer sur elle.

Un jour, de la fenêtre de son appartement qui donne sur la cour de l'école, elle voit son fils se faire bousculer par un enfant de 6 ans. Lorsqu'elle accourt, elle voit une employée de l'école, censée surveiller les élèves du jardin d'enfants, en train de jouer de la flûte sans réagir[1]. « Il y avait toujours cet esprit de karma, les enfants doivent se débrouiller, ils ont leur chemin à faire », explique Marianne. Elle tente d'en parler aux responsables de l'école, qui rejettent aussitôt la faute sur elle. Même le comportement de son fils commence à changer. Il troque son doudou contre un lutin sans visage emprunté à l'école. Un soir, en rentrant, il dit à sa mère : « Maman, je dois arrêter de t'aimer pour m'aider tout seul. » Une phrase soufflée par les jardinières de l'école, confesse-t-il.

Au second semestre, Marianne décide de ne plus l'envoyer à l'école qu'en demi-journée, en attendant de pouvoir quitter le village. Le garçon voit alors cesser ses accès de terreur nocturnes et ses crises d'angoisse au moment d'aller à l'école le matin. Quelques mois avant de partir, sa mère contacte une association de protection de l'enfance ainsi que la Miviludes, où une conseillère qui connaît bien Éourres lui recommande de déposer une main courante à la gendarmerie.

Depuis que Marianne a quitté le village, la Fédération Pédagogie Steiner-Waldorf en France a mis fin à l'affiliation de l'école d'Éourres. « Cette école a, à mon avis, été labellisée un peu vite, parce qu'à mesure qu'il y a eu des rencontres pour voir ce qui se passait sur le terrain, ça ne paraissait pas sérieux, on n'avait pas envie d'appuyer cette équipe pédagogique-là », nous explique Clément Defèche, professeur à l'école Steiner-Waldorf de Colmar,

1. L'école d'Éourres n'a pas répondu à notre demande d'interview, envoyée par formulaire de contact sur son site Internet le 29 avril 2021, en l'absence de toute adresse mail ou numéro de téléphone.

en Alsace, et conseiller auprès de la Fédération[1]. D'après Marianne, les enseignants, les jardinières et même la décoration de l'établissement continuent cependant aujourd'hui de baigner dans l'univers Steiner.

Alors que la jeune femme a réussi à s'échapper du village sans difficulté majeure, de nouveaux habitants continuent d'affluer à Éourres, notamment des jeunes. Le lieu, qui abritait environ 80 personnes il y a une dizaine d'années, compte aujourd'hui 140 habitants. « Ce sont des gens qui viennent de la ville et qui ont envie de trouver un autre cadre, ou qui sont dans des situations de détresse en termes de santé, raconte Frédéric, 43 ans, habitant d'un autre village près de Gap et qui connaît bien Éourres[2]. Ils viennent faire des stages ou chercher une révélation là où la médecine a échoué, là où leur vie les a brisés d'une manière ou d'une autre. Ils entretiennent un espoir et cet espoir est monétisé… » En effet, les stages mentionnés par Frédéric, qu'il s'agisse de stages de bien-être, d'agriculture ou de chamanisme, sont généralement payants.

D'après Marianne, le village compte aussi quelques « mécènes ». Le chanteur Michel Jonasz y a ainsi vécu un temps, prenant des actions dans la maison d'édition de l'ancien maire Yves Michel, Le Souffle d'Or[3]. « J'ai effectivement eu une maison à Éourres il y a une dizaine d'années mais je n'ai jamais eu connaissance de dérives sectaires, nous assure l'artiste[4]. Je ne peux rien dire de plus… »

Une des petites-filles de l'écrivaine Marguerite Yourcenar y est en outre conseillère municipale.

1. Entretien avec les auteurs, le 27 mai 2021.
2. Entretien avec les auteurs, le 2 mars 2021.
3. Xavier Montpied, « Hautes-Alpes : quand Michel Jonasz fréquentait la secte "Communauté d'Éourres" », dici.fr, 6 novembre 2019.
4. Réponse envoyée aux auteurs par SMS le 28 mai 2021.

*
* *

Le petit village des Hautes-Alpes n'a pas toujours été ainsi, aux confins de l'ésotérisme et de l'écologie. En 1962, l'exode rural l'a vidé de ses habitants, qui ne sont plus alors que 17. Dans les années 1970, une communauté New Age du nom de Terre nouvelle se met en tête de repeupler Éourres. De cette époque ne restent que quelques pionniers. Parmi eux, Caroline Yaffee, née Françoise Raynaud, 65 ans, est arrivée dans le village en 1979 à l'âge de 25 ans et s'est mariée à un Américain, Robert. « C'était le retour à la terre, les prémices de ce qui se passe aujourd'hui avec une envie d'une vie simple, d'être en cohérence avec des valeurs de respect de l'environnement, de respect de soi-même, nous raconte-t-elle. Je crois qu'on avait vingt ans d'avance. Il faut être utopiste pour créer un mouvement de changement et on faisait partie de ce mouvement-là. Mais ça n'a rien de sectaire : ça a toujours été extrêmement ouvert, sans aucune orientation religieuse ni volonté de donner un seul point de vue. » À l'époque, la communauté veut notamment s'inspirer de l'écovillage écossais de Findhorn, un des modèles mondialement reconnus des mouvances New Age. La maison d'édition d'Yves Michel crée même une collection à son nom.

Élue en 2001, Caroline Yaffee restera maire du village pendant vingt ans, avant de passer la main en 2020 tout en restant seconde adjointe. Dans une interview vidéo donnée au CICNS[1], farouche opposant à la Miviludes, aujourd'hui disparu, elle raconte la quête de sens qui a animé sa jeunesse : « Aussi bien les nouvelles thérapies que certains écrits religieux et spirituels m'ont aidée à

1. Centre d'information et de conseil des nouvelles spiritualités.

forger ma propre opinion et mon chemin. » Elle regrette que certaines « médecines douces » ne soient pas reconnues, trouve le débat sur le remboursement de l'homéopathie « scandaleux » et explique avoir scolarisé ses enfants en école Steiner. « Au niveau éducation, c'est vrai qu'il n'y a pas une grande tolérance, une grande ouverture par rapport à l'éducation alternative. »

Caroline Yaffee n'habite pas à Éourres même. Fille de l'ancien président-directeur général de l'entreprise d'agroalimentaire Saupiquet, elle a acquis et rénové avec son mari, grâce à une « donation-partage » de son père, le hameau des Damias, à quarante minutes à pied du village, pour en faire une ferme biodynamique et un gîte. En 2011, elle a souscrit à un prêt d'un montant de 60 000 euros auprès de la banque anthroposophique la Nef pour réaliser des travaux dans le gîte[1]. C'est là-bas que nous avons posé nos bagages pour y passer trois nuits et faire chaque jour l'aller-retour jusqu'au village, à travers les forêts de pins.

*

*   *

À Éourres, Marianne a régulièrement entendu parler de l'agriculture biodynamique sans comprendre de quoi il s'agissait. En contrebas du village, sur le portail d'une ferme, nous repérons plusieurs calendriers lunaires. Quelle est cette agriculture dont les habitants d'Éourres semblent cultiver le secret ? Ses origines remontent au début du XIXe siècle. En 1924, l'année précédant sa mort, l'occultiste autrichien et fondateur de l'anthroposophie Rudolf Steiner donne une série de conférences à des partisans, dont un tiers seulement exercent un emploi agricole[2].

1. La liste des prêts 2011 est consultable sur le site Internet de la Nef.
2. John Paull, « Attending the First Organic Agriculture Course :

« Ça lui venait du ciel mais il n'avait aucune compétence particulière, il n'a jamais pratiqué aucune agriculture, explique Jean-Pierre Cambier, qui s'est formé à la biodynamie avant d'en devenir un fervent détracteur[1]. Il prétendait avoir eu des révélations. » Ce *Cours aux agriculteurs* ainsi que des travaux ultérieurs d'anthroposophes ont posé les fondements de la biodynamie. Si cette méthode a été à l'avant-garde de l'agriculture biologique, en refusant l'usage d'engrais et de pesticides chimiques, elle repose avant tout sur les intuitions ésotériques de Steiner. En s'appuyant sur les rythmes lunaires et planétaires, les agriculteurs en biodynamie utilisent des « préparations » comme la « bouse de corne », obtenue en laissant reposer de la bouse de vache dans des cornes, ou bien la vessie de cerf. Celles-ci sont ensuite pulvérisées sur les sols ou transformées en compost.

Ces pratiques, dont l'efficacité n'a jamais été scientifiquement prouvée, ont été en partie sécularisées mais restent traversées de croyances occultes. Dans la préface d'un livre de référence publié en 2015, le vigneron Nicolas Joly évoque les « êtres élémentaux très utiles » à la croissance des plantes[2]. En effet, certaines préparations feraient figure de « sacrifice » aux gnomes, aux ondines ou aux sylphes, dont l'existence serait, d'après Steiner, « niée à notre époque des Lumières, car au stade où nous en sommes, on ne peut pas les voir ». De même, au Congrès d'agriculture biodynamique de 2018 au Goetheanum, où interviennent deux figures majeures de la biodynamie en France, René Becker et Jean-Michel Florin, les deux grandes forces du « mal », respective-

---

Rudolf Steiner's Agriculture Course at Koberwitz, 1924 », *European Journal of Social Sciences*, 2011.

1. Entretien avec les auteurs, le 4 août 2020.

2. Ernst Hagemann, *Êtres élémentaux. Fondements spirituels de la biodynamie d'après Rudolf Steiner*, Libre & Solidaire, 2015.

ment démons du matérialisme et de l'idéalisme, sont évoquées : « Ces deux forces qui vivent dans notre âme, Steiner les nomme Ahriman et Lucifer[1]. »

En matière de surface agricole consacrée à la biodynamie, la France occupe la troisième place du podium mondial derrière l'Allemagne et l'Australie[2]. Un homme a particulièrement participé à son essor : le célèbre paysan, écrivain et conférencier Pierre Rabhi, fondateur du mouvement Colibris. Celui-ci s'est converti à l'agriculture biodynamique dès les années 1960, en lisant les écrits d'un anthroposophe allemand. « J'ai adhéré aux idées de Steiner, ainsi qu'aux principes de l'anthroposophie, et notamment à la biodynamie », raconte-t-il en août 2018 dans le *Monde diplomatique*[3]. En 2019, le label Demeter certifiait 400 producteurs en biodynamie en France, dont deux tiers en viticulture[4]. Les élites économiques et politiques du pays y sont de plus en plus sensibles. Ainsi, Bernard Arnault, patron du groupe de luxe LVMH et deuxième homme le plus riche du monde, a annoncé en 2019 qu'il allait convertir le château d'Yquem, célèbre pour son sauternes, à la biodynamie[5].

Dans la sphère politique, une partie des écologistes est particulièrement perméable à la biodynamie et aux thèses anthroposophiques. Le fondateur des Verts allemands, Gerald Häfner, est un membre influent de la

1. Valéry Rasplus, « Les vignerons·ne·s, entre vins conventionnels et vins bio », AgriGenre, janvier 2021.

2. John Paull et Benjamin Hennig, « A World Map of Biodynamic Agriculture », *Agricultural and Biological Sciences Journal*, vol. 6, n° 2, 2020.

3. Jean-Baptiste Malet, « Le système Pierre Rabhi », *Le Monde diplomatique*, août 2018.

4. « La vraie nature des labels bio », *60 Millions de consommateurs*, n°126S, août-septembre 2018.

5. Denis Saverot, « Yquem prend le virage de la biodynamie », *La Revue du vin de France*, 2 février 2021.

Société anthroposophique universelle[1]. En France, l'eurodéputée verte Michèle Rivasi a participé en octobre 2020 – en visioconférence – à un événement international organisé par des médecins anthroposophes[2]. Elle y cautionnait l'usage du gui pour soigner le cancer, comme le recommandait Rudolf Steiner dès 1917[3]. Cette médecine naturelle, fabriquée par l'entreprise anthroposophique Iscador AG et commercialisée par les laboratoires Weleda, a pourtant été retirée de la vente en France en 2018 après des décès de patients et des condamnations de médecins anthroposophes, qui avaient omis de préciser qu'il fallait poursuivre le traitement conventionnel en parallèle du gui[4]. Pourtant, ce traitement à base de gui fermenté continue d'être recommandé par l'élite de l'anthroposophie, y compris dans sa branche biodynamique. C'était le cas, par exemple, de Nicolas Joly qui, dans une enquête télévisée diffusée en juin 2021, estimait que « la chimio tue[5] ».

Au printemps 2020, le médecin anthroposophe américain Thomas Cowan lançait l'idée, dans une vidéo diffusée sur sa chaîne YouTube – et relayée par Caroline Yaffee, d'après Marianne, aux habitants d'Éourres lorsqu'elle en était maire –, que la pandémie de Covid-19 puisse être due à « un saut quantique dramatique durant les six derniers mois dans l'électrification de la

1. *Ibid.*

2. Michèle Rivasi n'a pas répondu à notre demande d'interview, envoyée par mail le 27 avril puis réitérée le 28 mai 2021. La vidéo de l'événement est disponible sur Internet sur vimeo.com : https://vimeo.com/459287355/bd16b3a5b2. L'intervention de Michèle Rivasi se trouve vers 1 heure 21 minutes.

3. Lire aussi Olivier Hertel, « Les origines ésotériques de la médecine anthroposophique et du médicament Viscum album contre le cancer », *Sciences et Avenir*, 14 mai 2019.

4. Olivier Hertel, « Cancer : Weleda au cœur d'un scandale de la médecine anthroposophique », *Sciences et Avenir*, 14 mai 2019.

5. Martin Weill, *Le Retour des sorciers*, TMC, 9 juin 2021.

Terre », en raison du déploiement de la 5G[1]. Après le colloque d'octobre 2020, la commission santé d'Europe Écologie Les Verts a pour la première fois pris ses distances avec l'anthroposophie, appelant sur son compte Twitter à la « vigilance avec cette mouvance ».

Plus inquiétant, l'influence anthroposophique semble avoir réussi à se hisser jusqu'au plus haut niveau de l'État. Artisan du rattachement de la Miviludes au ministère de l'Intérieur, l'ancien secrétaire général du gouvernement Marc Guillaume entretient une proximité avec l'agriculture biodynamique[2]. Passionné par les vins de Bourgogne, d'où sa famille est originaire, le haut fonctionnaire a beaucoup œuvré pour que les climats du vignoble de Bourgogne soient inscrits au patrimoine mondial de l'UNESCO[3], inscription obtenue le 4 juillet 2015. Dans cette région, la biodynamie, implantée depuis les années 1990, concernerait une trentaine de domaines labellisés[4].

Cette reconnaissance mondiale est le fruit d'un travail acharné, pendant dix ans, de l'Association des climats du vignoble de Bourgogne. Son ancien président, Aubert de Villaine, et son actuel dirigeant, Guillaume d'Angerville, ont tous deux converti leur domaine viticole à la biodynamie[5]. Le premier, affirmant être peu intéressé par la philosophie de Rudolf Steiner, vante pourtant la

1. James Temperton, « How the 5G coronavirus conspiracy theory tore through the Internet », *Wired*, 6 avril 2020.

2. Marc Guillaume n'a pas répondu à notre demande d'interview, envoyée par mail le 27 avril puis réitérée le 28 mai 2021.

3. Patrick Roger, « Marc Guillaume, un haut fonctionnaire précieux », *Le Monde*, 6 mars 2015.

4. « Vins : pourquoi la biodynamie attire de plus en plus de viticulteurs de Bourgogne ? », France 3 Bourgogne-Franche-Comté, 15 septembre 2018.

5. Frédéric Durand-Bazin, « Aubert de Villaine : “Le vin est une composante incontournable de notre culture” », *Le Figaro*, 13 juin 2017. Jacques Dupont, « D'Angerville, l'esprit du volnay », *Le Point*, 19 janvier 2012.

liaison « des énergies telluriques et cosmiques au développement des forces de la vie[1] ». Marc Guillaume leur remettra la Légion d'honneur en 2016.

« Lors de son dernier Conseil des ministres, Marc Guillaume acte le rattachement de la Miviludes au ministère de l'Intérieur, nous glisse une source proche de la Miviludes[2]. C'est le seul fonctionnaire qui y participe. »

De son côté, l'ancien président de la Miviludes Serge Blisko dément toute influence : « J'ai vu Marc Guillaume une fois dans un cadre pratiquement protocolaire. Honnêtement, je n'ai pas eu l'impression que c'était quelque chose qui empêchait le secrétaire général du gouvernement de dormir. On lui envoyait par politesse notre rapport annuel, je crois n'avoir jamais reçu de réponse[3]. »

*
* *

Au hameau des Damias, la pratique de la biodynamie n'est pas immédiatement perceptible. Pas plus que la prégnance de l'anthroposophie et, plus largement, de l'ésotérisme. Sur l'exploitation de Robert et Caroline Yaffee, de jeunes *woofers*[4] creusent une mare en plein soleil, à proximité de trois serres. Il faut se promener un peu sur le domaine pour repérer des ustensiles servant aux préparations biodynamiques, un épais livre d'astrologie sur la table de l'accueil, des pierres disposées en cercles près de la rivière comme nous en avons vu à Éourres ou encore la structure d'une hutte de sudation,

1. Alexandre Abellan, « À la Romanée-Conti, notre biodynamie n'est pas philosophique », vitisphere.com, 25 janvier 2017.
2. Entretien avec les auteurs, le 10 septembre 2020.
3. Entretien avec les auteurs, le 16 février 2021.
4. Le terme *woofer* désigne une personne qui travaille dans une ferme biologique en échange du gîte et du couvert.

construction rituelle d'inspiration nord-amérindienne qui permettrait d'entrer en communication avec les esprits en se faisant transpirer.

Dans la cuisine partagée du gîte, on trouve des cristaux trempés dans un bocal, des prospectus pour des soins alternatifs mais aussi, dans un placard, plusieurs numéros de *L'Esprit du temps*, une revue trimestrielle anthroposophique. « C'est un des courants qui m'ont nourrie, mais ce n'est pas le seul, précise la propriétaire des Damias lorsque nous l'interrogeons sur les idées de Rudolf Steiner. Pour moi, un aspect sectaire, c'est quand on se borne à une vérité, qu'on pense que tous les autres sont dans l'erreur. Or ce n'est absolument pas mon attitude ni celle des gens du village. On est tous en recherche mais en recherche très ouverte et très multidirectionnelle. »

Au retour de notre expédition à Éourres, nous nous retrouvons nez à nez avec Abigaël[1], une quadragénaire aux yeux noisette, un foulard rose noué dans les cheveux. Nous avons fait sa connaissance la veille au soir, en arrivant aux Damias. Avec son compagnon Stéphane[2] et leurs jeunes enfants, elle a posé sa caravane un peu plus haut, il y a tout juste une semaine. La petite famille, qui menait jusque-là une vie « nomade », est « là pour un bout de temps », nous a d'emblée annoncé la mère. Alors qu'elle prépare le dîner, nous nous efforçons de masquer notre embarras. La nuit dernière, depuis notre chambre mitoyenne, nous avons capté des bribes de conversation. La nouvelle arrivante parlait d'Éourres : « Le village fourmille d'activités qui te valorisent. [...] C'est dommage qu'il n'entre pas dans une désobéis-

1. Son prénom a été modifié pour préserver son anonymat.
2. Son prénom a été modifié pour préserver son anonymat.

sance. [...] Parce qu'ils sont dans l'illégalité, il ne faut pas trop que ça se sache.» De quoi parlait-elle ? De la résistance anti-masque des villageois ? Des médecines alternatives qui y fleurissent ? Nous n'en saurons rien.

Le couple a décidé de prendre une année sabbatique. Au bout d'une semaine, déjà, Abigaël ne tarit pas d'éloges sur le mode de vie des Éourriens.

« J'ai attendu toute ma vie de vivre comme ça, répète-t-elle, l'air transfiguré.

— Il y a des médecins dans le coin ? lançons-nous pour changer de sujet.

— Je ne connais pas, ça ne fait qu'une semaine que je suis là. Mais moi, je suis une personne généraliste. Je construis ma maison toute seule, si tu me donnes du terrain, je vais faire pousser mes tomates. Je ne vais pas demander de l'aide à l'extérieur. Je me connais très bien et j'ai des ressources en thérapies naturelles. »

Plus tard dans la soirée, nous l'entendrons, depuis notre chambre, expliquer qu'elle se soigne à l'*Auricularia*, un champignon médicinal en forme d'oreille, et qu'elle refuse de se faire vacciner. « Parce que moi, j'y crois, que le virus a été créé en laboratoire », justifiera-t-elle.

« Donc tu n'as pas besoin de médecin en général ? persistons-nous lors de notre conversation dans la cuisine.

— Moi, je suis pour la prévention, je ne suis pas pour la maladie. Je suis pour maintenir ma santé plutôt que de la foutre en l'air. Je n'ai jamais pris de médicaments de ma vie. Je maintiens mon équilibre, déjà en respirant, en ne rentrant pas dans du stress, en ne faisant pas un métier que je n'aime pas, en n'étant pas avec un gars qui m'insupporte, en élevant mes enfants selon mes principes. Pour moi, le monde, ce n'est pas que de la matière, quoi. C'est de l'énergie aussi. Du coup, je travaille beaucoup en énergétique et je m'autorégule comme ça. Et puis en chantant. Plus tu élèves tes fréquences, moins tu as de maladies possibles, parce que la maladie, c'est des fréquences très basses, donc elles résonnent avec le “mal qui a dit”, avec les basses densités. On ne tombe jamais malade si on est heureux. »

Elle s'arrête un instant, visiblement satisfaite de sa démonstration.

« Après, je ne suis pas parfaite, il y a toujours une couille quelque part mais je trouve toujours un guérisseur. Parce que Dieu est grand et puis moi j'y crois. Je sais qu'on crée sa réalité avec nos pensées, quoi. On est des créateurs, on est faits à l'image du Créateur.

— Tu es catholique ? » rebondissons-nous dans une fausse naïveté.

Difficile de dire s'il s'agit de vexation ou d'étonnement mais notre question semble l'avoir bousculée.

« Non, je ne suis rien de tout ça. Je crois en une force suprême. Je ne la crois pas, en fait, je la vis dans mes cellules, dans mes rencontres intérieures. C'est pour ça qu'il faut méditer, être un peu au calme, sortir des turpitudes de la vie. J'ai beaucoup voyagé, j'ai vu tellement de cultures, de façons de croire en Dieu. Mais toutes se rejoignent, on a tous les mêmes besoins, d'amour, de santé, de nature, de connexion, de vérité. On a tous besoin de justice, d'équité. C'est simple, en fait. C'est juste qu'il y a un Dieu du mensonge qui est arrivé sur la planète il y a longtemps, et qu'on fait grossir avec les médias, qui est nourri par les humains, malheureusement. Donc les humains apprennent à se taire et ont peur de je ne sais pas quoi. »

Ce « Dieu du mensonge » ressemble beaucoup à Ahriman, le démon matérialiste du panthéon steinerien. Une autre discussion, avec Stéphane cette fois, nous permettra d'en savoir plus sur les croyances du couple.

L'homme aux cheveux longs fait l'éloge de Rudolf Steiner, de sa « pédagogie anthroposophique » – à laquelle leurs deux enfants ont goûté – qui « donne une place à la spiritualité » et de la biodynamie, qu'il a étudiée et compare à l'alchimie. Dans la cuisine du gîte, impossible d'arrêter Abigaël dans sa lancée. La question spirituelle semble la passionner.

« On croit qu'on va mourir si on arrête de manger mais ce n'est pas vrai. J'ai un ami qui ne mange plus du tout, depuis longtemps. J'ai fait des stages avec lui et je vois bien que je pourrais me passer de manger. C'est une option. Les gens qui meurent de faim, c'est parce qu'ils croient dans leur esprit que si on ne mange pas, on meurt. Mais c'est une croyance. Tu imagines comme on serait libres si on réalisait qu'on est toute-puissance, que nos pensées créent toute notre réalité ? »

Demain matin, Abigaël et Stéphane ont rendez-vous à Éourres pour essayer de trouver une maison. « On a nos chances, ils favorisent les familles. » Surtout, leur conception de la spiritualité, de la santé, de l'éducation, tout semble coller avec les habitudes des villageois. « C'est la mairie qui maîtrise tout ce qui est terrains constructibles ou pas, ils verrouillent tout, nous a expliqué Frédéric, qui a bien failli s'installer à Éourres lui aussi. S'il y a des gens qui habitent là-bas, qui construisent, ce sont des gens qui sont reconnus et intégrés. » Louise, ancienne habitante, confirme : « Ils veulent maîtriser le foncier. »

Le lendemain midi, nous voilà de retour à Éourres. Sur la terrasse ensoleillée du Lézard vert, une bonne quinzaine de villageois bavardent, le visage à l'air libre. Dans la matinée, il y a eu une grande réunion au village et tout le monde a décidé de partager un repas végétarien concocté par Doris.

« Ça va, les Parisiens ? »

Nous reconnaissons Abigaël et son foulard rose. Nous entreprenons de nous fondre dans le rassemblement. Même l'ancienne maire et propriétaire du hameau des Damias, Caroline Yaffee, est là. Une femme aux vêtements bariolés et aux cheveux blancs se retourne vers nous en entendant des voix nouvelles. Lorsqu'elle nous donne son prénom, nous faisons immédiatement le rapprochement avec la description que Marianne nous en a faite. Jacinthe[1] est un pilier du village. Arrivée il y a trente ans « pour l'école Steiner », c'est notamment elle qui aurait qualifié de « démoniaques » les T-shirts Disney ou Nirvana de Marianne et de son fils.

Jacinthe nous explique que le confinement a fait venir beaucoup de touristes au village, des Parisiens et des artistes surtout. Elle nous questionne sur notre profession et nous répondons, comme nous en sommes convenus, que nous sommes respectivement juriste et communicant.

« Avec votre potentiel, vous pouvez vous mettre au service du renouveau, on en a besoin, dit-elle en hochant la tête comme pour confirmer sa propre analyse. Au service d'une communauté ou d'autres objectifs, plus humains. Pour nourrir autre chose que l'argent.

— Ici, on a l'impression que tout le monde vit les uns pour les autres, abondons-nous.

— On est en lien et on réalise que, sans lien, c'est triste.

— C'est vrai que, dans les grandes villes, on a l'impression d'être des individus côte à côte, qui se parlent à peine.

— Il y a des dépressions, au bout d'un moment ça n'a plus de sens. C'est ce qu'ils veulent, le grand plan qu'il y a derrière ça, c'est couper les gens les uns des autres. »

1. Son prénom a été modifié pour préserver son anonymat.

Sentant poindre sa fibre complotiste, nous lançons le sujet du Covid-19 :

« J'imagine que vous n'avez pas eu de cas, ici.

— Mais non. On n'a plus d'immunité si on a peur. C'est cultivé tout ça, beaucoup de gens en ville sont dans la peur, dans la perte de sens. Ici, on retrouve le sens de sa vie. On n'est pas sur Terre pour souffrir, pour mourir, on est là pour vivre. Regarder la vie différemment, ce n'est pas lutter contre, parce qu'on perd beaucoup d'énergie à lutter. Il y a autre chose à vivre. Alors il y a un regroupement, ça attire des gens qui ont envie de vivre ça et c'est pour ça que ça peut faire… il y en a qui disent “secte”, ou d'autres “fermé”.

— Il y en a qui disent “secte”, vous avez dit ?

— Oh ben, de l'extérieur, ça peut paraître comme ça, parce qu'il y a un style commun.

— C'est le gouvernement qui a mis en route cette histoire de secte, mais qu'est-ce qu'il y a de plus sectaire que le gouvernement, en réalité ? lance Stéphane, le compagnon d'Abigaël, qui suit la conversation derrière l'épaule de la villageoise.

— Tout ce qui est différent, qui n'est pas dans la normose[1], on dit que c'est une secte, poursuit Jacinthe. Pendant la guerre, c'était le communisme. »

Voilà donc comment se vivent les Éourriens : des dissidents, des rebelles vis-à-vis de l'État qui serait une vaste « secte ». Après le repas, varié mais peu copieux, nous surprenons Abigaël en train d'échanger avec une jeune habitante du village : « Ah mais ils le savent, parce qu'ils sont hors-la-loi. C'est leur loi à eux, ils ne sont pas tout seuls sur la Terre. C'est pour ça qu'on dit qu'il y a

1. La normose serait une pathologie qui se traduirait par l'obsession de se conformer à la norme.

deux sociétés qui vont se créer. Il y a ceux qui veulent accepter l'autorité mise en place et il y a les autres. »

C'est là, sur la terrasse du Lézard vert, entourés de villageois qui semblent s'être créé une bulle de bonheur, sans aucune émotion négative, que nous comprenons ce qu'est Éourres. Derrière les sympathiques hippies au mode de vie écologique se cache en réalité une contre-société en germe, un laboratoire de l'anthroposophie et du New Age. Et si celle-ci peut paraître purement isolationniste, inoffensive pour l'ensemble de la société, elle a pourtant vocation à s'étendre, à faire rayonner son modèle prophétique. « On ne se pose absolument pas en modèle ni en exemple, ça a toujours été extrêmement clair pour nous », se défend Caroline Yaffee. Pourtant, comme nous l'a raconté Marianne, les villageois sont nombreux à s'engager dans les mouvements écologistes du département comme les Coquelicots, Colibris ou Extinction Rebellion. « À Biocoop, on m'a fait remarquer que ce n'était pas bien que je n'adhère pas aux Coquelicots, que je ne participe pas aux manifestations locales. »

Au premier tour de l'élection présidentielle de 2017, le candidat de la gauche radicale Jean-Luc Mélenchon a remporté 65,5 % des suffrages exprimés par les villageois. Pour les élections régionales de 2021, son parti La France insoumise a choisi comme chef de file dans les Hautes-Alpes un habitant du village. Derrière Mélenchon arrivait en 2017 le candidat favori des conspirationnistes, François Asselineau, qui a récolté 14,7 % des voix – soit seize fois son score national de 0,9 %. Certains habitants partageraient même sur les réseaux sociaux les théories complotistes pro-Donald Trump du mouvement américain QAnon. Un drôle de cocktail politique.

Quelle société pourrait-il dessiner, s'il venait à s'étendre ? D'après Marianne, c'est d'Éourres que seraient parties les manifestations contre le port du masque à l'école dans le département des Hautes-Alpes. Caroline Yaffee souhaite nuancer : « On y a participé, en effet, je me suis rendue à une des premières manifs contre le masque pour les enfants de l'école primaire, parce que je trouve ça complètement inhumain pour des gamins et peu efficace. Mais le mouvement n'est absolument pas parti d'Éourres[1]. »

Quoi qu'il en soit, cette adhésion n'a rien d'étonnant : dans les manifestations anti-masques en Allemagne et en Suisse, les anthroposophes faisaient partie des principaux courants représentés[2].

---

1. Entretien avec les auteurs, le 30 avril 2021.
2. Céline Zünd, « Anti-covid : les rangs des "Querdenker" s'élargissent », *Le Temps*, 1er avril 2021.

11

Témoins de Jéhovah, le calvaire des excommuniés

Enzo n'y croit pas vraiment lorsqu'il inscrit sur l'enveloppe qu'il s'apprête à poster : « Présidence de la République, palais de l'Élysée, 55, rue du Faubourg-Saint-Honoré, 75008 Paris ». Il sait déjà que le courrier, que nous avons pu consulter, sera très certainement ouvert par une petite main du palais présidentiel avant d'être relégué sous la pile des missives non urgentes.

« Je m'appelle Enzo Galino, j'ai 20 ans et j'ai récemment quitté une organisation connue pour ses dérives sectaires : l'association cultuelle des Témoins de Jéhovah de France, que j'ai fréquentée de près pendant huit ans », écrit ce jeune étudiant en droit. À défaut d'une réponse d'Emmanuel Macron, du secrétariat général de l'Élysée, de son ministre de l'Intérieur Gérald Darmanin, chargé des relations avec les cultes, ou de la ministre déléguée à la Citoyenneté Marlène Schiappa, le courrier qu'Enzo a relayé sur les réseaux sociaux va attirer l'attention d'associations et de citoyens concernés par la lutte contre les dérives sectaires.

Il y revient sur son adolescence dans le mouvement et sur la prise de conscience récente qui l'a amené à s'en éloigner : « Après un réveil difficile [...], je me suis rendu compte que j'avais grandi dans un environnement psychologiquement, intellectuellement et socialement enfermant, qui présente des dérives sectaires très importantes et auquel les pouvoirs publics devraient à tout prix s'intéresser. »

Fils d'une mère de culture catholique et d'un père athée, c'est par un membre de sa famille qu'Enzo a son premier contact avec l'organisation des Témoins de Jéhovah. Petit, l'enfant découvre cette théologie et fréquente, dès l'âge de 4 ans, les assemblées du Royaume. Le proche qui l'initie, et qui a rejoint le mouvement en 2004, lui fait lire les livres recommandés aux adeptes, parmi lesquels figure notamment toute une littérature à destination des enfants.

« Dans ces livres, on trouve des images de l'Apocalypse, des images choquantes pour un enfant, se souvient Enzo[1]. Je découvre alors leur croyance centrale, selon laquelle la fin du monde est proche. J'avais peur de voir ma famille finir en enfer. » Lorsqu'ils l'apprennent, ses parents interdisent que l'on expose à nouveau l'enfant au mouvement. Le proche concerné décide pourtant de passer outre cette interdiction. Ce qui le motive alors ? « C'est la grande force de leur prosélytisme : les Témoins de Jéhovah ont une opinion de leur croyance qui est absolue. Ils sont convaincus que ce qu'ils disent est la vérité et culpabilisent de ne pas diffuser la parole de l'organisation pour sauver les gens dont ils sont proches. »

1. Entretien avec les auteurs, le 7 mars 2021.

En février 2012, Enzo et sa famille quittent Nanterre pour s'installer dans le petit village de Montlignon, dans le Val-d'Oise. Il est alors âgé de 11 ans et son cercle social naissant se dissout lorsqu'il se trouve contraint d'abandonner ses premières amitiés. Il rejoint un nouveau collège en cours d'année, s'y sent isolé et vit une scolarité difficile. « J'avais besoin de me retrouver dans un environnement que je connaissais et dont je maîtrisais les codes, analyse-t-il aujourd'hui. C'est là que j'ai commencé à adopter les thèses du mouvement. » À l'époque, Enzo demande à ses parents la permission de commencer une « étude biblique ». Ce temps d'étude, proposé par les Témoins de Jéhovah aux aspirants adeptes, vise à révéler les messages laissés par la vie et la parole du Christ sur la nature de la « bonne vie » à mener. Mais, à nouveau, ses parents s'y opposent. L'organisation se mobilise aussitôt : le membre de la famille qui a initié Enzo intervient, puis les Anciens de l'assemblée d'Eaubonne, où se réunissent les adeptes du département. Les Anciens, ces Témoins de Jéhovah seniors rompus à l'étude de la Bible et dont la moralité est réputée exemplaire, sont tout à la fois chargés des questions spirituelles, de l'accueil des nouveaux adeptes et de la veille au respect des lois propres à leur communauté. « Les Anciens ont discuté avec mes parents, ils sont parvenus à les attendrir, à calmer la situation. C'est de cette façon qu'ils s'y sont pris. C'est pour cette raison que mes parents ont décidé de m'accompagner à une assemblée. Après de longues discussions, ils se sont laissé convaincre, et j'ai pu commencer une étude biblique. » Enzo entre alors en classe de cinquième.

*
* *

C'est par cette pratique de l'étude biblique qu'est née l'organisation à la fin du XIXe siècle, aux États-Unis. En 1870, Charles Taze Russell, un jeune Américain né dans une famille presbytérienne – une branche du protestantisme – de la banlieue de Pittsburgh, réunit autour de lui un groupe d'amis et de membres de sa famille afin d'étudier les messages laissés par la vie du Christ dans la Bible. Parmi les théories de ce pasteur, qu'il expose dans l'ouvrage *Three Worlds, and the Harvest of This World* («Les trois mondes, et la moisson de ce monde»), publié en 1877, on retrouve dès l'origine la croyance en l'imminence de la fin du monde, qu'il annonce alors pour 1914. Le Christ serait, selon lui, déjà présent sur terre depuis 1874 de façon «invisible». Après cette apocalypse, une grande résurrection céleste serait promise à 144 000 membres de la «grande foule», les «oints», une classe spécifique de croyants appelés à poursuivre leur vie au Royaume de Jéhovah. C'est en 1892 que Charles Russell crée l'organisation de la Watch Tower (littéralement : «tour de garde») pour veiller à la bonne diffusion de sa théologie. C'est cette organisation qui aura la charge d'éditer le magazine des Témoins de Jéhovah, également intitulé *La Tour de garde* et principal instrument doctrinal à destination des fidèles. C'est encore la Watch Tower qui incarne aujourd'hui l'organe de direction suprême des Témoins, sous la forme d'un collège central qui veille à la prédication des fidèles dans le monde, édicte les règles ainsi que les sanctions encourues en cas d'infraction.

Pourtant, très tôt et alors que la doctrine de Charles Russell se diffuse à travers les États-Unis, des critiques émergent quant à l'autoritarisme et aux velléités autocratiques du théologien. Dans sa propre congrégation, certains l'accusent de ne chercher qu'à vendre des livres et de se conduire en homme d'affaires véreux plutôt qu'en croyant sincère. D'autant que, la date fatidique de 1914 approchant, le fondateur de ceux qui ne s'appellent encore que les « Étudiants de la Bible » commence à nuancer ses prédictions. En 1908, Russell est épinglé pour une affaire d'escroquerie visant ses propres fidèles : il fait publier par la Watch Tower l'annonce de la découverte d'un blé dit miraculeux, dont le rendement extraordinaire serait bien supérieur à celui d'un blé normal. Parmi ses coreligionnaires, certains succombent à l'arnaque et vont acheter ce blé jusqu'à soixante fois son cours ordinaire. À l'époque déjà, les faits sont rapportés dans un journal local, le *Brooklyn Daily Eagle*.

En 1916, Charles Russell décède. La fin du monde n'est pas survenue mais les Étudiants de la Bible continuent de diffuser sa doctrine. C'est à la faveur de trois schismes dans la congrégation que le groupe fondé par Russell prend le nom de « Témoins de Jéhovah », en 1935. À de nombreuses reprises, la Watch Tower annoncera une nouvelle date de l'Apocalypse promise, se ravisant chaque fois, perdant son lot de croyants mais convainquant de nouveaux fidèles. Car ces arrangements avec les prophéties de Russell ne manquent pas de semer le doute chez les fidèles eux-mêmes.

Lorsque nous commençons à enquêter sur cette communauté, Daniel[1], adepte depuis une trentaine d'années, nous contacte pour témoigner de façon anonyme. Encore membre de l'organisation et redoutant l'excommunication, il étrille les enseignements qui lui ont été dispensés : « C'est une arnaque à la religion, purement et simplement. J'avais confiance en eux et j'ai été très déçu. Quand d'autres vous arnaquent avec des pro-

1. Son prénom a été modifié pour préserver son anonymat.

duits financiers, eux vous arnaquent avec la religion[1]. » Aujourd'hui, le groupe revendique pourtant plus de 8 millions de fidèles à travers le monde, dont 120 000 en France. Comment attester de la véracité de ces chiffres qui, selon Daniel, seraient en baisse ? « Ils ont beaucoup de mal à garder les jeunes dans le mouvement, beaucoup s'en vont lorsqu'ils rencontrent quelqu'un d'extérieur à la communauté », tempère-t-il.

*

* *

C'est ce que nous confirme Enzo, qui, en grandissant parmi les Témoins de Jéhovah, a été confronté à un monde d'interdits. Au collège, sa vie sociale reste quasi inexistante : l'adolescent se coupe des autres, ne participe à aucun anniversaire ni aucune autre fête, puisque ces célébrations, considérées comme païennes, sont strictement interdites par la Watch Tower. Ces années-là, Enzo sort assez peu du domicile familial, excepté pour assister aux assemblées du Royaume et aller prêcher. Pour justifier cet éloignement du reste de la société, l'organisation des Témoins de Jéhovah met en avant un verset du Nouveau Testament selon lequel « les mauvaises compagnies corrompent les bonnes mœurs ».

C'est ainsi que les « gens du monde », c'est-à-dire tous ceux qui ne sont pas membres de l'organisation, sont renvoyés au même statut, celui d'influence néfaste. Bien sûr, puisqu'il faut éviter d'entretenir des liens avec ces « gens du monde », les premières relations amoureuses, les premiers flirts sont inenvisageables. « C'est une des raisons pour lesquelles les jeunes Témoins ne peuvent pas se développer normalement », regrette

1. Entretien avec les auteurs, le 15 octobre 2020.

Enzo, qui apprend alors à refouler ses sentiments. En contrepartie, il est accueilli à bras ouverts par ses frères et sœurs adeptes de Jéhovah. C'est encore cette fameuse technique du *love bombing* : « C'était magnifique, j'avais de l'entrain, l'impression d'être considéré comme quelqu'un de spécial », se remémore-t-il. Enzo est très bon orateur, n'a aucune difficulté à briller et, lorsqu'il prend la parole aux assemblées, on lui fait sentir qu'il est « exceptionnel ». D'autant que le travail qu'exigent ces prises de parole et ces exposés hebdomadaires lui paraît de moins en moins fastidieux. « Ce que je ne savais pas, c'est que c'est ça, le processus d'endoctrinement. C'est la répétition quotidienne d'actions, de paroles, des mêmes enseignements, des mêmes banalités. Plus le temps passait, et plus je remarquais toutes ces répétitions. À la fin, je ne préparais même plus les réunions car je savais très exactement ce qui était attendu de moi. »

Bientôt, c'est au tour d'Enzo de répéter ces techniques sur les nouveaux adeptes. En classe de première, il obtient de ses parents la permission de passer une étape capitale : après avoir réussi son baccalauréat de français avec brio, le jeune homme leur explique qu'il souhaite se faire baptiser. « La plus grosse erreur de ma vie », reconnaît-il aujourd'hui. En bon apprenti juriste, il fait le parallèle avec le droit des contrats : « Se faire baptiser, c'est passer un contrat avec l'organisation des Témoins de Jéhovah. Pas avec Dieu ni avec le Christ, mais avec l'organisation. C'est un contrat par lequel l'adepte va accepter d'appartenir à l'organisation, et assortir cette appartenance de conditions de sortie très strictes. Il ne pourra renoncer à sa foi, ou être excommunié, qu'à la seule condition d'être complètement ostracisé par les autres adeptes. »

Dès le jour de son baptême, Enzo commence à avoir

des doutes. Car, dans le même temps, il projette de faire des études supérieures, ce qui est particulièrement mal vu de l'organisation. Si ses parents avaient aussi été Témoins, il n'en aurait d'ailleurs probablement pas été question. L'adolescent envisage brièvement de devenir ingénieur informatique avant de découvrir le droit, la philosophie et la littérature. C'est le déclic : pour la première fois, il est incité à réfléchir, à lire, à développer une opinion critique. « Je commençais simplement à apprendre à raisonner par moi-même. Ça a été une première claque, car j'ai compris que je ne l'avais jamais vraiment fait auparavant. »

Ce sera donc Paris, une première année en fac de droit et la découverte d'un monde nouveau, « riche et nuancé », très loin de ce qui lui a été décrit par les enseignements de l'organisation. C'est aussi la découverte des autres, des filles, des premiers émois dans une liberté nouvelle. En avril 2018, Enzo passe sa première nuit avec une fille, un « feu de paille », comme il l'exprime avec pudeur. Pour l'organisation, c'est plutôt un « péché grave », passible de lourdes sanctions. « Personne n'aurait pu savoir ce que j'avais fait. Il n'y avait aucun élément, aucune preuve, mais ma culpabilité était énorme. Si je n'avais rien dit, tout aurait pu continuer comme avant, mais c'était impossible : j'ai décidé de me dénoncer moi-même. J'ai rédigé une lettre, comme un procès-verbal. J'ai fait ma propre mise en examen. »

Dans la lettre qu'il envoie aux Anciens, Enzo décrit, le verbe fébrile, « l'impureté grave » qu'il pense alors avoir commise. « J'ai la conviction que le péché que j'ai commis doit être traité par un comité disciplinaire et je vous implore solennellement de ne pas me faire de cadeau », va-t-il jusqu'à supplier. « La repentance n'est pas une option mais une obligation », assène-t-il lui-même. « Quand je relis cette lettre, j'ai un arrière-goût vraiment amer, je ressens cette masse informe passée de culpabilité dans laquelle j'étais emprisonné », confie-t-il aujourd'hui. D'autant que ses supplications d'alors importent peu : les Anciens auraient de toute façon procédé à la formation d'un comité de discipline religieuse. Car les règles à suivre dans ce type de situations sont édictées très clairement dans le *Livre des Anciens*, un document confidentiel de l'organisation uniquement destiné à ses chefs spirituels – mais que nous avons pu consulter – et faisant office de code pénal dans cette justice tribale souterraine.

Selon ce livre, Enzo s'est rendu coupable de « *pornéïa* », c'est-à-dire « d'actes sexuels immoraux » : « La *pornéïa* implique l'usage immoral, qu'il soit naturel ou perverti, des organes génitaux dans un but obscène, peut-on lire dans ce code de règles. Elle implique la présence d'un partenaire, ou de plusieurs, que ce soit un humain (de l'autre sexe ou non) ou un animal. Celui qui commet volontairement un acte de *pornéïa* est coupable d'une faute qui nécessite la formation d'un comité de discipline religieuse. [...] Quand on cherche à déterminer si quelqu'un est coupable de *pornéïa*, il est important d'établir les faits. »

Devant le comité, composé de trois Anciens, le jeune homme dit avoir vécu une expérience « particulièrement humiliante, qui a trait à un procès inquisitoire ». Et pour cause : l'adolescent se retrouve devant trois hommes adultes particulièrement intrusifs dans leurs questions. « J'avais 18 ans. Je me retrouve à raconter ma première expérience sexuelle devant ces trois Anciens. Il fallait que je leur raconte les faits et que je réponde à toutes leurs questions... Ils m'interrogent sur la nature exacte de l'acte sexuel, ils me demandent si j'ai porté un préservatif, ils me demandent même si j'ai joui. Ensuite, ils me demandent de montrer ma repentance, je dois jurer de ne plus jamais commettre ce type d'erreurs. »

Enzo connaît bien la conduite qui est attendue de lui : cesser la «*pornéïa*», arrêter les études, rencontrer une autre Témoin de Jéhovah, la demander en mariage, avoir des enfants avec elle. S'il n'écope alors que d'un «blâme privé», une sanction qui n'est pas portée à la connaissance de la congrégation mais qui le met au ban de son assemblée, il risque l'excommunication à la prochaine faute. Ce serait signer sa mort sociale, tous les adeptes lui tourneraient le dos, il se retrouverait à nouveau isolé.

*
* *

Cette vie exigée par l'organisation des Témoins de Jéhovah, Simon[1] a très longtemps tenté de s'y plier, avant de traverser lui aussi les affres des comités de discipline religieuse. Né dans une famille de Témoins, Simon a toujours eu conscience de devoir se restreindre dans ses amitiés, mais surtout dans ses amours. Dès le collège, il tombe plusieurs fois amoureux et refuse chaque fois d'assumer ce sentiment. «On a peur des sanctions, de l'excommunication, on a peur des personnes qui sont décrites comme mauvaises, des "gens du monde" qui ne sont pas fiables, explique-t-il[2]. On a vraiment ça ancré dans la tête, quel que soit notre degré de foi, car c'est ce qu'on nous a inculqué dès l'enfance.»

C'est pour cette raison que Simon refuse à deux reprises de vivre une histoire avec des femmes dont il

1. Son prénom a été modifié pour préserver son anonymat.
2. Entretien avec les auteurs, le 16 octobre 2020.

sait qu'il aurait pu tomber amoureux. Pourtant, il admet aujourd'hui n'avoir jamais été un véritable croyant, se décrivant plutôt comme un « subissant ». Car, à la différence d'Enzo, toute sa famille, ses parents et ses frères font partie de l'organisation. « J'ai beaucoup souffert des interdits, les interdits d'aimer son entourage, les camarades de classe, les humains en général, se remémore-t-il. Je suis quelqu'un de très sociable, je suis quelqu'un de plutôt sensible, plutôt intuitif. Mais j'étais exclusivement dans l'organisation, je n'avais pas de groupe d'amis à l'extérieur. » Il reste célibataire jusqu'à ses 30 ans puis craque et décide d'épouser une femme de la communauté. À l'époque, déjà, il s'éloigne du dogme et n'est d'ailleurs pas tout à fait certain d'y avoir un jour adhéré : « Peu avant mon mariage, j'étais pratiquement sorti mentalement, mais j'étais toujours dans une forme de soumission : il fallait que j'épouse une Témoin de Jéhovah, car c'était la bonne chose à faire. »

Quelques années après le mariage, et alors que le couple attend un deuxième enfant, l'épouse de Simon éprouve le besoin de s'entretenir avec les Anciens. À ce moment-là, il ignore tout de sa démarche. Ce qu'elle leur dit va pourtant avoir d'importantes répercussions sur leur vie et plonger Simon dans l'enfer des comités de discipline religieuse. « Ma femme est allée leur raconter ce qui s'était passé entre nous juste avant le mariage. Lorsque deux Témoins de Jéhovah se fréquentent, ils sont supposés avoir un chaperon, ce que nous avions refusé. Et, bien sûr, peu avant le mariage, nous avions déjà envie de nous prodiguer de l'affection… Quoi de mal à ça, puisque nous allions nous marier ? Pour une raison que je n'ai jamais comprise, elle a décidé de ressortir ça, des années après. Elle faisait des crises d'angoisse et de panique massives, j'ai réalisé qu'elle était dans un état de fragilité intense. »

Comme Enzo, l'épouse de Simon décide de s'autodénoncer, lançant un engrenage que le couple ne parviendra plus à arrêter. À ce moment-là, Simon n'assiste déjà plus aux réunions. Il est en rupture, a arrêté de prêcher, se consacre à d'autres activités et à l'éducation de ses enfants. Pire : Simon s'est mis à fêter Noël, ce qui est strictement interdit. « Mon épouse leur a tout balancé, de nos relations impures aux fêtes interdites. Ils m'ont convoqué, je n'étais pas au courant, j'ai tout appris par eux. J'ai refusé d'aller au conseil de discipline religieuse aussi longtemps que j'ai pu. » Au bout d'un an « de refus et de menaces », Simon finit par se rendre devant les Anciens chargés de le juger. Il s'aperçoit alors que le comité de discipline religieuse est composé de trois connaissances proches : deux amis de longue date et son meilleur ami. Il s'est préparé à ce moment, exprime son repentir, parvient même à verser une larme. « Je savais déjà très bien que je ne regrettais rien, sinon la situation dans laquelle je me retrouvais », assume-t-il aujourd'hui.

Comme Enzo, Simon écope d'abord d'un blâme, public cette fois. Et comme Enzo, il est mis au ban de son assemblée et devient la cible de rumeurs et de ragots. Ils ont péché et doivent se repentir. Quant aux Anciens, ils ont la charge de protéger leurs congrégations de l'influence néfaste des deux fornicateurs. Ces derniers n'ont plus le droit de répondre à la salle, ne peuvent plus aller en prédication, n'y sont de toute façon plus invités. Tout juste peut-on encore leur parler. Enzo découvre, à ce moment-là, le revers de la médaille des bombardements d'amour qui ont bercé son ego adolescent. Il réalise que la communauté dans laquelle il a grandi n'a rien à voir avec l'image qu'il en avait. « Le mouvement se revendique de l'amour mais j'ai compris à ce moment-là combien il était froid, explique le jeune homme. J'ai aussi compris qu'on obéissait en réalité à la loi de la Watch Tower et pas au message du Christ. Ces comités de discipline religieuse n'ont rien de chrétien, en fait. C'est aussi une partie du réveil que j'ai connu par la suite. » À ce titre, Enzo se rappelle de la question qu'on lui a posée le jour de son baptême, alors qu'il avait 17 ans : « Acceptez-vous d'appartenir à l'organisation des Témoins de Jéhovah ? » Une question qu'il avait trouvée étrange, à l'époque. Aujourd'hui, elle prend tout son sens. « Pourquoi ne demandent-ils pas si on accepte d'appartenir à Jéhovah ? Au peuple des croyants ? Je n'appartiens à aucune organisation, je ne suis pas une marchandise. »

Le blâme que subissent les deux hommes, loin de les faire rentrer dans le rang, participe plutôt à exacerber leur critique du mouvement et leur désir de vérité. Alors qu'Enzo se lance dans des recherches approfondies autour de l'histoire et de la théologie des Témoins de Jéhovah, Simon redouble ses provocations sur les réseaux sociaux. Son épouse accouche alors de leur deuxième enfant dans des conditions difficiles. L'enfant perd beaucoup de poids, son épouse traverse une profonde dépression ; la belle-famille – des membres de la communauté – s'impose et exige que la femme et l'enfant soient présentés sans attendre à la salle du Royaume. Simon s'y oppose. Cette fois-ci, c'est sa belle-famille qui le dénonce. « Ça a été terrible », explique-t-il avec des sanglots dans la voix. « Ma vie était déjà super stressante, avec mon enfant et mon épouse qui allaient mal, mais j'ai dû affronter un véritable harcèlement des Anciens. »

Alors qu'il refuse à nouveau de se rendre devant le comité de discipline religieuse, Simon assure que les Anciens ont multiplié les stratagèmes pour le pousser à craquer, l'ont harcelé de coups de téléphone et de visites impromptues. Ils appellent notamment son propre frère, lui-même Ancien, et lui demandent d'appeler Simon pour l'enregistrer à son insu au téléphone. « Ils cherchaient à me faire avouer devant témoins pour m'excommunier directement. Je savais que j'étais fait comme un rat, à ce moment-là. J'étais terrifié, car je savais qu'ils allaient m'excommunier. Et encore, je ne savais pas de quoi j'avais vraiment peur : les gens qui redoutent l'excommunication ne se rendent même pas compte d'à quel point c'est violent. » Poussé à bout, Simon tente de maintenir la tête hors de l'eau. Et puis, il craque. « J'ai tenté de me pendre, trois fois. À chaque fois, j'ai fait la démarche complète ; à chaque fois, j'ai renoncé à la dernière seconde. Je sais qu'il ne manquait presque rien pour que je le fasse, mais quelque chose me retient. Je veux me tuer alors que je ne suis même pas excommunié. La souffrance prend toute la place. »

C'est à ce moment-là que Simon pense avoir « franchi une étape ». Il se met, à son tour, à faire d'importantes recherches sur l'histoire des Témoins de Jéhovah, leur origine, les schismes, à reprendre les dogmes, à se renseigner sur le concept de manipulation mentale. Il s'attarde également sur la question des transfusions sanguines, à laquelle son propre père a été confronté, et sur les affaires de pédophilie qui ont frappé, à grande échelle, des congrégations australiennes ou canadiennes.

Surtout, il cherche du soutien : « Je découvre qu'on est une quantité invraisemblable, qu'on souffre tous le diable, l'enfer, qu'il y a des drames abominables, que je fais partie de ceux qui souffrent mais qu'il y a des histoires bien pires que la mienne. » Il finit par écrire une lettre aux Anciens de sa congrégation et y laisse exploser sa rage. Simon est aussitôt excommunié.

*

* *

Le *Livre des Anciens* prescrit des règles strictes pour la communauté lorsqu'une personne est excommuniée : la formation d'un comité de discipline religieuse se justifie « lorsqu'un chrétien fréquente sans nécessité des personnes excommuniées ou qui se sont retirées volontairement » de l'organisation. Fréquenter un excommunié ou un apostat, c'est donc risquer soi-même l'excommunication. Et lorsque la personne excommuniée fait partie d'une famille mais ne vit pas avec, les Anciens doivent convaincre les Témoins restants de cesser de la fréquenter. Le harcèlement est fréquent, nous confirme notamment Daniel, qui fait encore partie de l'organisation. Pour une personne ayant grandi toute sa vie dans la communauté, et dont les parents, les frères, l'épouse et la belle-famille en font partie, c'est une condamnation à la mort sociale. « L'excommunication, ça vous dégrade, ça vous salit, on vous retire tout votre passé, explique Simon. Aujourd'hui, plus personne de ma fratrie n'accepte de me parler. Lorsque je croise un de mes frères devant l'école des enfants, il fait demi-tour et emprunte un autre chemin. Voilà ce qu'il faut que vous disiez de l'excommunication chez les Témoins de Jéhovah : que c'est un deuil sans cesse renouvelé. Parfois, lorsqu'il neige, vous avez des flash-back de votre enfance, quand il neigeait, avec vos frères. C'est de l'ordre du traumatisme : vous vous effondrez dans une détresse constante. »

Interrogé sur la violence psychologique engendrée par une telle pratique, le Bureau des relations publiques des Témoins de Jéhovah s'est borné à nous indiquer que « l'excommunication protège l'assemblée d'une influence spirituelle préjudiciable. Les faits montrent que l'excommunication peut également jouer un rôle dans le rétablissement d'une personne. Lorsqu'une personne remplit les conditions requises pour être réintégrée dans l'assemblée, les Témoins de Jéhovah ressentent le profond sentiment de joie que Jésus-Christ a décrit dans sa parabole du fils dit prodigue en Luc 15, 11-32[1]. »

Cette détresse constante évoquée par Simon est longtemps passée sous les radars des pouvoirs publics comme des associations. Lorsque les Témoins de Jéhovah commencent à faire parler d'eux en France, au début des années 1990, l'inquiétude porte alors plutôt sur le refus de la transfusion sanguine, un cliché dominant qui marque encore la communauté et occulte les autres dérives. Marie Drilhon, membre de l'UNADFI, a réalisé un travail important sur l'organisation et sa pratique de l'excommunication. Elle se souvient : « C'est au début des années 1990 que les premières familles sont venues à l'UNADFI, il y a eu les histoires de transfusion puis de service militaire – les Témoins de Jéhovah refusaient alors de se déclarer objecteurs de conscience et se retrouvaient systématiquement en prison pour insoumission. Ils passaient alors pour des martyrs. L'État a finalement accepté un arrangement qui n'a d'ailleurs jamais été formalisé : il suffisait de se déclarer Témoin de Jéhovah pour échapper au service militaire[2]. Mais à

1. Réponse envoyée aux auteurs par mail, le 9 septembre 2021.

2. François Devinat et Dominique Garraud, « Léotard ouvre aux Témoins de Jéhovah le service civil », *Libération*, 29 février 1995.

cette époque, personne ne parlait encore de l'excommunication et de ses conséquences sociales[1]. »

À l'aube du nouveau millénaire, les associations comprennent ce qui se joue. « Des voix se sont élevées, notamment celle de Charline Delporte, ancienne militante de l'UNADFI et présidente du CAFFES, dont la fille a rejoint les Témoins de Jéhovah et qui a déplacé des montagnes pour se faire entendre. Il faut dire que l'organisation n'a pas toujours pratiqué l'excommunication de la même façon. Ces trente dernières années, la pratique s'est accentuée, est devenue beaucoup plus rigoureuse, comme pour le baptême des jeunes auquel ils recourent de plus en plus. Lorsqu'ils sentent qu'ils perdent des membres, c'est à ce moment-là qu'ils cherchent à les retenir à tout prix. Leur stratégie, c'est de verrouiller le cheptel. »

Marie Drilhon considère aujourd'hui que l'excommunication représente, concernant les Témoins de Jéhovah, « le sujet d'inquiétude le plus fort ».

Daniel se souvient avoir vu évoluer, au cours des dernières décennies, le recours à l'excommunication. « Ils ont toujours fluctué. Quand vous regardez les publications de *La Tour de garde* ou de *Réveillez-vous !*[2] qui en traitent, vous voyez qu'en 1947, l'excommunication n'était pas du tout pratiquée, ils laissaient ça à l'Église catholique, qu'ils accusaient de vouloir "asseoir le pouvoir de la hiérarchie" ; puis, à partir des années 1980, la pratique s'est répandue et durcie[3]. »

1. Entretien avec les auteurs, le 6 mai 2021.

2. *Réveillez-vous !* (*Awake !* en anglais) est un magazine gratuit édité par les Témoins de Jéhovah, qui aborde une variété de sujets par le prisme de la Bible.

3. Entretien avec les auteurs, le 4 mai 2021.

C'est l'une des raisons pour lesquelles ce sexagénaire a décidé de ne pas quitter l'organisation, dont ses enfants et son épouse font partie. Ce n'est pas la seule : « J'ai aussi compris que je pouvais lutter de l'intérieur. Je voulais montrer les déviances de la Watch Tower. L'organisation arrive à faire croire aux individus que c'est une bonne chose d'ostraciser complètement leurs frères, leurs sœurs, jusqu'à leurs enfants. Ils persuadent les fidèles que ce serait déplaire à Dieu que de fréquenter un excommunié. La culpabilisation est très forte. Dernièrement, lors d'une assemblée en décembre, un Ancien nous a expliqué qu'Aaron avait perdu ses fils car ces derniers avaient désobéi à Dieu. Il expliquait qu'Aaron ne devait pas pleurer ses enfants et, dans une illustration qui accompagnait ce prêche, on voyait deux cadavres être amenés loin d'Aaron. Voilà ce que sont les excommuniés pour l'organisation. »

Dans sa réponse à nos sollicitations, le Bureau des relations publiques des Témoins de Jéhovah assure que l'organisation ne surveille pas les contacts entre fidèles et excommuniés. « Les fidèles, qui peuvent eux-mêmes avoir été profondément blessés par la conduite de la personne excommuniée, exercent leur conscience religieuse personnelle en la matière et appliquent le conseil biblique de limiter ou de cesser les contacts avec une personne excommuniée, comme le recommandent 1 Corinthiens 5, 11-13 et 2 Jean 1, 9-11. Lorsqu'un membre de la famille est excommunié, l'assemblée locale n'exerce aucun contrôle et ne prend aucune décision à cet égard[1]. »

Pourtant, l'organisation procède bien à un véritable travail auprès des fidèles pour que l'ostracisation des excommuniés et des apostats soit la plus étanche pos-

1. Réponse envoyée aux auteurs par mail, le 9 septembre 2021.

sible. « Jéhovah nous ordonne de cesser de fréquenter un pécheur non repentant (1 Corinthiens 5:11-13), peut-on notamment lire dans la revue *La Tour de garde* à l'automne 2017[1]. Donc, même si cela nous fait de la peine, nous devons éviter tout contact non nécessaire avec un proche excommunié, que ce soit par téléphone, texto, courrier, email ou réseau social. »

Ces recommandations s'apparentent, selon Daniel, à de l'incitation à la haine et à une condamnation sociale de l'abandon du culte par les anciens fidèles. C'est en tout cas ce qu'a retenu une cour de justice belge dans un procès retentissant, porteur d'espoir pour de nombreux anciens adeptes, excommuniés ou apostats. En 2015, le parquet de Gand a été saisi d'une procédure pour calomnie et diffamation, insultes et infractions à la loi sur la discrimination. Le plaignant a expliqué comment lui et d'autres membres excommuniés étaient ostracisés socialement sur ordre de l'organisation. Le parquet a choisi de faire comparaître l'association belge des Témoins de Jéhovah. La défense a plaidé l'acquittement, arguant notamment que ces règles religieuses sont fondées sur la Bible et que ce sont les croyants eux-mêmes qui, de façon individuelle, choisissent de les respecter. « Ça revient à dire qu'ils sont libres d'arrêter de voir leurs proches, explique Marie Drilhon de l'UNADFI. Mais sont-ils libres de continuer à les voir, lorsqu'ils risquent eux-mêmes d'être excommuniés ? »

Au cours de ce procès belge, l'une des seules affaires portant précisément sur la question de l'excommunication, une quinzaine de personnes se sont portées parties civiles. « Les Témoins de Jéhovah soutiennent que les ex-membres doivent être évités comme la peste », a expliqué l'avocat de l'ancien

1. *La Tour de garde*, numéro d'octobre 2017.

Témoin à l'origine de l'affaire[1]. Cet homme siégeait par ailleurs « au comité judiciaire de la communauté et contribuait à décider des exclusions, jusqu'à ce qu'il se rende compte que ça allait trop loin », a expliqué son avocat. Le tribunal correctionnel de Gand a finalement condamné l'organisation belge des Témoins de Jéhovah, le 16 mars 2021, à une amende de 12 000 euros pour incitation à la discrimination et à la haine ou à la violence. C'est la première reconnaissance judiciaire des conséquences sociales de l'excommunication. L'organisation a interjeté appel.

*
* *

Le 11 mai 2021, Enzo passe les grandes portes vitrées des bureaux de l'OCRVP à Nanterre avec des documents sous le bras. À sa grande surprise, son courrier adressé au président de la République n'est pas resté lettre morte. Il a été appelé par le cabinet de la ministre déléguée chargée de la Citoyenneté Marlène Schiappa puis par la nouvelle cheffe de service de la Miviludes, la magistrate Hanène Romdhane, qu'il a pu ensuite rencontrer. Enzo a pris le temps de raconter à nouveau toute son histoire. Il a expliqué comment, après avoir écopé d'un premier blâme, il a lui aussi été excommunié. « Ces deux rendez-vous ont duré assez longtemps, on m'a écouté parler pendant plus de deux heures, nous explique-t-il[2]. Ils voulaient connaître mon histoire, me posaient des questions sur l'emprise, la contrainte, le contrôle. Moi, ce que je voulais, c'était être entendu

1. « L'ASBL Témoins de Jéhovah condamnée pour incitation à la haine », RTBF, 16 mars 2021.
2. Entretien avec les auteurs, le 16 mai 2021.

sur les recours judiciaires qui doivent être ouverts aux anciens adeptes. »

Avec la présidente de la Miviludes, Enzo a bien tenté d'évoquer l'article 31 de la loi de 1905, qui garantit la liberté de culte et donc la liberté de quitter, sans subir de pressions, la religion à laquelle on ne veut plus appartenir. « Elle m'a fait comprendre qu'elle n'était pas là pour évoquer ces recours judiciaires mais pour connaître mon histoire, s'étonne le jeune juriste. C'est dommage car, pour moi, c'était plus intéressant que de parler d'emprise mentale. L'emprise mentale, c'est un fourre-tout, c'est très difficile à caractériser. L'excommunication, c'est facile à démontrer : il y a énormément de publications qui la réglementent, il y a des décisions écrites des conseils de discipline religieuse… En fait, j'ai eu le sentiment qu'ils ne connaissaient pas bien les pratiques des Témoins de Jéhovah. C'est très surprenant, car ça fait bien longtemps qu'ils sont implantés en France. »

Mais ce 11 mai, Enzo a également rendez-vous avec Aurélie Martin, la cheffe de la CAIMADES, organe de police judiciaire qui a pour mission d'enquêter sur les dérives sectaires en France. Le jeune homme est venu préparé : « J'avais pris avec moi des extraits du *Livre des Anciens* qui prouvent que les adeptes qui continuent à fréquenter un excommunié sont passibles de sanctions, qui vont jusqu'à l'excommunication. Je voulais qu'ils voient que même si l'organisation dit que les adeptes prennent une décision libre quand ils choisissent de couper les ponts, ce n'est pas un choix. Je voulais montrer qu'ils subissent, qu'on subit tous, des pressions. »

Encore une fois, il raconte toute son histoire, de sa jeunesse à son excommunication et la lourde dépression qu'il a traversée. « J'ai tout dit : toute cette humiliation, toute cette pression, la culpabilisation. J'ai vraiment eu l'impression d'être entendu, elle a bien compris que ce qui se passait était très grave, notamment pour les jeunes qui n'ont pas la liberté de quitter l'organisation. » Cette fois, Aurélie Martin évoque un texte précis, l'article 223-15-2 du code pénal, qui punit l'abus de faiblesse sur personne en état de sujétion psychologique, levier judiciaire classique pour les victimes de dérives sectaires en France. Enzo se retrouve alors devant une question simple, mais déterminante : veut-il déposer plainte ? « Bien sûr que oui, nous explique-t-il. Ça me révolte qu'en France on puisse se retrouver face à une organisation qui proclame à tort et à travers son droit à exister au nom du principe de liberté de culte qu'elle piétine par ailleurs, au détriment de la santé de ses anciens adeptes. Leur hypocrisie me met très en colère. Alors oui, je veux déposer plainte, mais quand on est seul, c'est très difficile de s'attaquer à l'organisation. Je ne suis pas seul pourtant, on est nombreux à être dans mon cas et on est nombreux à vouloir faire condamner l'organisation des Témoins de Jéhovah pour tout le mal qu'elle fait subir à ses adeptes et ses anciens adeptes. »

Et, à entendre la détermination dans la voix d'Enzo, la France pourrait bientôt suivre la Belgique et connaître le premier procès de l'excommunication chez les Témoins de Jéhovah.

12

L'hydre scientologue

On la croyait disparue, en mauvaise posture ou au moins contrainte à la discrétion. Pourtant, fin 2019, les médias locaux relaient une information qui va remettre la scientologie sur le devant de la scène médiatique française.

Alors que Paris vient de décrocher l'organisation des Jeux olympiques de 2024, l'Église de Scientologie décide d'acquérir, pour la bagatelle de 33 millions d'euros, l'ancien siège de Panasonic, situé à Saint-Denis[1], en immédiate banlieue nord – là où doivent s'installer une partie des sites olympiques. L'objectif de la multinationale américaine : y implanter l'une de leurs « organisations idéales », où l'on trouvera notamment un auditorium de plusieurs centaines de places, des saunas pour les cures de purification que les adeptes doivent suivre et jusqu'à une reconstitution d'un bureau de L. Ron Hubbard, auteur de science-fiction et fondateur du mouvement.

Une annonce qui arrive rapidement à l'oreille des

1. Gwenael Bourdon, « À Saint-Denis, l'Église de Scientologie tente de s'implanter pour rayonner sur la capitale », *Le Parisien*, 9 septembre 2020.

élus locaux. Ainsi, Mathieu Hanotin, élu à la tête de la ville début juillet 2020, déclare trois mois plus tard que la municipalité Parti socialiste de la ville se saisira de tous les moyens administratifs possibles pour contester cette installation : « Le rôle de la municipalité est de s'assurer que l'ensemble des conditions réglementaires, notamment en matière de sûreté et de sécurité, soient scrupuleusement respectées dès lors qu'un établissement recevant du public souhaite s'installer dans sa commune[1]. »

Le militant socialiste Antoine Mokrane s'inquiète de son côté pour les « publics fragiles et surtout moins informés » de la ville, qui seraient selon lui plus faciles à endoctriner[2].

*

* *

Le grand public connaît la scientologie par ces quelques stars qui en font la promotion à travers le monde, au premier rang desquels figurent les historiques Tom Cruise et John Travolta. Peu nombreux sont ceux qui connaissent la réalité des croyances des scientologues. Pour comprendre celles-ci, il faut en parler aux anciens adeptes du mouvement qui sont parvenus à le quitter et pour qui la scientologie n'a rien d'une église, d'une religion et encore moins d'une science. Lucas Le Gall[3], qui a passé toute une partie de sa jeunesse dans l'organisation, est formel : « C'est simple, la

1. Pierre de Baudouin, « Saint-Denis : l'Église de Scientologie autorisée à installer son siège, malgré l'opposition de la mairie », France 3 Paris Île-de-France, 16 octobre 2020.

2. *Ibid.*

3. Pseudonyme choisi par le témoin pour publier son ouvrage *Un milliard d'années. Dans les secrets de la scientologie*, le cherche midi, 2020.

spiritualité scientologue, ça n'existe pas, nous explique-t-il aujourd'hui[1]. Je vais vous résumer leur croyance : c'est une compote faite de science-fiction inventée par le gourou originel, L. Ron Hubbard. Ce n'est rien de plus qu'un outil marketing pour se faire de l'argent. Ils tentent et obtiennent dans différents pays le statut de religion mais leur croyance est grotesque. L'être serait une espèce d'entité immatérielle qui aurait connu des vies antérieures. À cela s'ajoutent des rites d'apparat et, surtout, beaucoup de bouquins à acheter et à lire, soi-disant pour comprendre la croyance. »

La pseudo-spiritualité scientologue se divise en « niveaux OT » (pour *Operating Thetan*), dont le contenu est gardé secret vis-à-vis des adeptes de niveaux inférieurs. Bien sûr, à chaque montée en grade, l'adepte est appelé à faire des dons financiers importants à l'organisation. L'un des niveaux les plus élevés, OT3, supposé révéler aux adeptes l'histoire secrète de l'espèce humaine, est un grade important et jalousement gardé de la connaissance du grand public. Cette stratégie a permis à l'Église de Scientologie de conserver un certain mystère autour de ses croyances mais la recrudescence d'enquêtes et de témoignages d'anciens membres a cependant fini par en avoir raison.

*

* *

Dans son livre de témoignage *Un milliard d'années*, Lucas Le Gall prend plaisir à violer l'interdit de l'organisation qui l'a broyé. Il dévoile, non sans humour, le fond de la pseudo-spiritualité scientologue, faite de

1. Entretien avec les auteurs, le 2 février 2021.

créatures extraterrestres, d'une bombe à hydrogène et de 13 500 milliards d'âmes extraterrestres. « Voilà donc l'essentiel du secret de l'univers révélé dans OT3, écrit-il. Il y a 75 millions d'années, Xenu [une créature extraterrestre, N.d.A.], en sa qualité de dictateur d'une fédération intergalactique, composée de 26 étoiles et de 76 planètes, dont la Terre, décide que bon, les jardins d'Éden, tout ça, c'est bien mignon, mais qu'une fois ses mots croisés force 2 terminés, obligation est faite de constater qu'on s'ennuie plus souvent que l'on ne s'amuse dans ce morne coin de l'univers. Le vilain Xenu a apporté dans cette période de sinistre mémoire, et grâce à l'aide de psychiatres extraterrestres, 13 500 milliards de thétans [âmes ou esprits, N.d.A.] sur Terre confinés dans des vaisseaux spatiaux. [...] [Il] a jeté ces milliards de thétans dans des volcans qu'il a ensuite fait exploser avec des bombes à hydrogène. »

Ce sont ces âmes extraterrestres, agglutinées aux êtres humains, qui causent les « problèmes spirituels » dont souffre l'humanité et que la scientologie prétend soigner avec la « dianétique » – la pseudo-méthode de développement personnel inventée par L. Ron Hubbard. Inutile de sortir le carnet de chèques désormais, puisque c'est pour connaître ce secret que les adeptes de la scientologie déboursent plusieurs milliers d'euros.

La révélation de ce grand mystère, qui tient plus de l'œuvre de science-fiction que d'une initiation ésotérique, ne doit pas occulter le véritable danger que peut présenter la scientologie. Élevé par des parents scientologues, lui-même enrôlé dans l'organisation à partir de ses 11 ans, Lucas Le Gall en a fait les frais : « J'étais dénué de sens critique à ce moment-là, j'étais un parfait adepte, décrit-il. On m'a mis au travail à temps partiel à 13 ans, puis ensuite à temps complet[1]. » À 15 ans, il est envoyé dans la fraction la plus dure de la scientologie, la *Sea Org* ou organisation maritime, qui rassemble les principaux administrateurs et dirigeants de la scientologie, au quartier général européen de Copenhague. C'est là qu'il passe avec l'Église de Scientologie le contrat d'« un milliard d'années » qui donnera le titre de son livre.

« La vie est éternelle pour les scientologues, un contrat d'un milliard d'années, ce n'est finalement qu'un CDD », décrypte-t-il avec ironie. À Copenhague, il se souvient avoir vécu dans des conditions de logement et d'hygiène intenables. Il est affecté au courrier, où il passe ses journées à remplir des enveloppes et à coller des timbres. Un jour, une Française scientologue passe dans le bureau où il travaille. Il tente une plaisanterie : « À force de faire ça, je vais finir timbré. » Un trait d'esprit qui n'est pas du goût de l'organisation. Lucas est envoyé dans une sorte de camp de redressement : le *Rehabilitation Project Force* (littéralement : « force du projet de réhabilitation »), souvent comparé au Goulag soviétique. Il y travaillera une centaine d'heures par semaine avec interdiction de parler, de s'asseoir, de boire ou d'aller aux toilettes. Il perd énormément de poids, abîme son corps et ne reçoit aucun soin. Par chance, il n'y reste qu'un peu plus de deux mois. « Pour d'autres, ça a duré des mois », confie-t-il.

À la sortie du camp, ayant fait ses preuves de « parfait petit soldat », il est promu au sommet de l'organisation maritime, dans le désert californien. Il se retrouve très proche de David Miscavige, dirigeant actuel de la scientologie, qui le charge d'archiver des documents classés confidentiels. « C'est là que je découvre les méthodes de lutte contre, soi-disant, les ennemis de la scientolo-

1. Entretien avec les auteurs, le 2 février 2021.

gie, racontait-il en septembre 2020 au média en ligne Konbini[1]. Tout moyen de combat ou de lutte contre un soi-disant ou un supposé ennemi est bon à prendre. On a le droit de tout faire : du chantage, du montage de faux dossiers, de la calomnie, de l'espionnage, on embauche des détectives privés, on fait des écoutes, on passe des coups de fil à la banque, à la femme, à la famille ou à l'employeur pour raconter n'importe quoi. »

Lucas finira par s'évader de l'organisation le jour de ses 18 ans.

Questionné sur le témoignage de Lucas Le Gall, le « ministre du culte » et porte-parole de l'Église de Scientologie en France, Éric Roux, nous fait connaître par mail la position de l'organisation, soulignant que l'auteur ne publie pas sous son véritable nom : « Ce livre est un ramassis d'affabulations. L'auteur n'a jamais passé les quatre années qu'il prétend décrire au sein de l'Église. Il n'a jamais mis les pieds à Los Angeles (en tout cas pas dans le cadre qu'il décrit, ni au sein de l'Église de Scientologie) et n'a jamais vécu ce qu'il prétend avoir vécu tout au long du livre[2]. »

Les adeptes récalcitrants et autres « personnes suppressives » ne sont pas les seuls à être ciblés par la violence de la machine scientologue. À grand renfort d'argent, l'Église de Scientologie a développé une stratégie ultra-procédurière contre ceux qui tentent d'alerter ou d'enquêter à son sujet. Une stratégie dont les associations de lutte contre les dérives sectaires ont appris à se méfier pour éviter les procès. « La scientologie a plombé les comptes de l'UNADFI », témoigne Annie Guibert, ancienne présidente du CCMM. De même, sur la trentaine de procès qu'on lui a intentés dans son combat de

1. Témoignage vidéo diffusé par Konbini le 22 septembre 2020.
2. Réponses envoyées aux auteurs par mail le 22 juillet 2021.

plusieurs décennies contre les dérives sectaires, Georges Fenech, président de la Miviludes de 2008 à 2012, a le plus souvent croisé la route des scientologues.

Une menace d'autant plus importante que la scientologie dispose de ses propres services secrets : l'OSA, pour *Office of Special Affairs*, qui veille aux intérêts de la multinationale. En 2019, le média en ligne *VICE* publiait l'interview d'un ancien agent secret scientologue, qui détaillait l'organisation et les missions du service : « Il y a la partie "*Invest*", pour investigation, qui se charge d'enquêter sur les ennemis de la scientologie, révèle-t-il[1]. Elle était composée de deux personnes à temps complet. Et il y a la partie "*Legal Preps*" consacrée aux aspects juridiques où nous étions deux également. Quand il y avait un procès, des gens du *staff* venaient nous aider pour classer des documents, effectuer des recherches. Ça pouvait parfois monter jusqu'à quatorze personnes pendant un mois entier. Le patron de l'OSA en Europe était avec nous à Paris. Il venait des Pays-Bas et était membre de la *Sea Org*. »

*

* *

Arnaud Palisson, ancien membre des Renseignements généraux et auteur d'une thèse sur le mouvement de L. Ron Hubbard, a eu affaire à la scientologie dans la première moitié des années 2000. Pour le discréditer, le mouvement a redoublé ses efforts et fini par obtenir la placardisation de l'officier. « Je suis sorti de l'école de police en août 1995 et j'ai été affecté

1. Robin d'Angelo, « J'ai été membre des services secrets de la scientologie à Paris », *VICE*, 13 mai 2019.

aux Renseignements généraux dans le groupe "phénomènes cultuels", se souvient Arnaud Palisson, qui vit aujourd'hui au Canada[1]. J'y suis resté presque trois ans avant d'être coopté pour rejoindre la direction centrale des Renseignements généraux au ministère de l'Intérieur. J'y ai passé presque cinq ans, avant que la scientologie me tombe dessus. » Avant sa mise au placard, c'est pourtant son travail sur la scientologie qui a permis à Arnaud Palisson d'être remarqué par les Renseignements généraux : « Je transmettais des notes au sujet de la scientologie pendant que je préparais ma thèse sur le mouvement, tout le monde savait que je travaillais là-dessus et ils en étaient plutôt contents. Puis, un jour, c'était en février 2002, le ton a subitement changé. Je suis convoqué par mon sous-directeur qui me demande de soutenir ma thèse à huis clos ou d'en changer le titre en enlevant le mot "scientologie". Je crois qu'ils avaient peur de leur réaction. »

Arnaud Palisson tient bon. Il travaille sur cette thèse depuis huit ans et refuse de la saboter. Il décide de la soutenir en public et d'en maintenir le titre. Un journaliste du *Figaro* s'intéresse à son travail et lui propose de publier un article sur ses conclusions. Dans le même temps, Arnaud décide de mettre sa thèse en ligne sur Internet. L'article devient une double page dans *Le Figaro*, avec un lien renvoyant vers le document[2]. « Là, ça a été une véritable déflagration, se rappelle Arnaud Palisson, dont le témoignage est appuyé par plusieurs documents que nous avons pu consulter. La scientologie a réagi tout de suite. Ils étaient particulièrement fâchés que leurs services de renseignement n'aient rien vu venir. Ils m'ont attaqué

1. Entretien avec les auteurs, le 22 mai 2021.
2. Christophe Cornevin, « L'Église de scientologie vue de l'intérieur », *Le Figaro*, 13 novembre 2002.

de tous les côtés : ils ont appelé un éditeur qui voulait que j'écrive sur la scientologie pour tenter de le décourager, ils ont voulu faire annuler ma thèse en appelant le ministère de l'Enseignement supérieur et de la Recherche, ils sont allés à l'École nationale de la magistrature où je donnais des conférences à destination des magistrats. Ils ont également appelé le ministère de l'Intérieur. Le ministre de l'époque, Nicolas Sarkozy, préparait sa campagne et ne voulait surtout pas de vagues avec ce qu'il appelait alors "les minorités religieuses". » Son directeur lui demande donc de retirer sa thèse d'Internet. Arnaud Palisson refuse : « J'ai travaillé huit ans sur cette thèse, obtenu les félicitations du jury et l'autorisation de publication en l'état, c'était hors de question », balaye-t-il. Il est alors contraint de quitter le groupe de travail sur les phénomènes cultuels.

Qui se souvient aujourd'hui du Nicolas Sarkozy qui comptait sur le vote des minorités dites religieuses ? La campagne et le quinquennat de l'homme pressé correspondent à une « période noire » dans l'histoire de la lutte contre la scientologie, estime Lucas Le Gall. Alors qu'il n'est encore que ministre des Finances, Nicolas Sarkozy reçoit Tom Cruise sur une péniche en plein Paris, le 30 août 2004. Jean-Pierre Brard, membre du conseil d'orientation de la Miviludes, déclare à l'époque ne pas comprendre « qu'un ministre de la République reçoive un représentant ostensible de la scientologie [...], l'une [des dérives sectaires] les plus dangereuses connues actuellement[1]. »

Dans son livre pré-campagne, *La République, les religions, l'espérance*, Nicolas Sarkozy évoque notam-

1. « Sarkozy-Cruise : la rencontre polémique », *Le Nouvel Observateur*, 8 septembre 2004.

ment l'hypothèse de faire financer le culte par l'impôt, comme en Allemagne[1]. Il y écrit aussi : « Je reconnais la légitimité de certaines de ces "nouvelles religiosités". Toutes ne sont pas condamnables et le mot "secte" est parfois utilisé abusivement contre des mouvements spirituels nouveaux mais qui ne posent pas de problèmes en matière d'ordre public. »

Ces ambiguïtés ne vont pas se calmer à l'arrivée de l'hyperprésident à l'Élysée. En 2008, Emmanuelle Mignon, directrice de cabinet de Nicolas Sarkozy, allume un incendie qu'elle ne parviendra pas à éteindre en déclarant à l'hebdomadaire *VSD* qu'en France « les sectes sont un non-problème[2] ». Dans le même entretien, celle qu'on considère alors comme la principale conseillère de Nicolas Sarkozy en matière de cultes et qui est à l'origine de son ouvrage sur les religions s'en prend vivement à la Miviludes et à la liste des mouvements sectaires établie en 1995 : selon *VSD*, elle qualifie ainsi cette dernière de « scandaleuse » et « s'interroge » sur la classification de la scientologie – la liste étant pourtant caduque et n'étant plus utilisée comme référence par la Miviludes depuis plusieurs années. La directrice de cabinet va ensuite exprimer son vœu d'opérer une « transformation » de la Miviludes qui, « à part publier des rapports annuels », « ne fait rien » et de « rattacher ce nouvel organisme au ministère de l'Intérieur » plutôt qu'au Premier ministre[3].

« Cette interview a fait d'énormes dégâts », se rap-

1. Nicolas Sarkozy, *La République, les religions, l'espérance*, Cerf, 2004.

2. « Emmanuelle Mignon à *VSD* : "Les sectes sont un non-problème" », *VSD*, 20 février 2008.

3. « Les propos d'Emmanuelle Mignon sur les sectes provoquent la polémique », *La Croix*, 21 février 2008.

pelle Georges Fenech[1]. « Je suis allé voir Emmanuelle Mignon, elle m'a confirmé qu'elle pensait que la scientologie présentait un risque sectaire, qu'elle avait été mal comprise. Elle l'a payé très cher. » Quant au projet de refonte de la Miviludes, treize ans plus tard, Emmanuel Macron et Marc Guillaume semblent avoir réussi là où Nicolas Sarkozy et Emmanuelle Mignon avaient échoué…

*

*   *

Alors, *soft power* en faveur d'une vision plus libérale des « nouveaux mouvements religieux » prônée par « Sarko l'Américain » ou travail de lobbying payant de l'Église de Scientologie en France ? « Peut-être les deux », estime Lucas Le Gall. D'autant qu'un autre événement va mettre en lumière la capacité de l'organisation américaine à se protéger par les stratagèmes les plus sophistiqués. En 2009, l'Église de Scientologie doit affronter plusieurs procès pour escroquerie. Arnaud Palisson, qui est alors en contact avec la juge d'instruction chargée de l'enquête, se souvient : « C'est le grand procès de la scientologie en France, pour exercice illégal de la pharmacie et escroquerie en bande organisée, les deux activités qui ont été retenues par la juge d'instruction. L'affaire traînait depuis vingt ans et la juge y perdait un peu son latin, elle subissait des pressions énormes. C'est là qu'une nouvelle magistrate est nommée. Elle fait demander ma thèse et reconstruit le dossier en s'appuyant sur les conclusions que j'ai tirées. Selon moi, il fallait attaquer sur l'escroquerie en bande organisée, aller rechercher la responsabilité pénale des per-

1. Entretien avec les auteurs, le 24 février 2021.

sonnes morales et prononcer la dissolution de l'Église de Scientologie en France, ce qui est permis en cas de condamnation d'une personne morale pour escroquerie. J'ai dessiné la carte, les enquêteurs et la justice ont fait un travail colossal pour suivre le chemin. On avait trouvé la faille et démonté le système scientologue. Ils l'ont eu vraiment très mauvaise[1]. »

Sauf qu'au même moment, un texte de loi est en préparation à l'Assemblée nationale : la loi de simplification et de clarification du droit et d'allègement des procédures de 2009, un de ces textes fourre-tout très techniques, auxquels personne, pas même les députés, ne s'intéresse vraiment. « C'est un texte composé de 150 articles faits de virgules et des renvois vers d'autres textes, aucun contexte général », déroule Arnaud Palisson.

Dans ce projet de simplification, un article va pourtant modifier un élément déterminant pour l'affaire en cours. Le 14 septembre 2009, la Miviludes annonce en effet qu'une modification, votée le 12 mai et promulguée le 13 mai, ne permet plus à un magistrat de dissoudre les personnes morales condamnées pour escroquerie. C'est l'article 122 de la proposition de loi qui a été altéré, supprimant tout simplement cette peine. Cette modification législative met donc en échec les partisans d'une dissolution de la scientologie, qui voyaient dans le procès de juin 2009 la possibilité de voir l'organisation perdre son existence légale en France.

À l'Assemblée et au ministère de la Justice, c'est la douche froide : impossible de trouver l'origine de cette modification, que la proposition de loi dans sa rédaction initiale ne prévoit pas. Comment un texte de loi peut-il être modifié sans la volonté expresse de la repré-

1. Entretien avec les auteurs, le 2 février 2021.

sentation nationale ou du gouvernement ? Le directeur de cabinet de la ministre de la Justice, qui n'est autre que l'actuel procureur général près la Cour de cassation François Molins, lance alors une « discrète » enquête interne pour comprendre ce qui s'est passé[1]. Du bureau des députés à celui du garde des Sceaux, le cheminement du texte est « minutieusement retracé ». Finalement, Bernard Accoyer, le président de l'Assemblée nationale d'alors, invoquera une « erreur matérielle »[2].

« Une explication ridicule, fustige Arnaud Palisson. Ce qui interpelle, c'est que le journal *Le Point* révèle à l'époque s'être procuré un e-mail daté du 8 juillet 2009 dans lequel William C. Walsh, avocat américain des scientologues, explique à un journaliste du *Wall Street Journal* qu'"une modification du code pénal a rendu impossible" la dissolution de la scientologie. » En juillet 2009, pourtant, la Miviludes ne s'est pas encore aperçue de la modification et personne à l'Assemblée ni parmi les magistrats chargés du procès de l'Église de Scientologie n'a encore pris conscience du problème ou ébruité l'information. L'avocat américain assurera avoir été informé de ce changement par « un sociologue dont il préfère taire le nom ». À l'époque, plusieurs personnalités comme le président de la Miviludes Georges Fenech ou le député communiste Jean-Pierre Brard n'hésitent pas à dénoncer une « infiltration » de la scientologie[3] – qui sera tout de même condamnée, mais pas dissoute. Le texte de loi sera quant à lui rétabli dans sa forme initiale en urgence dès le mois de novembre 2009.

Interrogé sur cette affaire, Éric Roux balaie les accusations au nom d'une chronologie inadéquate :

1. « Scientologie : la dissolution perdue », *BulleS*, n° 104, décembre 2009.
2. *Ibid.*
3. « La scientologie a-t-elle infiltré la Chancellerie ? », *Le Nouvel Observateur*, 15 septembre 2009.

« Il n'y a jamais eu le moindre début de preuve que l'Église ait eu quoi que ce soit à voir avec cette modification, qui datait (au début de son parcours législatif) de plus d'un an, à une époque où l'Église bénéficiait d'un non-lieu dans l'affaire en question et n'était pas renvoyée devant le tribunal correctionnel. Il eût fallu de sacrées qualités de devin pour chercher à modifier une loi à ce moment. » Et le porte-parole d'accuser Georges Fenech, l'UNADFI et « de nombreux acteurs politiques opposés au mouvement » d'avoir voulu « sauter sur l'occasion pour intervenir dans de nombreux médias afin de présenter l'Église comme responsable de manœuvres »[1].

*

* *

Une décennie plus tard, la scientologie semble ne rien avoir perdu de son influence – politique, d'abord. Ce n'est certes plus Emmanuelle Mignon qui prend la défense de la multinationale américaine mais c'est toujours Tom Cruise qui en fait la promotion jusqu'à l'Élysée. L'acteur de *Mission impossible* s'est fait introduire auprès du président de la République Emmanuel Macron et de son épouse, le 14 juillet 2018, via une nouvelle figure de l'ombre, Pascale Jeannin Perez, laquelle est passée par l'intermédiaire de son ami Alexandre Benalla, ancien homme à tout faire du président, comme le révèle *L'Obs* en novembre 2019[2]. Certaines sources anonymes, interrogées par le magazine, prêtent des liens avec la

1. Réponses envoyées aux auteurs par mail le 22 juillet 2021.
2. Caroline Michel-Aguirre, « Pascale Perez, l'amie mystérieuse d'Alexandre Benalla », *L'Obs*, 7 novembre 2019.

scientologie à la femme d'affaires proche des réseaux sarkozystes[1].

L'Église de Scientologie ne semble pas non plus avoir renoncé à ses projets d'installation pérenne sur le territoire français. Le Celebrity Centre de Paris organise désormais des soirées scène ouverte pour attirer les jeunes dans les églises du mouvement[2]. Les centres de niveau supérieur de ce type sont d'ordinaire réservés aux artistes, personnalités du spectacle et autres *people*. La scientologie dispose également d'autres émanations qui ne disent pas leur nom. « Le Narconon est aujourd'hui bien identifié comme étant une de leurs filiales, prévient Arnaud Palisson. Ils prétendent pouvoir guérir les addictions. » D'après lui, cette association permettrait surtout de recruter de nouveaux membres. De même, la Commission des citoyens pour les droits de l'homme sert de vitrine à la scientologie pour lutter contre ce qu'elle considère comme des abus dans la psychiatrie, que L. Ron Hubbard dénonçait de manière virulente. Autant d'indices qui démontrent la séduction persistante exercée par la scientologie auprès d'une élite économique – y compris à Saint-Denis, destiné à devenir un futur quartier d'affaires et dont la vitalité économique promet d'être magnifiée par les Jeux olympiques de 2024.

La mairie de Saint-Denis est pour sa part déterminée à tout faire, avec l'aide discrète du ministère de l'Intérieur, pour freiner l'installation de « l'organisation idéale » scientologue dans la commune. Une erreur, selon Arnaud Palisson : « Ce n'est pas en déployant de l'énergie sur des mesures administratives qu'ils en viendront à bout. » La solution ? « Faire condamner la sciento-

---

1. Pascale Jeannin Perez n'a pas répondu à notre demande d'interview, envoyée par formulaire de contact sur son site Internet le 5 juin 2021.
2. Robin Richardot, « L'Église de scientologie en mission discrète », *M, le magazine du Monde*, 9 avril 2021.

logie au pénal et prononcer sa dissolution », insiste-il une nouvelle fois.

Quelle que soit la stratégie retenue, les autorités se méfient plus que jamais du pouvoir de nuisance de l'Église de Scientologie. « Tout ce que l'on peut vous dire, c'est qu'on travaille sur la scientologie, nous glisse une source gouvernementale dans le plus grand secret. Pour des raisons évidentes, nous ne pouvons pas communiquer à ce sujet. »

PARTIE IV

L'emprise au nom de Dieu

13

Le pasteur repenti

Sur son compte Twitter, il se décrit comme un « pasteur évangélique repenti ». Avec sa voix posée, ses lunettes en écaille et son cardigan bordeaux, difficile d'imaginer Hugo Albandea, 33 ans, délivrer des prédications exaltées sur l'Évangile à une assemblée de fidèles en transe. Pourtant, le trentenaire désormais journaliste et athée a occupé pendant six ans, entre 2012 et 2018, la fonction de pasteur dans l'église pentecôtiste du Tabernacle à Auxerre, dans l'Yonne.

Né en région parisienne, il a grandi sans éducation religieuse dans la campagne aux alentours de Dijon, en Côte-d'Or. Sa mère, institutrice, est de la « vieille gauche laïcarde, anticléricale et antireligieuse », nous raconte l'ancien pasteur[1]. Il n'a que 11 ans lorsque son père, employé de banque, se convertit à l'église du Tabernacle de Dijon, entraîné par un collègue de bureau. Après son divorce, sa pratique religieuse s'intensifie. Son fils, désormais âgé de 19 ans, lui emboîte alors le pas.

1. Entretien avec les auteurs, le 3 décembre 2020.

Le lieu de culte se situe dans une zone commerciale à Chenôve, en banlieue de Dijon. À l'extérieur, rien, pas même une croix : le bâtiment ressemble à n'importe quel autre. L'église elle-même consiste en une pièce sobre aux murs blancs et à la moquette bleue. La centaine de fidèles s'installe sur des chaises rouges pour assister au culte, face à une petite estrade cernée par des baffles et à une batterie, destinée à accompagner les chants de la louange. « J'aurais pu être dans un séminaire d'entreprise, résume Hugo. Le côté moderne m'a plu. J'avais l'impression d'être face à des gens qui avaient les deux pieds dans leur époque. »

Chez les évangéliques, le baptême se fait à l'âge adulte ou à l'adolescence, par immersion. Au Tabernacle, Hugo est séduit par l'atmosphère chaleureuse et se rapproche des jeunes de l'église. « C'était la fin de mon adolescence, j'étais encore très peu sûr de moi. Ils ont su me proposer un discours rassurant par rapport à qui j'étais. » Son célibat, qui lui pèse et le place en décalage par rapport à la plupart de ses amis, est au contraire, pour ses nouveaux camarades évangéliques, « valorisé aux yeux de Dieu ».

Contrastant avec la modernité de son culte, son dynamisme et ses chants aux airs pop-rock, l'église pentecôtiste met fortement l'accent sur la moralité des comportements, notamment sexuels. Les rapports avant le mariage sont strictement prohibés, tout comme le divorce. L'union avec une personne non chrétienne est fortement déconseillée. Contacté, le pasteur Michel Marvane, fondateur du Tabernacle, assume « croire aux valeurs chrétiennes sur le sujet » mais dit avoir déjà marié des personnes divorcées ou des « couples mixtes »[1].

1. Entretien avec les auteurs, le 31 mai 2021.

Parmi cette jeunesse pieuse, Hugo trouve un fort «sentiment d'appartenance» et des «valeurs claires auxquelles adhérer». Fini les sorties en boîte, l'alcool, les joints en soirée. «J'ai perdu quasiment tous mes amis de l'époque, du lycée. Très vite, ils ne m'ont plus reconnu. J'ai essayé de les emmener à l'église mais ça n'a pas marché.» Hugo, lui, s'engage de plus en plus dans son église, aide à faire le ménage ou à servir le café, joue de la guitare basse dans le groupe de louange. Il participe aussi, l'été, aux travaux de réfection du centre missionnaire, à Dijon, qui pilote l'implantation d'églises en Afrique. «Le credo du pasteur, c'était : si vous voulez des responsabilités, il faut vous mettre au travail, gravir les échelons en faisant vos preuves.»

Avant de partir à l'église d'Auxerre pour y devenir pasteur, le jeune homme, chargé d'encadrer le groupe de jeunes, se rend au Tabernacle de Dijon pratiquement chaque soir de la semaine. La foi est omniprésente dans son quotidien. «Ma mère l'a très mal vécu, se souvient-il. Pour elle, j'étais dans une secte. Je lui ai toujours soutenu le contraire, y compris au début de ma déconversion. Maintenant, avec le recul, je pense qu'elle avait en partie raison, qu'il y a des aspects qui étaient très sectaires. Mais elle est restée discrète et m'a toujours laissé la liberté de choisir.»

Sans structure centralisée ni clergé, les évangéliques ont un rapport très direct à la Bible et, bien souvent, une volonté de vivre comme les premiers chrétiens. Des pratiques spirituelles telles que la «guérison miraculeuse», la prophétie ou encore le «parler en langues[1]»,

1. Le «parler en langues» ou glossolalie est une pratique spirituelle inspirée de l'Évangile et présente dans certains courants chrétiens qui consiste à prier à voix haute dans une langue inintelligible.

soufflées d'après eux par le Saint-Esprit, sont remises au goût du jour. L'évangélisation, qui peut facilement basculer dans le prosélytisme, est présentée comme un impératif pour chaque chrétien. Avec succès : en forte croissance à l'échelle mondiale, les chrétiens évangéliques représenteraient environ un million d'adeptes, soit 1,5 % de la population française, d'après l'historien au CNRS Sébastien Fath, spécialiste de l'évangélisme[1]. Une nouvelle église ouvrirait en moyenne tous les dix jours, à en croire le CNEF[2], créé en 2010, qui dit regrouper 70 % des églises évangéliques du pays[3].

*

* *

En épluchant le dernier rapport de la Miviludes, nous sommes surpris par l'ampleur des signalements concernant les milieux évangéliques. En 2016, l'organisme en a reçu 212, sur un total national de 1 497 mentionnant explicitement un mouvement. Il s'agit ainsi du groupe religieux suscitant le plus d'inquiétudes liées à des dérives sectaires, loin devant le bouddhisme, le catholicisme et l'islam. Un constat qui nuance l'analyse de Serge Blisko, ancien président de la Miviludes, selon laquelle le phénomène sectaire concernerait de moins en moins les religions. Rapportés au 1,5 % de la population française que représentent les évangéliques, ces chiffres nous interrogent. Faut-il y voir un terreau particulièrement favorable à l'emprise ? Didier Pachoud, ancien cheminot de 62 ans, a été membre dans les années 1980

1. Claire Cambier, « Laurence Rossignol met en garde contre le rôle des évangéliques "dans les quartiers" : amalgame ou réelle atteinte à la laïcité ? », LCI, 15 octobre 2019.

2. Conseil national des évangéliques de France.

3. Site Internet du CNEF.

du mouvement pentecôtiste des Assemblées de Dieu. « J'ai souvent entendu dire : la vérité, c'est ça, les autres sont dans l'erreur. Ça dénote un esprit manichéen, relativement exclusif. Ces mouvements attirent beaucoup de gens en difficulté, en détresse. On vous parle de guérison divine, Jésus n'a pas changé, il guérissait les aveugles il y a deux mille ans et le fait toujours. J'ai rencontré des adeptes qui, confrontés au côté invasif des thérapies contre le cancer, ont opté pour la guérison divine. Personne ne le leur a demandé mais c'était l'état d'esprit de ces milieux[1]. » Après avoir quitté le monde évangélique, Didier Pachoud a fondé à Marseille le GEMPPI, devenu l'une des associations de lutte contre les dérives sectaires les plus reconnues.

Dans ce foisonnement d'églises aux sensibilités diverses, le CNEF fait office de « caution de sérieux », comme nous le confiait Serge Blisko dans notre précédent livre[2]. « Pour la Miviludes, la majorité des églises évangéliques ne posent pas problème mais, comme dans tout groupe religieux, des dérives de nature sectaire sont possibles, nous précise la secrétaire générale actuelle de l'organisme, Anne Josso, qui confirme le nombre croissant de signalements depuis dix ans[3]. Dans leur grande majorité, les structures signalées ne sont pas affiliées au CNEF, il est donc prudent de vérifier si l'église est reconnue ou non. » Près de 400 églises différentes ont été signalées, allant de grandes structures internationales à de petites églises locales, parfois clandestines ou tenues par des pasteurs sans formation. Parmi les dérives les plus récurrentes, Anne Josso cite les excès de la guérison miraculeuse et l'évangile de la prospérité.

1. Entretien avec les auteurs, le 16 novembre 2020.
2. Jean-Loup Adénor et Timothée de Rauglaudre, *Dieu est amour. Infiltrés parmi ceux qui veulent « guérir » les homosexuels*, *op. cit.*
3. Réponses envoyées aux auteurs par mail le 18 juin 2020.

Courant théologique controversé, condamné dès 2012 par le CNEF, l'évangile de la prospérité est né au Texas aux lendemains de la Seconde Guerre mondiale[1]. En interprétant à leur guise certains versets bibliques, ses pasteurs affirment que Dieu rend au centuple les dons des fidèles à leur église. Ceux qui donnent beaucoup obtiendraient richesse, succès et bonne santé ; à l'inverse, la pauvreté s'expliquerait par un manque de foi et de contribution financière. L'opulence assumée dans laquelle vivent ces pasteurs est présentée comme un signe que l'évangile de la prospérité fonctionne. En France, cette doctrine s'est répandue à partir de la fin des années 1980 à travers des églises rassemblant des milliers de fidèles et encaissant des millions d'euros de dons chaque année : le Centre d'accueil universel, originaire du Brésil – où ses leaders soutiennent le président d'extrême droite Jair Bolsonaro –, mais aussi les *megachurches* ou « mégaéglises » Charisma, Paris Centre chrétien et Impact Centre chrétien.

Au début de la crise du Covid-19, Yvan Castanou, pasteur principal de cette dernière église, située à Boissy-Saint-Léger, dans le Val-de-Marne, assimilait la pandémie à une « œuvre du Diable » que seule son église serait « capable de réprimer », tandis que lui serait un homme qu'« aucune maladie contagieuse ne peut atteindre »[2].

Pour les fidèles aux ressources précaires, les discours sur la prospérité peuvent être vécus comme de violentes décharges. « Quand on a la crainte de Dieu et qu'on parle

1. Timothée de Rauglaudre, « Les habits religieux de l'ultralibéralisme : enquête sur l'évangile de la prospérité », *La Revue du Crieur*, n° 17, 5 novembre 2020.

2. Jean-Loup Adénor, « La pandémie de Covid-19, une aubaine pour les théoriciens de la fin du monde », *op. cit.*

d'argent, on a peur, explique Marie[1], 61 ans, qui a fréquenté le Centre d'accueil universel à Paris à la fin des années 1990. C'est Dieu qui nous donne, donc il faut redonner[2]. »

À l'époque au chômage, dépourvue de la nationalité française, elle donne à l'église l'équivalent de 300 euros, soit tout ce qu'elle a sur son compte en banque. Ceux qui n'ont rien sont incités à déposer par exemple leurs clés de voiture sur « l'autel »[3]. Vingt ans après avoir quitté le Centre d'accueil universel, Marie, redevenue catholique, en garde des séquelles : « Ça m'a blessée. Ils profitent de nous. On se casse la tête et eux profitent. »

Aujourd'hui, l'église a pignon sur rue, avec plus d'une trentaine de centres dans le pays, dont une majorité dans les banlieues d'Île-de-France et l'outre-mer. Durant la crise sanitaire, alors que certains étudiants étaient en détresse sociale, privés de cours en présentiel et isolés dans leur chambre, le Centre d'accueil universel faisait de la promotion sur certains campus. À Tours ou à Évry, des étudiants ont signalé de petites enveloppes jaunes retrouvées dans leur université[4]. On n'y découvre pas tout de suite le logo de l'église, mais deux slogans : « 1001 raisons de recommencer » puis « *Help*, je ne te juge pas, je t'aide ». À l'intérieur des enveloppes, des tracts diffusent des citations dignes d'un livre de développement personnel – comme « La fin est un bon motif pour recommencer » –, ainsi que le

1. Son prénom a été modifié pour préserver son anonymat.
2. Entretien avec les auteurs, le 27 juillet 2020.
3. Le Centre d'accueil universel a décliné notre demande d'interview dans un mail envoyé aux auteurs le 1er juin 2021, en réponse à nos sollicitations adressées par mail le 26 avril et le 31 mai.
4. Ségolène Ginter d'Agrain, « Des tracts d'un groupe religieux soupçonné de dérives sectaires retrouvés dans plusieurs campus étudiants », *Le Figaro*, 16 mars 2021.

numéro d'une ligne d'écoute et l'adresse de l'église la plus proche.

*

* *

Leeroy, 39 ans, a découvert quelques années plus tôt, en 2003, une autre église de la région parisienne – une *megachurch*, cette fois – : Charisma. Créée en 1989 par le pasteur portugais Nuno Pedro, transfuge de l'église Parole de foi, elle aurait dépassé celle-ci en nombre de fidèles pour atteindre les 20000 membres revendiqués, ce qui en ferait la plus grande église évangélique de France. Lorsqu'il pousse la porte de l'église à Saint-Denis, séduit par son dynamisme et ses chants, Leeroy en devient un membre actif – au point de quitter sa compagne de l'époque et son emploi de tourneur-fraiseur dans l'aéronautique et d'arrêter de parler à la partie de sa famille qui ne veut pas le suivre à Charisma.

Selon Leeroy, le pasteur Nuno Pedro, autoritaire, utilise à ses fins la Bible pour prêcher l'évangile de la prospérité de manière intéressée : « Il va jusqu'à sous-entendre que si une personne croyante n'est pas assez riche, c'est qu'il y a un problème. Ceux qui travaillent sans gagner beaucoup ou les chômeurs se sentent un peu lésés mais ne le disent pas. Il ne faut pas se plaindre. Des personnes ont fini à l'hôpital psychiatrique[1]. »

Leeroy voit parfois passer des chèques de 10000 ou 20000 euros. Lui-même, alors qu'il était au chômage, estime avoir donné à Charisma environ 20000 euros en six ans. « Le pasteur disait que si on ne donnait pas

1. Entretien avec les auteurs, le 26 juin 2020.

nos dîmes et offrandes, on irait en enfer[1] », assure un autre ancien adepte dans un témoignage recueilli par la Miviludes. Tandis qu'une grande partie des fidèles de l'église mènent une existence précaire, le pasteur portugais vivrait, lui, dans une grande maison avec piscine à Compiègne, dans l'Oise[2].

En 2008, Leeroy tombe dans le coma après un accident de la route. Réalisant avec amertume que ses coreligionnaires ne lui rendent pas visite à l'hôpital, contrairement à ses anciens proches dont il s'était éloigné, il décide de couper les ponts avec Charisma. Lorsqu'il commence à critiquer son ancienne église sur les réseaux sociaux, il reçoit, dit-il, des appels anonymes : « Arrête de parler ou tu auras des problèmes. » Les membres qui souhaitent partir de ce type d'églises seraient d'ailleurs menacés. « Une mère m'a appelée récemment à propos de son fils, raconte Pascale Duval, porte-parole de l'UNADFI[3]. Alors qu'il était dans le métro, un groupe est entré pour faire de la musique et a repéré que ça l'intéressait. Ils lui ont parlé d'un concert. Sur place, il y avait effectivement un concert mais aussi un prêche. Il a essayé de sortir en marche arrière et a été attrapé par quatre hommes à la sortie, qui l'ont entraîné dans un bureau, menacé, molesté. »

Ces églises richissimes sont bien connues des services de la Miviludes. Celle-ci nous indique avoir reçu, entre 2015 et 2020, 20 signalements sur Charisma, 40 sur le Centre d'accueil universel et 30 sur Impact Centre chrétien. Deux de ces églises, initialement bap-

1. Charisma et le pasteur Nuno Pedro n'ont pas répondu à notre demande d'interview, envoyée par mail le 26 avril puis réitérée le 31 mai 2021.

2. Timothée de Rauglaudre, « Les habits religieux de l'ultralibéralisme : enquête sur l'évangile de la prospérité », *op. cit.*

3. Entretien avec les auteurs, le 9 juin 2020.

tisées Parole de foi et Église universelle du Royaume de Dieu, figuraient déjà dans le rapport parlementaire de 1995 sur les sectes – qui n'a aujourd'hui, rappelons-le, aucune valeur juridique. Pour faire peau neuve, elles ont depuis changé de nom pour devenir respectivement… Paris Centre chrétien et le Centre d'accueil universel.

*

* *

Au-delà des structures à résonance internationale qui ont importé cette idéologie politico-religieuse depuis les États-Unis ou le Brésil, l'évangile de la prospérité se diffuse dans de plus petites églises, que les associations et la Miviludes ont davantage de difficulté à surveiller.

Sur sa chaîne YouTube, Annabelle[1] a l'habitude de dispenser des conseils de décoration, de beauté ou de motivation. Cette fois-ci, en plein hiver 2018, elle décide de se livrer sur un sujet beaucoup plus intime, qui lui tire les larmes des yeux derrière sa caméra. « J'étais vraiment dans une grande situation de précarité », se confie-t-elle à nouveau, auprès de nous, en novembre 2020[2]. Élevée dans la foi évangélique au Cameroun, elle arrive en France à l'âge de 28 ans. Sans papiers ni domicile fixe, en recherche de « réconfort », elle se retrouve dans des églises en banlieue parisienne où « on parle uniquement d'argent, de la prospérité ». Là encore, les dons sont censés aller directement à Dieu, qui les ferait ensuite fructifier dans la vie des fidèles. Annabelle, elle, n'a rien à donner.

« C'étaient mes premiers pas dans un pays étranger. Je me sentais comme délaissée, comme n'étant pas élue

1. Son prénom a été modifié pour préserver son anonymat.
2. Entretien avec les auteurs, le 17 novembre 2020.

pour faire partie du peuple béni de Dieu, parce que je n'avais rien, je ne pouvais pas donner à Dieu. Je me suis sentie culpabilisée. » Elle réalisera que, dans une de ces églises, les personnes qui témoignent de leur réussite financière grâce à leurs dons sont en fait des proches du pasteur. Dans une autre, le pasteur partira avec la caisse pour retourner vivre en Afrique, « comme si c'était une entreprise ».

Brisée par ces expériences, elle tourne le dos à la foi durant plusieurs années avant de trouver une église pentecôtiste où elle se sent « à l'aise ». « Dieu n'a pas besoin qu'on lui donne pour nous bénir : il est tout-puissant », conclut-elle, émue. Après la publication de sa vidéo sur YouTube, Annabelle a reçu de nombreux messages d'encouragement. « J'ai compris qu'il y avait beaucoup de personnes en souffrance, qui vivaient des situations comparables. » Sans l'aide d'une quelconque doctrine de prospérité, la femme de 47 ans a repris des études et travaille désormais à plein temps.

*

* *

Ni les grandes églises prêchant l'évangile de la prospérité ni celles qu'a côtoyées Annabelle ne sont membres du CNEF. Toutefois, le regroupement d'églises évangéliques le plus important du pays n'est pas épargné par les dérives. « Pour moi, être membre du CNEF n'est pas un certificat de blancheur, juge Didier Pachoud, prudent. C'est un mieux, une régulation. Ils sont juges et parties, essaient d'avoir une bonne image. La finalité, c'est de se serrer les coudes, pas de faire le ménage parmi eux. »

Hugo Albandea peut en témoigner. Son ancienne église, le Tabernacle, a été ouverte en 1992 par le pasteur Michel Marvane. Celui-ci est arrivé à Dijon en 1989 dans le but d'évangéliser pour le compte de l'Église évangélique missionnaire de Besançon, épinglée par les rapports parlementaires de 1995 et de 1999 sur les sectes et par plusieurs associations de lutte contre les dérives sectaires, témoignages à l'appui. « Voyant la dérive sectaire, il a quitté le mouvement assez rapidement pour faire cavalier seul, raconte Hugo. Mais toute sa théologie vient de cette église-là. » Michel Marvane nous explique ce départ : « J'ai quitté cette union d'églises car je trouvais que, à cette époque, elle manquait d'ouverture sur l'ensemble du monde protestant évangélique. Il y avait une tendance à un repli sur soi qui me dérangeait[1]. » Aujourd'hui, l'église du Tabernacle est membre du CNEF.

Alors qu'il fait ses premiers pas dans l'église, Hugo confie à son pasteur sa lecture du moment, *Les Frères Karamazov* de Fiodor Dostoïevski. « Tu perds ton temps avec ça, lis plutôt des livres chrétiens ! » aurait balayé l'homme de foi. Dans cette église, la culture et les loisirs n'ont d'utilité que s'ils servent l'œuvre de Dieu, selon le jeune homme : « Absolument tout dans ta vie doit être pour Dieu, sans aucune exception. Ça a été quelque chose de très lourd à porter, qui m'a beaucoup culpabilisé. » Lors des cultes ou des entretiens pastoraux, les prières de délivrance ne sont pas rares. Elles visent à chasser les « démons » du corps des adeptes, que ceux-ci soient responsables de « péchés », notamment d'ordre sexuel, ou de problèmes psychologiques. « Il y avait beaucoup de confusion. Moi qui avais fait des études de psychologie, j'avais un problème avec ça, le mélange permanent des genres entre démon et pro-

1. Entretien avec les auteurs, le 31 mai 2021.

blème psychologique. La doctrine, c'était qu'un psychologue ne savait pas apporter de vraie solution, parce qu'il y a toujours une dimension spirituelle au mal-être des gens ou aux problèmes de comportement. »

Michel Marvane s'en défend : « Nous pratiquons la délivrance parce que nous croyons qu'il y a un monde spirituel et que certaines personnes peuvent être influencées ou sous contrôle de ce monde spirituel. Quand des personnes sont touchées psychologiquement ou atteintes de dépressions, nous ne croyons pas que le seul remède à ces pathologies se trouve dans la prière ou l'action de délivrance. » Et le pasteur de préciser que la communauté compte plusieurs psychologues et psychiatres, fréquemment consultés par les fidèles.

De son côté, Clément Diedrichs, directeur du CNEF, estime qu'il n'y a pas de conception purement spiritualiste de la santé chez les évangéliques : « Nous récusons totalement cette idée que la guérison miraculeuse, la prière, soit le seul moyen de guérir[1]. »

Au Tabernacle, le discours sur les influences démoniaques n'est jamais aussi présent que lorsque des pasteurs étrangers arrivant d'Angleterre, d'Afrique, du Brésil ou des États-Unis sont invités à l'église. Un jour, un pasteur américain, missionnaire au Mexique, explique qu'il voit fréquemment des résurrections et des miracles et que les chrétiens peuvent être guéris à l'aide de mouchoirs. « Le but de ces interventions, c'était de nous encourager à faire comme eux, insuffler la culture évangélique dans d'autres pays. Ils disaient qu'on ne voyait pas assez de miracles en France, qu'il fallait qu'on se bouge. » Contrairement à Charisma ou au Centre d'accueil universel, le discours sur la prospérité n'est pas central au Tabernacle, même si les dons

1. Entretien avec les auteurs, le 7 mai 2021.

sont vivement encouragés. « Le pasteur a toujours tenu un discours assez ferme là-dessus. Il faut absolument donner sa dîme, 10 % c'est le minimum. Votre argent appartient à Dieu : si vous voulez vous présenter devant lui sans rougir, il faut au moins donner la dîme et la compléter par des offrandes. » Encore étudiant, Hugo donne 20 euros par mois pour le centre missionnaire et vide son livret d'épargne, « pas énorme à l'époque ». « Nous prions chaque dimanche pour les offrandes mais chacun est libre de mettre ou de ne pas mettre », affirme Michel Marvane.

En douze ans, Hugo ne verra jamais un seul représentant du CNEF mettre les pieds au Tabernacle pour un contrôle ou même une visite de routine, pas plus à Auxerre qu'à Dijon. « L'un des problèmes de l'évangélisme en France, c'est que les églises font absolument ce qu'elles veulent, affirme l'ex-pasteur. Si quelqu'un se déclare pasteur, il peut fonder une église. Si ça s'implante bien, il peut demander à adhérer au CNEF, il n'y a aucun problème. Il n'y a aucun contrôle, on ne vous demande pas ce que vous faites avant d'adhérer. »

Clément Diedrichs nous confirme que son institution n'effectue pas de contrôles dans les églises membres, sauf demande d'une union d'églises, car ce serait contraire à la « conception ecclésiologique et théologique des évangéliques ». Le CNEF dispose toutefois d'un mécanisme de contrôle horizontal : « Notre déontologie, c'est que nous nous sommes donné un droit d'interpellation entre les membres, non pas pour légiférer pour les autres, mais interpeller quand on voit qu'il pourrait y avoir chez un pasteur, un responsable d'église ou autre, une déviance en termes d'orthopraxie[1], notam-

1. L'orthopraxie est le respect strict de la pratique religieuse telle que

ment une forme d'emprise mentale, d'abus, d'autorité sur les gens. » Il est ainsi arrivé qu'une association soit exclue de l'institution par ce biais-là.

Au cours de notre entretien, nous remarquons une définition assez restrictive de la notion de dérive sectaire dans le discours de Clément Diedrichs. Nous décidons alors de lui demander son opinion sur la politique menée en la matière par les pouvoirs publics en France : « On comprend tout à fait que l'État se préoccupe de la situation des sectes. Mais nous sommes dans une société française, où l'expression "ce n'est pas catholique" est très forte, où il est a priori supposé que si on n'est pas forcément dans la ligne majoritaire de la question religieuse, on est potentiellement une secte. C'est une donnée française qui fait la différence notamment avec les États-Unis. » Il jette un regard sévère sur les méthodes de la Miviludes : « Il peut y avoir une sorte de police de la pensée et même des comportements. À travers une volonté de lutter contre les dérives sectaires, on peut être aussi dans une forme d'inquisition d'État. »

Le pasteur veut toutefois « avoir confiance » dans la « nouvelle Miviludes », intégrée au ministère de l'Intérieur, dont il a rencontré les responsables et qu'il trouve plus « objective ». Il regrette toutefois la présence, dans le conseil d'orientation, de « gens orientés », et craint une « mainmise renforcée d'une certaine idéologie ». Concernant l'église du Tabernacle, Clément Diedrichs assure n'avoir reçu aucun signalement de dérives : « Pour bien connaître trois des responsables, je ne peux pas dire qu'il n'y ait pas eu d'exagérations sur certains cas particuliers, je n'en sais rien, mais ce n'est vraiment pas une église pour laquelle j'aurais des craintes. »

décrite dans l'Évangile.

*
* *

Hugo Albandea n'est pas tout à fait du même avis. En 2012, le fils du pasteur de Dijon, Matthieu Marvane, décide de quitter son ministère dans la succursale d'Auxerre pour se lancer dans une carrière musicale. Hugo, alors instituteur dans le chef-lieu de l'Yonne, est désigné pour le remplacer. Bien qu'il n'ait suivi aucune autre formation théologique que des cours par correspondance, il accepte sans broncher. « J'y ai vu un appel de Dieu. J'étais dans l'optique que c'était Dieu qui guidait ma vie, que ce qui m'arrivait était de son ressort. »

Assez différente de la maison mère dijonnaise, l'église du Tabernacle d'Auxerre est située dans un quartier pavillonnaire du centre-ville, dans un appartement où une cloison a été abattue. À l'intérieur, les douze fidèles que compte alors l'église retrouvent la même sobriété.

Quand Hugo quittera à son tour le ministère, six ans plus tard, le nombre de membres aura atteint la trentaine. « Chez les évangéliques, un pasteur qui réussit est un pasteur qui fait croître son église, explique-t-il. La croissance numérique passe avant tout. Il y avait une très forte pression à ce niveau-là. » Passé de l'autre côté de la barrière, le jeune pasteur réalise l'importance de la « mise en scène », de la « mise en condition » et des « mécanismes de suggestion » qui se jouent lors de certaines pratiques spirituelles, comme la guérison miraculeuse ou le « parler en langues ».

« C'est dans ces moments que la douleur disparaît, qu'on a l'impression que sa dépression est partie. Malheureusement, dans tout ce que j'ai vu, la douleur revient, la dépression revient si on ne la traite pas sérieusement, avec une thérapie. Dans les faits, je n'ai jamais vu quoi que ce soit d'extraordinaire au-delà de l'effet placebo, du contexte, des mots encourageants des pasteurs. Pour le "parler en langues", il faut se forcer au début, imiter celui des autres. Parfois, quand un pasteur prie pour quelqu'un en lui imposant les mains, il s'attend tellement à ce que vous tombiez qu'il vous pousse un peu… »

Comment sortir d'un monde où le dévouement à Dieu et, surtout, aux pasteurs devient total ? Certains n'ont parfois pas le choix. Voilà quatre ans que Sandrine a quitté l'église pentecôtiste qu'elle fréquentait depuis son enfance. Rattachée au CNEF, celle-ci est située dans une région rurale qu'elle ne nommera pas. « C'est du formatage, qu'on le veuille ou non, nous raconte-t-elle. C'est avec le recul que je reconnais que c'est une secte. L'immoralité sexuelle est au centre de ces églises-là[1]. »

Elle découvre l'église enfant, sous la contrainte de sa mère, séparée de son père. « La plupart des gens qui adhèrent sont fragiles, isolés, viennent de subir un divorce. » Sandrine décrit des pasteurs « intrusifs », utilisant l'intimité des fidèles pour nourrir leurs réunions de prière. Pour pouvoir servir à l'église, faire de la musique lors de la louange, il faut être baptisé, marié et ne pas vivre dans le péché. C'est ainsi que sa mère refusera pendant des années le divorce, interdit dans l'église. « Elle s'est engagée dans des combats procéduriers parce que le Seigneur ne voulait pas du divorce. Mon père, qui n'était pas évangélique, ça l'a abîmé. Il en a subi les dégâts collatéraux. »

Un pasteur s'oppose aussi au mariage de sa propre

1. Entretien avec les auteurs, le 18 novembre 2020.

fille avec un autre membre de l'église, atteint d'une maladie chronique. « Il y a eu un acharnement dans les prières pour que le mariage ne se fasse pas, il fallait qu'il soit guéri pour qu'elle l'épouse. »

En parallèle des cultes, les fidèles consultent le Top-Chrétien, site web qui permet d'accéder à des contenus évangéliques et qui attire chaque mois des centaines de milliers de visiteurs. Son fondateur, Éric Célérier, ambassadeur en France de Joyce Meyer – prophète américaine dite « modérée » de la prospérité – est considéré dans l'église comme une figure du « *star system* évangélique ». « Il y a des élites, une hiérarchie, ça entraîne beaucoup de mépris envers nous, les pauvres fidèles », critique Sandrine, à l'époque au RSA. Le pasteur demande aux membres de l'église de préparer leur dîme tout au long de la semaine. « J'ai toujours entendu : plus vous donnerez, plus vous recevrez, le Seigneur vous le rendra au centuple. Le pasteur, lui, avait une belle maison, sa voiture avait été achetée par l'église. »

Aux manettes de l'assemblée pentecôtiste, le « tribunal des anciens », composé de personnes « persuadées d'avoir des dons », encadre la vie privée des fidèles. Ainsi, lorsque la jeune femme se fait des amis à l'extérieur de l'église, ils lui reprochent d'avoir « un pied dans l'église, un pied dans le monde ». En 2017, le pasteur apprend que Sandrine est enceinte du mari d'une autre paroissienne, un homme avec qui elle entretient une relation secrète et toxique. Il la convoque dans son bureau. « Ce que tu as fait est inadmissible, il va y avoir une réunion pour que tu sois exclue », lui annonce-t-il froidement.

Après deux décennies de loyauté, la jeune femme est excommuniée sans recours possible. Son existence dans l'église est tout simplement « effacée », d'autant plus facilement que sa mère est alors décédée. « Le plus difficile, c'est le retour à la vie ordinaire, raconte-t-elle. On doit faire le deuil du fait qu'on n'aura jamais eu une enfance normale. » Sandrine a bien tenté de contacter la Miviludes et le CNEF mais n'a jamais obtenu de réponse. « Ils se défendent les uns les autres », assure-t-elle. C'est finalement auprès de Didier Pachoud du GEMPPI qu'elle a trouvé une oreille attentive. Toujours croyante, Sandrine n'a cessé de prier que très récemment. « Ma vie devient normale pour la première fois. Mais j'ai encore le spectre de la culpabilité de ne pas prier. »

À l'église du Tabernacle d'Auxerre, Hugo bénéficie d'une autonomie croissante vis-à-vis du pasteur de Dijon et apprend à s'émanciper de sa théologie. « Je ne suis pas quelqu'un qui aime beaucoup la hiérarchie, je ne suis pas à l'aise avec le fait de donner des ordres à quelqu'un ou de lui dire comment gérer sa vie. J'ai mis longtemps à accepter que ce que je disais aux gens avait de l'influence sur leur vie. »

Le jeune pasteur passe des heures à lire la Bible afin de préparer des prêches adaptés à son tempérament. Dans les Actes des Apôtres, cinquième livre du Nouveau Testament, il découvre le mode d'organisation des premiers chrétiens, à des années-lumière de l'autoritarisme des pasteurs qu'il connaît. « L'église primitive ne dépendait pas d'un pasteur, d'un ministère, d'une hiérarchie bien réglée mais apprenait à se gérer toute seule. Tout le monde y avait un rôle. » Il décide alors d'appliquer comme il le peut ces préceptes à sa propre assemblée, en accordant à chaque fidèle une importance propre ou en mettant en place des « cellules de maison ».

Mais ce n'est pas suffisant pour apaiser ses propres

questionnements. « Le ver est dans le fruit » et, au fil des mois, il commence à interroger le fondement même de sa croyance. Malgré l'intensité de la prière et du jeûne, la réponse ne vient pas. Il ose ce qu'il n'avait jamais osé auparavant : soumettre la doctrine à la critique. « C'est ce qui est potentiellement sectaire : la doctrine ne peut pas être pensée de façon extérieure. C'est vrai parce que c'est vrai, parce qu'on le dit. »

Hugo délivre son tout dernier prêche à l'église du Tabernacle de Dijon, le 6 août 2018. Sur une photo prise ce jour-là, il a l'air décontracté, en chemise blanche, une main dans la poche, s'exprimant dans un micro serre-tête, une lumière bleutée diffusée derrière lui. Des fidèles viennent le féliciter à la sortie. Pourtant, ce jour-là, Hugo n'a déjà plus la foi. Deux semaines plus tard, il annonce au pasteur Michel Marvane qu'il quitte le pastorat. On ne tentera pas de le retenir. Pour les fidèles de l'église, il a simplement été « séduit par Satan », apprendra-t-il des contacts qu'il conserve au sein du Tabernacle.

Aujourd'hui, Hugo assume son athéisme, tout comme son père, qui l'a suivi, et sa femme, qu'il a rencontrée à l'église. Il garde de cette époque ses deux meilleurs amis, dont l'un est toujours membre du Tabernacle. Lui est devenu « pasteur repenti », conscient d'avoir été à la fois victime et acteur d'un système « sectaire », porteur d'un témoignage rare qu'il veut faire entendre pour secouer les esprits. « Maintenant, je suis convaincu que j'aurais mieux fait de ne rien faire, plutôt que de prêcher une doctrine violente, malgré tout l'enrobage d'amour. C'est une doctrine qui dit que si tu n'arrives pas à t'en sortir dans la vie, c'est que tu ne pries pas assez. J'ai vu des gens vivre des choses absolument horribles dans leur vie personnelle. Dans mon église, on leur a dit que Dieu allait changer le mal en bien. Ce discours est extrêmement maltraitant. On n'a pas le droit d'aller mal : si ça va mal, c'est qu'il y a un problème chez nous. »

14

L'appel de Points-Cœur

Dans un café du centre de Paris, Irène[1] hésite à nous raconter son histoire. C'est la première fois qu'elle s'adresse à des journalistes et elle tient à s'assurer de notre sérieux. « Je reste très marquée au niveau de la confiance, très prudente », nous expliquera-t-elle plus tard[2]. Il faut dire que cela ne fait que quelques mois qu'elle a pu, aidée d'une psychologue, mettre les termes « abus » puis « emprise sectaire » sur ce qu'elle a vécu pendant quatorze ans au sein de la communauté Points-Cœur[3].

Baptisée et confirmée, la femme de 42 ans a grandi dans une famille catholique. Engagée très jeune dans une « quête spirituelle », elle se voit devenir missionnaire en Afrique : « À la fois, j'étais attirée par le Christ et j'avais le désir de me donner, de faire de l'humanitaire. » Encore aujourd'hui, malgré l'expérience d'abus et de manipulation dont elle a beaucoup souffert dans sa communauté, Irène demeure profondément croyante

1. Son prénom a été modifié pour préserver son anonymat.
2. Entretien avec les auteurs, le 11 septembre 2020.
3. Points-Cœur n'a pas répondu à notre demande d'interview, envoyée par mail le 26 avril puis réitérée le 4 juin 2021.

et pratiquante, se rend à la messe tous les dimanches et même en semaine, et se confesse avec assiduité, ce qui l'aide à remonter la pente. « Ce sont des personnes d'Église qui m'ont trompée mais je n'en veux pas à l'Église tout entière pour autant », précise-t-elle.

Irène a la vingtaine lorsqu'elle découvre Points-Cœur. Elle vient de terminer ses études lorsque, au cours d'un pèlerinage d'étudiants, on lui parle de cette ONG humanitaire et « mouvement ecclésial ». En septembre 2000, elle se rend à l'abbaye d'Ourscamp, dans l'Oise, alors siège de l'association, lors d'une journée organisée pour les 10 ans de celle-ci. Elle y fait la rencontre du fondateur, le père Thierry de Roucy. Au début, elle est sceptique face à un homme qu'elle perçoit déjà comme « idolâtré ». « C'est ça, le père Thierry ? » se demande-t-elle intérieurement.

Au fil de la journée, elle se laisse cependant séduire par la vocation de Points-Cœur, qui fait écho au désir qu'elle porte : « Quand j'ai vu la présentation qui parlait à la fois de compassion, de communauté et de vie de prière, je me suis dit : c'est ce que je veux vivre. Ça répondait exactement à mes aspirations. » Elle sera envoyée en mission dès l'année suivante au Sénégal, recevant l'annonce de sa première destination de la bouche même du père Thierry. « On ne choisit pas son lieu de mission, on émet éventuellement des vœux sur les pays où on aimerait aller. Quand on m'a dit que je partais au Sénégal, c'était peut-être l'un des plus beaux jours de ma vie. » Durant ses quatorze années passées au sein de Points-Cœur, elle partira aussi aux Philippines, à Genève ou encore à New York, pour apporter compassion et amitié aux habitants des bidonvilles ou aux personnes issues de milieux aisés mais touchés par l'isolement. « Je ne renie pas une seconde de ce que j'ai vécu à ce niveau-là », souligne-t-elle.

Au bout de quelques années pourtant, la force de l'appel et la beauté de la mission sont entachées d'incompréhensions grandissantes. Alors que la vie communautaire est l'un des piliers de la mission et que les membres de Points-Cœur ne cessent de parler de l'œuvre comme d'une famille, Irène se sent de plus en plus isolée. « Il y avait certaines choses que je ne comprenais pas. Ma propre sœur a voulu me rendre visite alors que j'étais aux États-Unis et on me l'a refusé au prétexte que ça me détournerait de ma mission. »

Deux ans plus tard, à Paris, il est convenu avec sa hiérarchie qu'elle travaillera à mi-temps afin d'« exercer cette compassion aussi dans le monde professionnel ». Mais, après cinq années sans exercer son métier initial, qu'elle a pratiqué durant ses études, par souci de droiture, elle veut reprendre une formation pour mettre à jour ses connaissances. La demande lui est refusée et on lui reproche de vouloir « mettre son espérance dans des compétences ». L'insidieux mécanisme de l'abus de conscience est en marche mais il lui faudra sept années de plus pour ouvrir les yeux.

Quelques mois plus tard, c'est l'année sabbatique qu'elle demande pour souffler et prendre du recul qui lui est refusée. Irène commence alors à faire valoir ses incompréhensions et ses désaccords mais ses doléances restent lettre morte, l'enfonçant davantage dans la solitude… et la culpabilité : à chaque conflit avec sa hiérarchie, elle se remet en cause. « Arrête de vouloir comprendre, donne-toi aux personnes », voilà la seule réponse à laquelle elle aura droit pendant des années.

*
*   *

Les abus dont Irène a souffert durant tant d'années et le système qui en permet le déploiement prennent leur source dans la personnalité du fondateur. La plupart des « communautés nouvelles » nées au sein de l'Église catholique dans la seconde moitié du XXe siècle se sont développées autour d'une figure charismatique et emblématique.

Ne faisant pas exception, l'œuvre Points-Cœur s'est construite sur et au bénéfice de l'aura du père Thierry de Roucy. L'objectif final des missions n'est autre, en réalité, que de montrer à l'Église qu'il est un « homme saint », affirme Irène. « Le père Thierry, qui est le fondateur, est également, pour de nombreux consacrés de la communauté, à la fois le modérateur, le responsable local, l'accompagnateur spirituel et le confesseur, décrit Irène. Il y a là le terreau de l'emprise et de l'abus, parce qu'il est au courant de tout. »

On retrouve ce mélange des rôles chez les principaux responsables qui entourent le père de Roucy. Au vu de tous ces mécanismes stucturant la communauté, il n'est pas étonnant qu'en avril 2013, le quotidien *La Croix* ait révélé que, deux ans plus tôt, Thierry de Roucy avait été reconnu coupable par le tribunal ecclésiastique de Lyon de délits d'abus de pouvoir, d'abus sexuel et d'absolution du complice[1]. La victime se trouve être son ancien bras droit – qui ne souhaite plus s'exprimer aujourd'hui, ayant « tourné la page » de cette « longue et douloureuse affaire »[2].

1. Céline Hoyeau, « Le fondateur de Points-Cœur reconnu coupable d'abus sexuel », *La Croix*, 9 avril 2013. Dans le droit canonique, on parle d'absolution du complice lorsqu'un prêtre absout une personne d'un péché, notamment d'ordre sexuel, commis volontairement avec la complicité de ce prêtre.

2. Thierry de Roucy a décliné notre demande d'interview, envoyée par mail à son avocat ecclésiastique, Stéphane Drillon, le 26 avril, puis réitérée le 4 juin 2021.

Pour mieux comprendre comment cette situation a pu se produire, il faut remonter à l'année 1990, qui marque la genèse de Points-Cœur. Originaire d'une famille d'aristocrates, Thierry de Roucy est alors supérieur général d'une congrégation apostolique créée dans les années 1930, les Serviteurs de Jésus et de Marie. Le 4 janvier, il reçoit de la Vierge, prétend-il, l'intuition qu'il doit fonder une petite communauté, qui s'appellera Points-Cœur.

Luc[1], 51 ans, a passé près d'un quart de siècle au sein de Points-Cœur, qu'il a quittée en 2014. Il n'a que 13 ans lorsqu'il rencontre le père Thierry, qui devient deux ans plus tard son père spirituel. « J'ai toujours été un peu mal à l'aise avec certaines choses, nous explique-t-il[2]. Mais, quand on est captivé par une personne, on devient aveugle, on justifie tout. »

À cette période, le père Thierry est proche de fondateurs d'autres communautés nouvelles, notamment les frères Philippe – Thomas, cofondateur de L'Arche avec Jean Vanier, et Marie-Dominique, fondateur de la Communauté Saint-Jean –, respectivement décédés en 1993 et 2006. Il s'est toujours affirmé comme le fils spirituel du père Thomas et a même créé à Ourscamp un Institut Thomas Philippe. Ces deux sommités dans l'Église ont, elles aussi, fini par être mises en cause pour des abus spirituels et sexuels.

Le traumatisme, chez les catholiques, des abus révélés au sein de la Communauté Saint-Jean a été d'autant plus fort que Marie-Dominique Philippe avait une aura hors du commun dans l'Église. Ses funérailles, en 2006, ont été présidées par le cardinal Philippe Barbarin. C'est

1. Son prénom a été changé pour préserver son anonymat.
2. Entretien avec les auteurs, le 28 juillet 2020.

d'ailleurs autour de parents de religieux engagés dans cette communauté, pour qui le père Marie-Dominique n'était pas le saint que les évêques et le monde catholique adulaient, qu'est née la première association de lutte contre les dérives sectaires dans l'Église catholique, l'AVREF[1].

Dans son appartement parisien, Françoise Poujade nous raconte l'origine de l'association, qui remonte à il y a plus de vingt ans. Elle et son mari s'inquiètent alors pour leur fille Laurence, devenue sœur de Saint-Jean six ans auparavant. « Je sentais qu'il fallait intervenir mais doucement. J'ai prié dès le début en demandant au Seigneur de sauver ma fille[2]. »

Elle est à l'époque secrétaire de paroisse : « En 1997, j'ai rencontré une centaine de prêtres parisiens pour leur raconter sa situation. Ils m'ont tous dit la même chose : il faut réagir. » L'année suivante naît l'AVREF. Entre 1998 et 2013, elle reçoit plus de 2000 appels, collabore à la fois avec la Miviludes et les autorités ecclésiales. Sortie tant bien que mal de la communauté en 2002, Laurence Poujade prend ensuite la présidence de l'association entre 2012 et 2013, avant d'en être écartée, sans même comprendre pourquoi, par ses collaborateurs – lesquels changent le nom de la structure pour Aide aux victimes des dérives de mouvements religieux en Europe et à leurs familles, tout en gardant le même acronyme. De leur côté, Laurence Poujade et sa mère, toujours ferventes catholiques, créent une nouvelle association, Sentinelle, qui « soutient les victimes d'emprise communautaire et leurs proches face aux risques de dérives de groupes religieux ».

1. Association vie religieuse et famille.
2. Entretien avec les auteurs, le 28 janvier 2021.

*
* *

Alors que l'Église a historiquement toujours été à l'avant-garde de la lutte contre le phénomène sectaire, elle a mis longtemps à affronter ses propres démons. Face à cette lenteur, à l'automne 2013, trois hommes s'associent avec une quarantaine de victimes anonymes pour signer une lettre privée qui sera baptisée l'Appel de Lourdes. Yves Hamant, politologue dont la fille a fréquenté Points-Cœur, Xavier Léger, victime d'une autre communauté catholique, la Légion du Christ, et Aymeri Suarez-Pazos, ancien membre de l'Opus Dei devenu vice-président de l'AVREF, veulent secouer les évêques à la veille de leur assemblée plénière dans la ville sanctuaire. Quatorze communautés sont citées nommément dans ce texte, dont la Communauté Saint-Jean et Points-Cœur[1].

En réponse, la Conférence des évêques crée en 2015 la cellule de lutte contre les dérives sectaires dans des communautés catholiques, placée sous la responsabilité d'un évêque, Mgr Alain Planet. En lien avec des associations comme l'AVREF et avec la Miviludes, la cellule a, en 2019, traité 163 cas concernant des groupes charismatiques[2] ou traditionalistes, des communautés nouvelles ou anciennes, des congrégations religieuses ou même des prêtres individuellement. « L'essentiel des signalements porte sur des communautés nouvelles, soit issues du Renouveau charismatique, soit de la mouvance traditionaliste », décrivait Mgr Planet en

1. Jean-Marie Guénois, « L'Église de France reconnaît des dérives sectaires en son sein », *Le Figaro*, 14 novembre 2013.

2. Le Renouveau charismatique est un mouvement catholique inspiré des chrétiens évangéliques américains, apparu dans les années 1960.

juillet 2021[1]. Problème : l'instance ecclésiale cultive une relative opacité vis-à-vis du public. « La cellule de lutte n'a aucun pouvoir, juge Yves Hamant. Ils considèrent qu'ils n'ont pas à communiquer. Leur rôle, c'est de sensibiliser l'épiscopat à ces questions. »

La réputation de sainteté des fondateurs de communautés mis en cause ainsi que leur redoutable intelligence expliquent en partie pourquoi l'Église a mis tant de temps avant de réagir. Comme le père Marie-Dominique Philippe, Thierry de Roucy a longtemps été soutenu et admiré dans l'Église, ce qui lui laissait le champ libre. « Thierry de Roucy est quelqu'un d'extrêmement intelligent, qui a trois longueur d'avance sur l'Église, c'est pour cette raison que la hiérarchie ecclésiale s'est toujours fait avoir, fait valoir Irène. De plus, il existe une sorte de lobbying à Rome et des prêtres de la communauté font la "danse du ventre" au Vatican pour obtenir ce qu'ils veulent ; ils ont même l'appui de certains cardinaux. »

L'aura du père Thierry dépasse le milieu religieux. En créant son organisation en 1990, il a puisé dans son carnet d'adresses mondain pour s'attirer le soutien des milieux d'affaires. Il compte notamment, parmi ses amis d'enfance, un ancien dirigeant de l'entreprise de luxe Cartier. Il a également réussi à être décoré de la Légion d'honneur, avant de se la voir retirer en 2018 devant l'ampleur des dérives dénoncées.

Il faudra du temps pour que le vent tourne. Pendant des années, le père Thierry est parvenu à mener une vie en opposition avec l'esprit de compassion et de pauvreté

1. Céline Hoyeau, « Mgr Alain Planet : "L'essentiel des signalements pour dérives sectaires porte sur des communautés nouvelles" », *La Croix*, 1er juillet 2021.

qu'il prône. D'après plusieurs témoignages que nous avons recueillis, son quotidien contraste avec les conditions extrêmes dans lesquelles se retrouvent les jeunes volontaires de l'ONG en mission dans les bidonvilles du monde entier. « Le problème de Points-Cœur, c'est que, sous couvert d'un discours et d'une réalité, l'idée était d'atteindre les familles riches et de faire abonder les donations », affirme Irène. D'après Luc, qui a été proche de Thierry de Roucy, les membres permanents devaient s'acquitter, en plus des revenus déjà versés pour le fonctionnement de la communauté, d'une taxe à hauteur de 10 % de leurs revenus restants, « à verser sur deux comptes différents, sans possibilité d'avoir un droit de regard sur l'usage et la destination de l'argent ».

Au début des années 2000, alors qu'Irène est en mission à New York, elle assiste à des soirées de levée de fonds qui rapportent des dizaines, voire des centaines de milliers de dollars à Points-Cœur. « La paroisse française drainait des expatriés, dont certains travaillaient dans la banque, avec des moyens énormes », se souvient-t-elle. Des milliardaires sont invités aux galas de charité. Dans un rapport d'activité de Heart's Home USA, branche américaine de Points-Cœur, que nous nous sommes procuré, plusieurs généreux donateurs français sont mentionnés dans les remerciements pour l'année 2010-2011 : la famille Mulliez (Auchan), l'entrepreneur Édouard Tétreau, soutien en 2017 d'Emmanuel Macron chargé notamment de ses relations avec le monde catholique, ainsi que de nombreux financiers. Figurent aussi des paroisses catholiques de la région de New York et la fondation des frères Koch, industriels des énergies fossiles connus pour leur soutien important à l'aile droite du Parti républicain.

À deux heures de route de New York, Points-Cœur

a acheté en 2006, pour la modique somme d'un million de dollars, une belle maison en bois dans une forêt de 60 hectares, dans laquelle Thierry de Roucy s'est installé. Lorsque Luc émet des doutes sur l'intérêt de cette bâtisse pour la mission humanitaire, les responsables de Points-Cœur lui répondent : « C'est utile pour sa créativité, pour le bien de l'œuvre. » Pendant plusieurs années, des séminaristes, religieuses et autres personnes consacrées travaillent à la construction de bâtiments supplémentaires sur ce terrain, des heures et des jours durant, sans couverture sociale, sans salaire ni gratification autre que de participer à l'œuvre du père de Roucy. Outre une salle de jeu et des annexes, ils construisent au seul profit du prêtre une splendide demeure – nous avons pu en consulter des photos – de 300 mètres carrés. L'ensemble de la propriété compte alors dix chambres et sept salles de bains. Quand, en 2019, à la demande de l'autorité ecclésiale, elle est revendue, l'annonce immobilière indique un prix de vente de 3,4 millions de dollars[1].

Malgré les signaux d'alerte, les évêques auront mis au moins une décennie à prendre les premières mesures contre Thierry de Roucy. Son ancien bras droit, qui l'accuse d'agressions sexuelles, en a fait part dès 2004 à Mgr Jean-Paul James, alors évêque de Beauvais et premier évêque référent de Points-Cœur, lequel a alors saisi la justice canonique, enclenchant la procédure qui allait conduire sept ans plus tard à la condamnation du père Thierry. Auparavant, rappelle l'AVREF, le père Jacques Trouslard, « chasseur de sectes » de l'Église, et d'anciens volontaires ou leurs parents, avaient déjà

1. Céline Hoyeau, « Point-Cœur, la mise en vente du Centre de l'ONG catholique fait polémique », *La Croix*, 20 mai 2019.

alerté la hiérarchie ecclésiale sur le fonctionnement problématique de Points-Cœur.

Comment expliquer une telle inertie ? En 2008, lorsque, à la demande de Thierry de Roucy, Points-Cœur est transférée dans le diocèse de Fréjus-Toulon, Mgr Dominique Rey est déjà au courant de l'enquête en cours, d'après un contributeur répondant au pseudonyme de « frère Alèthos » sur le site L'envers du décor, créé par Xavier Léger après sa sortie de la Légion du Christ[1] : « Au cours des années suivantes, Mgr Rey ordonna prêtres de nombreux séminaristes de Points-Cœur sans avoir eu la moindre possibilité de les connaître, car ils avaient effectué leur formation en Argentine, au Chili ou au séminaire anglais de Rome. » Questionné sur ces ordinations, le diocèse de Fréjus-Toulon se contente de répondre : « Mgr Rey a accepté d'ouvrir les portes de son diocèse à Points-Cœur et ses membres, à la condition qu'un travail en profondeur soit accompli : sur le charisme de l'œuvre et les activités qui en découlent, sur ses statuts, sur son fonctionnement et sa gouvernance, sur la formation de ses membres, sur la couverture sociale des personnes, sur la transparence financière etc.[2]. » Il faut cependant attendre 2016, soit cinq ans après la condamnation canonique, pour que Mgr Rey prenne des sanctions contre le père Thierry. Cette année-là, l'évêque suspend *a divinis*[3] le fondateur pour cause de « désobéissance », lui interdisant d'entrer en contact avec les membres de Points-Cœur et d'exercer son ministère, injonction qui ne sera pas respectée.

1. Frère Alèthos, « Points-Cœur ou les liaisons dangereuses de Mgr Dominique Rey », lenversdudecor.org, 12 mars 2016.

2. Réponse envoyée aux auteurs par mail le 20 mai 2021.

3. Interdiction d'administrer les sacrements, d'enseigner, de prêcher, d'assurer une direction spirituelle ou le gouvernement d'une communauté. Seule reste la possibilité de célébrer la messe en privé.

L'évêque lui avait auparavant déjà demandé de quitter les États-Unis, où Thierry s'était installé, pour Toulon – ce que le prêtre avait refusé, jugeant le logement proposé « insalubre »[1].

Deux ans plus tôt, un rapport commandé par Mgr Rey faisait état d'un « enfermement de l'œuvre sur elle-même », d'une « méfiance envers l'Église », de « lacunes de la formation » et critiquait « l'exercice de l'autorité du fondateur, sa forte personnalité et une certaine forme d'emprise ». Fin juin 2018, Thierry de Roucy est finalement renvoyé de l'état clérical par le Vatican, décision exceptionnelle dans l'Église. La même année, la branche sacerdotale de Points-Cœur est supprimée. Le 31 mars 2020, afin de s'émanciper de l'autorité officielle de l'évêque et de pouvoir continuer d'agir sans contrainte, Points-Cœur a voté sa propre dissolution. Subsiste uniquement l'association loi de 1901, la face civile de l'œuvre, dont le siège est toujours situé à Vieux-Moulin, dans l'Oise. Coupée de tout lien avec l'Église, elle poursuit ses activités humanitaires, bénéficiant toujours de l'appui de plusieurs évêques à l'étranger, notamment aux Philippines, en Italie et en Argentine. Quant à Thierry de Roucy, il continuerait, selon Irène, de tirer les ficelles en dépit de sa condamnation. « C'est loin d'être fini, assure-t-elle. Points-Cœur ne sait pas vivre sans l'esprit de son fondateur. »

*

* *

Si le diocèse de Toulon a mis du temps à réagir, l'ancienne laïque consacrée a toutefois pu compter

1. Céline Hoyeau, « Point-Cœur, la mise en vente du Centre de l'ONG catholique fait polémique », *op. cit.*

sur son aide pour fuir la communauté. Fin 2014, Irène rentre d'une mission de Points-Cœur aux Philippines. Elle a eu là-bas un déclic lorsqu'un prêtre « extérieur » lui a dit : « Irène, vous êtes dans un état de délabrement intérieur. » Depuis des années, elle s'est retrouvée progressivement rejetée, isolée et critiquée par les responsables de Points-Cœur, qui ont toujours refusé de répondre à ses questionnements et de lui apporter le soutien imploré.

Début 2015, Irène est bien décidée à rencontrer les responsables de l'œuvre pour plaider sa cause et chercher des explications aux silences et à la manière d'agir de la hiérarchie. On lui propose de s'entretenir avec Thierry de Roucy, pourtant censé ne plus être en charge de Points-Cœur depuis sa condamnation canonique. « On est une œuvre catholique, on est censés obéir à l'Église et on me demande objectivement de mentir, s'offusque-t-elle. Il y avait toujours l'idée, dans la mentalité des membres, que côtoyer le père Thierry était une vraie grâce, alors il fallait le protéger pour ne pas qu'il soit davantage persécuté par les évêques. »

À Vieux-Moulin, la maison mère, Irène se confie au père Thierry, qui lui promet de l'aider. Trois jours plus tard, un responsable de l'ONG lui annonce qu'elle ne retournera pas à Manille, contrairement à la promesse faite par le fondateur d'arranger la situation. Irène comprend, après tant d'années d'aveuglement, qu'elle a été dupée. Elle prend alors une décision : elle va quitter Points-Cœur, en cachette. Elle rédige une longue lettre à l'intention de Mgr Dominique Rey, lui racontant ce qu'elle a vécu pendant quatorze ans. Lorsque l'évêque accepte de la rencontrer, il n'y va pas par quatre chemins : « Je sais très bien que vous pensez que le père Thierry est un saint traîné dans la boue. Je peux vous assurer que ce n'est pas le saint que vous croyez, il y a un dossier comme ça au Vatican. » Et le prélat de mimer un dossier suffisamment large pour le préoccuper.

Un véritable choc mais aussi une lumière pour Irène, qui se met à relire toute son expérience à l'aune de cette confidence. Le diocèse lui donne quelques centaines d'euros et lui trouve un logement pour faire la transition. Pour autant, la déconvenue d'Irène est loin d'être terminée. En retournant à la vie ordinaire et en reprenant un travail, elle se rend compte que, durant toutes ces années, Points-Cœur n'a pas cotisé pour sa retraite à la CAVIMAC[1], comme l'association était tenue de le faire. Un problème fréquent dans les communautés nouvelles, pour lequel elle lance une procédure judiciaire afin de récupérer ses trimestres. Lorsqu'elle s'adresse de nouveau à Mgr Rey pour lui demander une attestation prouvant qu'elle a bien été laïque consacrée chez Points-Cœur et qu'il s'agit bien d'une œuvre d'Église, il refuse.

Un proche collaborateur de l'évêque lui aurait même demandé d'arrêter sa procédure en justice pour négocier « à l'amiable » avec les responsables actuels de Points-Cœur. Il lui aurait révélé les ressorts de l'impuissance apparente des évêques face aux dérives financières et sociales : « Il m'a dit que Mgr Rey et les évêques avaient peur. » Irène développe : « Derrière, si on étudie mon cas, on étudie le cas de tous les laïcs consacrés, de tous ceux pour lesquels les communautés, depuis une cinquantaine d'années, n'ont jamais cotisé. C'est un scandale en milliards d'euros, qui pourrait couler l'Église au niveau financier. » De son côté, le diocèse de Fréjus-Toulon minimise : « Il a été conseillé à un plaignant de trouver une solution diplomatique amiable, le laissant libre alors de poursuivre ou non son action

1. Caisse d'assurance vieillesse, invalidité et maladie des cultes.

judiciaire. Cette affaire est en cours d'instruction auprès des tribunaux compétents[1]. »

Outre Mgr Rey, Irène tente, à partir de 2015, d'alerter une dizaine d'évêques, ainsi que la cellule de lutte contre les dérives sectaires dans des communautés catholiques, sur les différents abus ayant cours à Points-Cœur – là encore, sans réponse concluante. Dans ses contacts avec la hiérarchie ecclésiale, personne ne lui propose d'accompagnement pour surmonter les abus qu'elle a subis. « L'Église a voulu sauver Points-Cœur, mais ce n'est pas l'association qu'il faut sauver, ce sont les gens. Quand on est sous emprise pendant quatorze ans, pour s'en sortir, il faut un accompagnement personnel, spirituel, psychologique, familial. L'Église n'a pas le courage de prendre les victimes une par une et de les accompagner. »

1. Réponse envoyée aux auteurs par mail le 20 mai 2021.

15

Islam radical, une jeunesse sous emprise

Lorsque sa fille lui dit qu'elle va passer une soirée à Paris, Pascale décide de la suivre jusqu'à la gare. « À un moment, je l'ai perdue. Je suis descendue de la voiture pour la chercher, et j'ai contourné cette femme avec un foulard sur la tête. C'était ma fille, ça m'a beaucoup choquée. Je l'ai forcée à monter dans la voiture, je lui ai ordonné d'enlever le foulard, j'ai même menacé d'appeler son oncle. Elle s'est contentée de se taire, elle a enlevé son foulard et elle est restée muette. J'ai compris qu'elle s'était convertie dans mon dos, elle venait tout juste d'avoir 18 ans[1]. »

La voix de Pascale tremble. Elle s'interrompt parfois, cherche ses mots, présente des excuses lorsqu'elle pense s'être mal exprimée, ou lorsqu'elle croit, toujours à tort, avoir dit « quelque chose de raciste ». Ses souvenirs viennent en chapelet : l'image de sa fille unique, adolescente studieuse et calme, à la vie « normale », déclenche presque immédiatement le récit des premières amours, du premier voile, des premières fugues et de la violence.

1. Entretien avec les auteurs, le 4 juin 2021.

La petite grandit dans un environnement aimant, élevée par une mère seule, une famille proche – des tantes et des cousins qu'elle voit régulièrement. « Ma fille, elle a rencontré l'islam quand elle a rencontré l'amour, à 17 ans, récite Pascale d'une voix éteinte. Un garçon d'origine marocaine dont les parents étaient très pratiquants. La mère était voilée, avec un tatouage sur le menton. Un jour, on lui a dit qu'il ne se marierait jamais car elle n'était pas musulmane. Ils se sont séparés, c'était sa première peine de cœur. Et tout a changé… » Nous ne sommes qu'en 2006 et la radicalisation islamiste des jeunes Français n'est pas encore un sujet d'actualité.

Quinze ans plus tard, c'est une question brûlante. Les premières exactions de Mohammed Merah, les attentats contre *Charlie Hebdo*, le Bataclan et les terrasses parisiennes, et toutes les attaques suivantes ont achevé de marquer l'époque. Ces actes de terrorisme qui ont fait irruption dans le quotidien de chacun, Pascale les a vécus de façon intime.

Charline Delporte, la présidente du CAFFES, s'est aussi retrouvée aux premières loges de cette montée de l'islam radical en France, il y a une dizaine d'années. « Je me rappelle très bien de la première maman qui est venue nous rencontrer au centre, explique la militante, encore très affectée par toutes ces histoires recueillies par le CAFFES[1]. C'était en 2012, Nicolas Sarkozy était encore président. À l'époque, on était rôdés sur les questions d'emprise et de manipulation mentale mais c'était la première fois qu'on se retrouvait confrontés à ce type d'histoires. Elle nous explique qu'elle s'est séparée de son mari, qu'il est converti à un islam rigoriste. Pour moi, c'est juste un musulman, je n'ai pas encore en tête tout ce qui va se passer après. »

1. Entretien avec les auteurs, le 4 juin 2021.

Cette première maman – dont le nom s'est effacé de sa mémoire, tant d'autres ayant suivi – pleure son petit garçon de 5 ans, parti avec son père faire le djihad en Irak. « Il faut l'aider, il ne peut pas aller faire la guerre, c'est un enfant de 5 ans », répète-t-elle à la présidente du CAFFES. Elle tend une photo à Charline Delporte, dont celle-ci se souvient parfaitement : « On y voyait son fils avec une kalachnikov entre les mains, son père le tenait entre ses jambes pour bien montrer que le petit allait faire la guerre. Bien sûr, j'avais déjà lu des choses sur l'islam radical, mais là… Là, j'ai compris qu'il se passait quelque chose de nouveau. »

C'est à partir de cette date que d'autres mères commencent à affluer au CAFFES. Beaucoup racontent la même histoire : leur fille, une adolescente élevée dans une famille sans pratique religieuse, ni même d'origine étrangère, s'est convertie à l'islam, porte désormais le voile, a même parfois fugué de la maison pour vivre avec son nouvel époux. « Ces types manipulaient les filles à coups de : "Princesse, on va aller vivre là-bas, on aura notre pays, notre califat, de l'argent, tu n'auras jamais besoin de travailler. En France, c'est tous des mauvais, ils tuent nos frères et sœurs." » Charline voit aussi affluer des parents issus des pays du Maghreb, qui n'en reviennent pas du revirement de leur enfant. « Certains me répétaient : "Elle est complètement européenne, elle a même fait des études supérieures." » La plupart de ces filles qui partiront faire le djihad avec des hommes radicalisés bénéficient d'un bagage intellectuel solide, d'une famille aimante. Charline Delporte panique : « À l'époque, rien n'était mis en place, j'ai découvert tout ça sur le tas. »

Alors la présidente du CAFFES procède comme elle l'aurait fait avec n'importe quelle autre suspicion de dérive sectaire et décide de passer chaque histoire au crible des critères de la Miviludes sur le risque sectaire. Pour chacun de ces enfants radicalisés, Charline Delporte constate qu'un grand nombre de ces critères sont réunis : « On retrouvait la déstabilisation mentale, la rupture avec l'environnement d'origine, l'existence d'atteintes à l'intégrité physique, l'embrigadement des enfants, le discours antisocial, les troubles à l'ordre public, l'importance des démêlés judiciaires… Même le détournement des circuits économiques traditionnels : certains de ces gamins continuaient à toucher les aides sociales alors qu'ils étaient en Irak ou en Syrie. On peut dire que c'était l'État français qui finançait l'État islamique. »

Tout ce qu'elle voit, elle le consigne dans les rapports d'activité du CAFFES, qui remontent à la Miviludes et aux services du ministère de l'Intérieur. « Je suis même allée en mairie de Lille pour dire : "Attention, ça va exploser", se souvient Charline Delporte. En écoutant les familles, j'ai compris que dans certaines banlieues, des éducateurs algériens étaient embauchés pour s'occuper des jeunes instables avec des problèmes de drogue. Ces éducateurs étaient eux-mêmes des recruteurs. »

Lorsque Charline Delporte rapporte ces situations aux Renseignements généraux, qu'elle informe régulièrement, les fonctionnaires avec qui elle a l'habitude de travailler vont très rapidement la mettre sur la touche. Alors que la présidente du CAFFES demande le même mode d'action que dans le cadre d'une dérive sectaire classique, on lui répond qu'il ne faut rien faire, que ces affaires-là concernent l'antiterrorisme. « Je ne comprenais pas, explique-t-elle aujourd'hui. On avait déjà travaillé ensemble pour ramener des enfants partis avec leurs parents endoctrinés par des mouvements sectaires indiens, par exemple. Ça n'avait posé aucun problème à l'État. Là, on me dit : "C'est secret défense, ça concerne l'antiterrorisme, n'intervenez pas." Moi, j'ai des mamans qui pleurent leur enfant qu'elles retrouvent sur des photos, une kalach à la main, en Irak, et les Renseignements généraux me disent que je ne dois rien faire. J'identifie les mêmes critères de dangerosité que pour n'importe quelle dérive sectaire. Et je dois rester passive. »

L'ancien président de la Miviludes Georges Fenech a lui aussi été confronté à ce traitement différencié des affaires d'islam radical. Lorsqu'il présidait encore la mission interministérielle, il a interrogé sa hiérarchie sur l'action à mener quant à la radicalisation islamiste. « Nous avons vu ce phénomène monter en puissance, nous raconte-t-il[1]. On m'a dit : "Attention, c'est très sensible." Quand j'ai interrogé mon autorité de tutelle, en demandant s'il ne fallait pas que nous nous occupions aussi des filles voilées, on m'a répondu qu'il ne fallait pas intervenir, que ça relevait de l'antiterrorisme. C'était une erreur majeure : la radicalisation islamiste correspond à une dérive sectaire. Vous retrouvez les mêmes phénomènes à l'œuvre. On n'en serait peut-être pas là aujourd'hui si on avait traité ça par le même biais. »

Ce rapprochement entre islam radical et emprise sectaire n'est pas une lubie des associations. La Miviludes identifie d'ailleurs elle-même plusieurs courants islamistes à caractère potentiellement sectaire : le salafisme quiétiste, le salafisme djihadiste, certains courants du soufisme et le Tabligh, mouvement très prosélyte d'origine indienne auquel a brièvement appartenu le rappeur Maître Gims. « Les convertis ont les yeux pleins

1. Entretien avec les auteurs, le 24 février 2021.

d'étoiles, et c'est à ce moment-là que des personnes malintentionnées se rapprochent de vous, confiait l'artiste à *Paris Match*, à la mi-décembre 2020[1]. Je suis tombé sur des égarés et surtout des égareurs. »

Il n'est pas le seul à avoir pris la parole pour dénoncer le caractère sectaire de ces courants de l'islam. C'est aussi le cas de Meriam Rhaiem, qui est parvenue à ramener sa fille de Turquie après que son ex-compagnon l'avait enlevée et emmenée en Syrie. « Pour moi, le père d'Assia est sous une emprise sectaire claire et nette », déclarait-elle dès 2014 lors d'une conférence de presse à Lyon[2]. Décrivant le processus de radicalisation, elle explique à l'époque que « tout s'est fait sur Internet : il passait ses journées à regarder des vidéos [du groupe djihadiste Front al-Nosra, N.d.A.], à s'isoler, à être en rupture et à ne côtoyer que des gens qui lui ressemblent ».

Une « secte », c'est aussi le terme utilisé par Henda Ayari, qui a découvert l'islam à 20 ans. À l'époque, elle ne porte qu'un foulard sur les cheveux mais sa rencontre avec une salafiste l'amènera à porter le jilbab, un voile long et strict, puis le niqab, qui cache complètement le corps de la femme. Elle épouse ensuite un salafiste et tombe enceinte. « Le piège s'est refermé, j'étais dans ce que j'appelle une secte », témoigne-t-elle auprès de l'AFP[3].

Un récit frappant de similarité avec l'histoire traversée par la fille de Pascale : « À la vingtaine, ma fille ne se voile plus, se souvient celle-ci. Elle ne mange plus de porc mais j'ai vraiment l'impression qu'elle s'est éloi-

1. « La France selon Gims », *Paris Match*, 17 décembre 2020.
2. « Meriam Rhaiem témoigne : elle a vécu avec un djihadiste », *Le Point*, 10 septembre 2014.
3. « Henda Ayari, celle par qui l'affaire Ramadan a éclaté », *L'Express*, 28 novembre 2017.

gnée de la religion. Elle sort avec des amies, a retrouvé une certaine joie de vivre. J'ai l'impression de pouvoir lâcher prise, que c'est derrière nous. » Quelques années plus tard, sa fille se lie avec un homme qui habite dans le sud de la France. Lorsque Pascale le rencontre, elle comprend qu'il est de dix ans plus âgé que sa fille mais une fois ce premier choc passé, elle se réjouit : il est en bermuda, habillé à l'européenne, a de l'humour et les fait beaucoup rire. « Elle était habillée normalement, ne portait plus le voile, elle avait même fait une couleur à ses cheveux. Elle semble être heureuse avec lui. Et puis, il me dit ce que j'ai envie d'entendre : "Si on se met ensemble, Pascale, votre fille ne manquera de rien." » Quand il s'en va, Pascale discute avec sa fille : « Elle me demande ce que je pense de lui. Je m'en rappelle encore, je m'en veux tellement. Elle avait l'air heureuse, je savais qu'ils se disaient tous les deux musulmans mais je pensais qu'ils étaient comme beaucoup de mes collègues – ceux qui font le ramadan mais boivent un verre et mangent du saucisson aux apéros. » Pendant deux ans, les membres du couple se fréquentent à distance. Puis ils décident de s'installer ensemble.

Deux mois plus tard, Pascale va leur rendre visite dans le sud de la France pour la première fois. « En arrivant, je vois un joli lotissement, une jolie maison, je suis rassurée. Puis je vois ma fille venir à ma rencontre. Elle porte un jilbab qui la recouvre complètement. Je suis abasourdie. Je lui demande pourquoi. Elle ne me répond pas. Puis je demande à son mari pourquoi. Il éclate de rire. Il répond : "Réfléchissez un peu Pascale, je ne serais pas avec elle sinon." »

Ce qui interpelle Pascale, lorsqu'elle comprend ce qui se passe, ce n'est pas tant que sa fille soit complètement voilée. Ce qui l'interpelle, c'est qu'ils aient dissimulé la nature exacte de leur pratique religieuse. Elle comprend alors la gravité de la situation dans laquelle elle et sa fille se trouvent : « Ma fille est sous emprise religieuse depuis des années mais, là, j'ai compris qu'elle était aussi sous l'emprise de ce type, un homme violent qui la bat. Je l'ai vue se faire frapper et servir le dîner quelques minutes après, en lui demandant amoureusement s'il voulait de la sauce avec son riz. Elle était complètement sous son emprise. » Il finira par rejoindre les rangs de l'État islamique en Syrie en 2015, emmenant avec lui la fille de Pascale et leurs trois enfants.

*
* *

« À l'époque, les médias ne parlaient pas autant de ceux qui partaient en Syrie ou en Irak, se souvient Charline Delporte. Et quand ils en parlaient, ils les désignaient comme des monstres partis faire la guerre. Nous, sur le terrain, on se rendait bien compte que la situation était plus compliquée mais ça nous dépassait. Beaucoup de jeunes étaient manipulés à tel point que, si on leur demandait de poser une bombe, je me disais qu'ils le feraient très certainement. »

Consciente qu'une accélération « terrifiante » est en cours, la présidente du CAFFES continue de recevoir et d'accompagner les familles, pendant que la DGSI[1] les auditionne pour tenter d'identifier les têtes des réseaux. À chaque fois, c'est la même procédure : les associations sont tenues à leur mission d'accueil des familles et doivent prévenir la préfecture ou les Renseignements généraux. Viennent ensuite 2015, *Charlie Hebdo*, le

1. La DGSI est la direction générale de la sécurité intérieure et dépend du ministère de l'Intérieur.

Bataclan, les terrasses parisiennes, l'Hyper Cacher, l'attentat du 14 juillet à Nice…

« Ça m'a traumatisée. L'équipe de *Charlie Hebdo* était venue chez moi faire un hors-série, je connaissais bien Tignous. Je me rappelle de tous ces chefs d'État faisant une chaîne humaine à Paris le 11 janvier 2015. Moi, je ne pouvais que pleurer dans ma chambre. »

Cette année-là et l'année suivante, les équipes du CAFFES sont plus mobilisées que jamais. En 2016, 26 % des personnes passant par l'association sont confrontées à des situations de radicalisation islamique. « Je ne recevais pas les jeunes radicalisés qui avaient commis un crime, mais on me donnait toutes les familles, explique Charline Delporte. On a même créé une équipe mobile avec un psychologue. » Dans le même temps, d'autres associations se mobilisent partout en France, dont l'une fera beaucoup parler d'elle : le CPDSI[1], fondé par l'anthropologue Dounia Bouzar.

En 2014, Dounia Bouzar publie aux Éditions de l'Atelier *Désamorcer l'islam radical. Ces dérives qui défigurent l'islam*, un ouvrage dans lequel elle rapproche l'emprise sectaire et la radicalisation. La chercheuse écrit que « la seule façon d'affaiblir les radicaux consiste à leur ôter leur justification qui est l'islam » et reçoit bientôt elle aussi de nombreux témoignages de familles dont un membre est parti faire le djihad. Rapidement, la méthode Bouzar intéresse les pouvoirs publics, qui vont subventionner le CPDSI puis le rattacher à la Miviludes et au CIPDR et le mandater pour intervenir sur tout le territoire.

La question de la radicalisation prise par le prisme sectaire se retrouve en pleine lumière mais l'expé-

1. Centre de prévention des dérives sectaires liées à l'islam.

rience de Dounia Bouzar va rapidement susciter la controverse : la presse s'interroge sur les personnes avec lesquelles s'associe le CPDSI – comme l'ex-djihadiste et ex-mentor des frères Kouachi Farid Benyettou – ou sur l'efficacité de ses méthodes, après qu'une jeune fille « déradicalisée » mise en avant par Dounia Bouzar a été arrêtée pour avoir recontacté une filière de recrutement du groupe État islamique. « Je n'ai jamais considéré qu'elle était désembrigadée, répondait l'ex-présidente du CPDSI le 1er mars 2016 à l'AFP[1]. On n'a qu'un an de recul ! Tous les jeunes sont sous surveillance et susceptibles de retomber. » En décembre 2015, une inspection interministérielle sur les dispositifs de déradicalisation s'inquiète d'un possible conflit d'intérêts entre le CPDSI et Bouzar Expertises, le cabinet de conseil de Dounia Bouzar. En outre, alors même que les subventions aux associations historiques de lutte contre les dérives sectaires s'effondrent, le CPDSI touche 883 000 euros en deux ans[2].

Courant 2016, l'association de Dounia Bouzar choisira de rompre son partenariat avec l'État, au motif d'un désaccord sur le projet de déchéance de nationalité des Français condamnés pour terrorisme. Peu après, le CPDSI décide de sa propre dissolution.

Depuis, la Miviludes se retrouve bien démunie car elle ne peut plus compter sur un acteur spécialisé à plein temps dans le lien entre radicalisation et emprise sectaire. « La Miviludes n'a pas assez d'expertise sur les dérives liées à l'islam et à l'islamisme », estime

1. « Léa, jeune "déradicalisée" emprisonnée après avoir replongé : "un cas d'école" », *L'Obs*, 1er mars 2016.

2. Sylvain Mouillard, « Déchéance : Dounia Bouzar rompt avec l'État », *Libération*, 11 février 2016.

Bilel Ainine, docteur en science politique, chercheur au CNRS et spécialiste de la radicalisation violente chez les salafistes[1]. Le chercheur est bien placé pour le savoir : au mois de juin 2019, son contrat de chargé de mission avec l'organisme interministériel, dans le cadre duquel il produisait des études sur la radicalisation islamiste, a pris fin et n'a pas été renouvelé. « Il y a eu la problématique du rattachement de la Miviludes au ministère de l'Intérieur… », explique-t-il. Autrement dit, d'après lui, la baisse d'effectifs attendue fin 2019 en raison de la refonte de l'organisme interministériel a eu raison de son poste.

La même année, il venait pourtant de conduire une « recherche exploratoire de terrain » sur un sujet encore peu connu, celui de la *roqya*, équivalent islamique de l'exorcisme, et de la *hijama*, version coranique de la médecine traditionnelle chinoise par ventouses. La Miviludes lui a commandé cette étude après avoir reçu des signalements sur ces pratiques, à propos desquels ses services bottaient en touche : « Les signalements liés à l'islam sont très minoritaires à la Miviludes. Mais elle doit bien évidemment les prendre en compte, pour voir si ça relève d'une dérive sectaire, de radicalisation ou d'une simple pratique de croyance. »

Dans une note confidentielle de 15 pages que nous avons pu consulter, remise en juin 2019 et intitulée *Nouvelles Dérives Sectaires sous couvert de pratiques rigoristes en islam. La* roqya-hijama *: entre usage religieux traditionnel et dérapages charlatanesques*, Bilel Ainine identifie des dérives liées à ces pratiques, sous l'impulsion de courants islamistes, qui « peuvent causer de graves préjudices à la personne » et qui touchent

1. Entretien avec les auteurs, le 3 septembre 2020.

majoritairement les femmes d'origine maghrébine et issues des classes populaires.

D'après une enquête publiée dans le magazine *Marianne* en janvier 2021, la *roqya*, qui est, dans l'islam traditionnel, une récitation de prières et d'incantations chez soi, a été dévoyée depuis trois décennies en France par certains salafistes et membres du Tabligh, jusqu'à devenir un marché très lucratif de guérison prophétique mais aussi couvrir des actes de violence[1]. En effet, profitant de leur posture d'autorité, certains imams et autres praticiens de la *roqya* se sont livrés pendant des séances d'exorcisme à des violences sexuelles ou physiques, en utilisant un bâton, de l'eau bouillante, voire de la soude caustique pour chasser le démon du corps des fidèles. Certaines de ces violences ont donné lieu à des procédures judiciaires et au moins quatre personnes en sont mortes depuis 1994 en France et en Belgique[2].

Là encore, les victimes peinent à s'exprimer sur un phénomène qui mêle religion, emprise et violation de l'intégrité physique. D'où l'importance de recherches de long terme sur ces pratiques émergentes. « J'étais censé aborder le terrain ensuite d'une manière un peu plus vaste, en ayant recours à un échantillon plus conséquent, pour apporter une meilleure mesure du phénomène », nous apprend le chercheur. Mais le manque de moyens a conduit, d'après lui, à ce que ce projet soit enterré. En attendant que la Miviludes puisse de nouveau investir afin de mener à bien sa mission d'information et de vigilance, sur le terrain, les musulmans inquiets de ces dérives doivent

1. Timothée de Rauglaudre et Jade Serrano, « "Roqya" : les dérives de l'exorcisme islamique », *Marianne*, 31 janvier 2021.
2. *Ibid.*

se débrouiller seuls, comme Farid Darrouf, théologien et imam à la mosquée du quartier du Neuhof, à Strasbourg : « Dans ma mosquée, je donne au moins une dizaine de cours chaque année sur la *roqya* pour mettre en garde. La plupart de nos fidèles ont compris que c'était du charlatanisme[1]. »

*

* *

Aujourd'hui, Charline Delporte et le CAFFES continuent d'accompagner les familles dont l'un des proches se trouve sous emprise sectaire islamiste. Malgré une baisse relative des chiffres, ces interventions concernent toujours près de 15 % des personnes qui demandent leur assistance. Certaines mères, comme Pascale, doivent vivre en sachant que leur enfant se trouve désormais en Syrie. Après la chute de l'État islamique dans la région et la mort de nombreux combattants, les épouses ont été détenues, avec leurs enfants, dans des camps. La fille de Pascale se trouve à Al-Hol, dans le nord-est du pays, dans un camp géré par les Kurdes, avec ses quatre enfants. Elle est atteinte d'une forme grave de cancer du côlon. Son compagnon est mort au combat. « On laisse mourir ma fille à petit feu, désespère Pascale. Je m'en veux tellement, j'ai l'impression de ne pas avoir pu l'aider. »

En février 2021, Pascale a entamé une grève de la faim pour alerter les autorités sur la situation. Sans succès. Début 2019, le gouvernement français a commencé à organiser le rapatriement de 250 hommes, femmes et enfants détenus par les Kurdes, avant d'abandonner le projet face à une opinion publique

1. Entretien avec les auteurs, le 13 janvier 2021.

hostile à leur retour. En juillet 2019, 370 Français étaient toujours détenus au Kurdistan syrien, parmi lesquels 250 enfants[1]. À la date du 23 juin 2020, seulement 28 enfants, dont 25 orphelins, avaient été rapatriés[2].

1. Luc Mathieu, « "On a créé une sorte de Guantánamo dans le nord-est syrien" », *Libération*, 18 juillet 2019.

2. « Syrie : 10 enfants de djihadistes français rapatriés par la France », *Le Point*, 22 juin 2020.

16

Chasse aux démons

Quand nous parlons pour la première fois à Carole[1], le flot de paroles est intarissable. Voilà des mois qu'elle attendait de raconter ce qu'elle a vécu, de dire ce qu'elle a vu. Un prêtre décrit comme manipulateur, une obscure communauté guérisseuse et un évêque complaisant : il faut dire que le drôle de triangle auquel elle s'est retrouvée confrontée est pesant. « Dans ce diocèse, il se passe des choses très graves », nous prévient-elle d'emblée[2].

À l'automne 2018, lorsque la quinquagénaire, contrainte par ses difficultés financières, accepte un nouvel emploi à la paroisse de la Nativité, à La Garde, dans la banlieue de Toulon, elle n'a aucune idée de ce qui l'y attend. Elle apprendra plus tard que le curé, Louis-Marie Guitton, aurait été écarté de son ancienne église, dans une autre commune du Var, par les fidèles eux-mêmes, d'après Carole.

Bras droit de l'évêque conservateur de Fréjus-Toulon, Mgr Dominique Rey – celui-là même auquel Irène avait eu affaire à sa sortie de Points-Cœur –, le

1. Son prénom a été modifié pour préserver son anonymat.
2. Entretien avec les auteurs, le 25 janvier 2020.

père Guitton dirige l'Observatoire sociopolitique du diocèse, une des associations coorganisatrices de La Manif pour tous. Ce *think tank* accueille chaque été, sur le massif de la Sainte-Baume, journalistes, intellectuels et personnalités politiques de tous horizons – y compris, en 2015, l'ancienne députée d'extrême droite du Vaucluse Marion Maréchal. L'année précédente, Louis-Marie Guitton a importé en France, avec le soutien actif de son évêque, le programme américain Courage International, qui promeut la « chasteté » – en fait, l'abstinence sexuelle – pour les « chrétiens qui ont une attirance homosexuelle »[1].

Dès ses premières semaines à la paroisse de La Garde, Carole découvre la personnalité du curé, qui explique à ses yeux son éviction de sa précédente église. Celui-ci traiterait ses paroissiens de « fornicateurs », humilierait ouvertement certains fidèles jusqu'aux larmes et ferait circuler sur eux des rumeurs désobligeantes, brisant allègrement le secret de la confession et provoquant le départ de plusieurs prêtres. « L'expression "paroisse de fornicateurs" n'est pas de moi, se défend Louis-Marie Guitton[2]. Elle a effectivement été prononcée par un paroissien. Si j'ai brisé le secret de la confession, il faut rapidement faire un signalement à mon évêque pour que je sois écarté. »

Une touche d'ironie exprimée avec d'autant plus d'aplomb que le prêtre sait que sa proximité avec Mgr Rey le protège. « Il divise, il fait partir : quand quelqu'un ne lui convient pas, il sait quoi faire pour que la personne parte », juge Anne[3], 72 ans, paroissienne de

1. Lire à ce sujet Jean-Loup Adénor et Timothée de Rauglaudre, *Dieu est amour. Infiltrés parmi ceux qui veulent « guérir » les homosexuels*, *op. cit.*

2. Réponse envoyée aux auteurs par mail le 27 avril 2021.

3. Son prénom a été modifié pour préserver son anonymat.

La Garde depuis quinze ans, qui nous affirme avoir vu partir au moins trois prêtres, un séminariste et de nombreux fidèles depuis l'arrivée du père Guitton[1]. « Il est très fort pour manipuler. Quelqu'un de fragile, ça peut le démolir. » Devant des bénévoles médusés, il aurait jeté, dans un accès de colère, un crucifix en céramique qui se serait brisé sur le sol. Un climat malsain se serait alors installé à la Nativité. « Il vit constamment avec le Diable », ajoute Carole.

L'employée de l'église va elle-même en faire les frais. Depuis toujours, Carole souffre d'algie vasculaire de la face, un syndrome qui lui provoque d'effroyables maux de tête. Reconnue travailleuse handicapée, elle en arrive à se confier sur ses problèmes de santé au curé, qui tend une oreille attentive. Cette catholique « modérée », selon ses propres termes, évoque aussi, au détour d'une conversation, son passé dans la franc-maçonnerie. Le sang du prêtre ne fait qu'un tour. « Pour lui, les rituels maçonniques servaient Satan. »

Dans un premier temps, le père Guitton se limite à une banale onction des malades en lui appliquant de l'huile bénite sur le front. Devant la persistance des douleurs et les efforts de Carole pour nuancer les clichés du père Guitton sur les francs-maçons, celui-ci commence à lui parler de « prières de libération » organisées à 150 kilomètres de là, au Château Rima, au sein de la Fraternité Eucharistein. Il connaît bien cette dernière : le 1er mars 2017, il a été nommé assistant ecclésiastique du diocèse auprès de cette communauté. Il y aurait là-bas un prêtre connaisseur de la franc-maçonnerie. D'abord réticente, Carole finit par déposer les armes face à l'insistance du prêtre. « C'était mon patron, le curé, et je me

1. Entretien avec les auteurs, le 7 septembre 2020.

sentais un peu sans choix. Il y avait un peu de curiosité aussi. » Expulser le démon en elle pour la guérir de son passé franc-maçon et ainsi soigner ses céphalées, voilà l'objectif affiché de l'homme de foi.

Sur le papier, la mission que se donne la Fraternité Eucharistein, communauté catholique inspirée de la pauvreté franciscaine, à cheval entre la Suisse et la France, est assez classique si l'on en croit son site Internet : « L'Adoration de Jésus au Saint-Sacrement ». Mais ce n'est pas tout : « Nous offrons également la possibilité à des personnes marquées par différentes épreuves (drogue, dépression, addictions, etc.) de vivre une démarche de reconstruction personnelle, en partageant un style de vie simple et fraternel. Des jeunes nous rejoignent aussi pour un temps sabbatique de réflexion, de service et de prière. Chaque personne est accueillie gratuitement dans nos maisons. » Forte de cette mission, la Fraternité peut compter sur les faveurs de nombreux médias catholiques, notamment la chaîne de télévision KTO, qui lui a consacré des documentaires flatteurs, et sur celles du Vatican. En juin 2018, lors d'une visite à Genève, le pape François en personne célèbre une messe avec deux prêtres d'Eucharistein.

Des jeunes et moins jeunes en difficulté – des « cas sociaux », comme ils se nomment eux-mêmes – y sont reçus, bricolent, travaillent la terre et s'occupent des chèvres ou des lapins. Les encadrants d'Eucharistein disent s'adonner à la « christothérapie ». « Nous ne sommes pas médecins, ni assistants sociaux, ni psychologues, concède le père Damien Frossard, supérieur du Château Rima[1]. Nous n'avons pas de compétences médicales avérées. Ce que nous proposons avant tout,

1. Entretien avec les auteurs, le 15 avril 2021.

c'est une rencontre avec Jésus-Christ, qui est le bon médecin de nos âmes. » Cette confusion entre thérapie et accompagnement spirituel donnerait toutefois lieu à des excès. En Suisse, le CIC[1] a reçu en 2018 un signalement de la mère d'une jeune femme de 21 ans ayant intégré la communauté : « Il y aurait des pressions sur certaines personnes pour qu'elles interrompent leur traitement médical », affirme Manéli Farahmand, directrice du CIC[2].

Damien Frossard s'inscrit en faux, précisant être justement en lien avec un médecin à Toulon : « Nous nous battons plutôt, au contraire, pour convaincre les personnes de poursuivre leur traitement, surtout quand elles vivent quelque chose de fort, une expérience spirituelle, qu'elles se sentent mieux, viennent dans un cadre nouveau, retrouvent un rythme de vie. Souvent, la tentation est de dire : je vais mieux, j'arrête les médicaments. Là-dessus, nous renvoyons automatiquement aux médecins. Sur l'arrêt du traitement médical, peut-être que ça a pu être fait une ou deux fois, au début ce n'était pas très éclairé. Mais ce n'est vraiment pas notre politique[3]. »

De son côté, Nicolas Buttet, le fondateur de la Fraternité Eucharistein, se revendique d'une approche « holistique » de la santé, une médecine alternative non reconnue, répandue dans les milieux sectaires : « On a une vision beaucoup plus large de la personne humaine. Le médicament a sa place au milieu de toute une démarche thérapeutique, notamment avec la dimension spirituelle et relationnelle[4]. »

1. Centre intercantonal d'information sur les croyances.
2. Réponse envoyée aux auteurs par mail le 30 janvier 2020.
3. Entretien avec les auteurs, le 15 avril 2021.
4. Entretien avec les auteurs, le 6 mai 2021.

*
* *

Le 1er mars 2019, au petit matin, voilà donc Carole sur la route avec le père Guitton, à l'avant de sa voiture. Sur le chemin, le prêtre propose de réciter la prière du chapelet, comme pour la préparer à ce qui l'attend, ce que la femme refuse. Arrivée à Château Rima, un domaine niché au creux d'une vallée boisée, Carole s'entretient une vingtaine de minutes avec le père Damien Frossard. Elle est ensuite conduite dans une petite chapelle et invitée à s'asseoir au centre de la pièce, sur une chaise en bois. À sa gauche, le curé de La Garde. À sa droite, le père Damien, une étole verte autour du cou. Les deux religieux se mettent à psalmodier en latin. Ils invoquent des saints, soufflent au visage de la femme, l'aspergent d'eau, lui font embrasser une croix qui contiendrait, lui dit-on, une épine de la couronne du Christ. Sa carte de franc-maçonne, qu'elle a apportée pour l'occasion, est brûlée sous le regard de la Vierge.

Le père Damien se souvient parfaitement du rituel, dont il valide la description – mais il affirme qu'il était consenti. « Elle n'a pas été forcée par son curé, c'est certain. S'il y a une erreur, ce serait celle de ne pas avoir suffisamment expliqué la démarche et ce à quoi elle engage. Il y a deux heures de route depuis Toulon jusqu'à chez nous. Si elle avait des réticences, elle aurait pu les exprimer en cours de route[1]. » Selon lui, la séance était destinée à expurger le passé franc-maçon de Carole et non ses maux de tête : « Au niveau médical, je ne suis pas compétent. Après, je sais qu'un problème spirituel peut avoir un impact sur le physique, c'est possible, c'est parfois visible lors de prières de

1. Entretien avec les auteurs, le 15 avril 2021.

délivrance. Par contre, je ne peux pas me prononcer au sujet de cette femme, ne l'ayant vue qu'une fois. » Le prêtre nous apprend qu'il lui arrive de recevoir d'autres demandes pour guérir des « pratiques occultes » vécues dans les loges maçonniques et « être libéré de liens avec les mauvais esprits ».

Au Château Rima, l'exorcisme relèverait d'une véritable obsession, nous ont glissé plusieurs témoins. Myriam, jeune Suisse de 26 ans, connaît la Fraternité Eucharistein depuis sa plus tendre enfance. Ses parents sont à l'époque « en adoration devant Nicolas Buttet » et veulent emmener leur fille se faire exorciser à Eucharistein, ce qu'elle refuse[1]. Après une formation à Philanthropos, institut d'anthropologie chrétienne qui fait alors partie de la communauté, c'est sa sœur aînée qui décide d'y devenir religieuse pour entamer une « reconstruction personnelle » à la suite d'une situation de maltraitance familiale.

Il y a quelques années, alors que Myriam rend visite à sa sœur au Château Rima, elle raconte avoir fait une séance d'acupuncture. On la met aussitôt en garde contre le risque d'« attraper des démons ». On lui raconte qu'une personne ayant expérimenté cette méthode ancestrale chinoise est revenue « possédée » à la Fraternité, tentant d'arracher un chapelet qu'on lui avait passé autour du cou. Une autre fois, dans un couloir, Myriam se retrouve face à une jeune femme au sol, « l'air mal en point », entourée de membres d'Eucharistein récitant des prières.

« Au Château Rima, parmi les frères et sœurs, il y avait une ambiance manichéenne : le Diable est un peu partout, c'est bien ou c'est mal, se souvient Théophile[2],

1. Entretien avec les auteurs, le 30 juillet 2020.
2. Son prénom a été modifié pour préserver son anonymat.

qui y a passé plusieurs années[1]. Chaque fois qu'il y avait des problèmes relationnels, j'allais voir Nicolas Buttet et il me disait : fais attention, le Diable est parmi nous, il veut essayer de nous diviser, sois gentil et pardonne. »

Une habitante du Loiret, fervente catholique, confie son inquiétude pour sa nièce, qui a passé en 2014 six mois dans la Fraternité Eucharistein, au Château Rima, pour soigner des angoisses et des dépressions : « Elle m'a confirmé avoir vu des gens crier et avoir elle-même reçu un exorcisme[2]. » Les chasses aux démons, réalisées directement par le père Damien Frossard, auraient lieu *a minima* tous les deux jours. « Les exorcismes officiels avaient lieu en privé, sauf quand il y avait des crises. Des toxicos se mettaient à hurler et tout le monde venait prier sur eux. » Fragile et désaxée par ses différentes expériences spirituelles, à force de « prendre Jésus un peu comme un médicament », la trentenaire ne veut aujourd'hui pas témoigner. Mais son expérience à la Fraternité Eucharistein l'a bel et bien marquée. Elle aurait ainsi vu les responsables de la Fraternité tenter d'écarter une jeune membre de la communauté, car le démon était trop ancré en elle. « On faisait comprendre que lorsque les gens étaient possédés, ça revenait, c'était inguérissable, comme une maladie chronique, affirme sa tante. Ça lui faisait peur, elle avait peur d'être possédée. »

De son propre exorcisme, Carole, employée de la paroisse de la Nativité, garde un très mauvais souvenir : « C'était très long et pénible, je ne savais pas quoi faire. J'essayais de ne pas réagir, j'avais peur de les encourager si je réagissais. Louis-Marie Guitton

1. Entretien avec les auteurs, le 26 avril 2021.
2. Entretien avec les auteurs, le 28 janvier 2020.

savait très bien ce qu'il faisait, ça se voyait qu'il n'en était pas à sa première fois. » Le rituel dure environ une heure et demie. Suit une messe, puis un déjeuner en compagnie des membres de la Fraternité Eucharistein. Carole s'interroge : de quel rituel s'agissait-il, au juste ? Pas d'une simple « prière de libération », en tout cas. Trop long, trop sophistiqué. Dans la voiture, sur le trajet du retour, elle demande à son curé : « C'était donc un exorcisme ? » Calmement, sans détourner les yeux de la route, le père Guitton répond : « Oui. Et il en faudra plusieurs. » En somme, elle vient de vivre ce qu'elle appelle volontiers, aujourd'hui, un « exorcisme sauvage ». Par la suite, il lui propose à plusieurs reprises d'y retourner. « Le démon est partout », la presse-t-il. Le jour où Carole ose enfin décliner la proposition, elle voit le visage du curé s'assombrir.

Loin des fantasmes véhiculés par les films d'horreur, les exorcismes dans l'Église catholique sont aujourd'hui une pratique extrêmement encadrée. « Quand l'Église demande publiquement et avec autorité, au nom de Jésus-Christ, qu'une personne ou un objet soit protégé contre l'emprise du Malin et soustrait à son empire, on parle d'exorcisme », décrit le *Catéchisme de l'Église catholique*. En 2006, pour la première fois depuis 1614, la Conférence des évêques de France a adopté un nouveau rituel de l'exorcisme, incitant notamment les prêtres à se rapprocher de la médecine et de la psychiatrie. Chaque diocèse ou presque compte un prêtre exorciste, missionné par l'évêque. Le diocèse de Fréjus-Toulon, lui, en compte cinq, dont le père Damien Frossard pour la Fraternité Eucharistein. Ces derniers temps, les séances de guérison et les exorcismes se sont multipliées à l'initiative de l'évêque.

Mais l'exorcisme subi par Carole était-il seulement conforme au dogme catholique ? D'après le père Dominique Auzenet, missionné par son évêque au Mans pour conduire des exorcismes, il y a « manifestement un problème de discernement » chez les deux prêtres, c'est-à-dire une altération de leur capacité à juger de ce qui est juste : « On ne pratique pas un exorcisme pour une algie vasculaire de la face[1]. » Surtout, le rituel non désiré a laissé chez Carole une empreinte indélébile. « Je n'en ai parlé à personne car j'avais honte, honte de n'avoir rien vu venir et honte d'avoir été manipulée, raconte l'employée de la paroisse. J'ai l'impression d'avoir été abusée, même "violée" dans ma foi. Il s'est immiscé sans mon consentement dans ma vie spirituelle avec insistance. » Elle décide tout de même d'en faire part à Mgr Rey, qu'elle rencontre au diocèse le 20 novembre. L'évêque commence par bâiller à plusieurs reprises. Lorsqu'elle lui raconte l'épisode de l'exorcisme inopiné, il ne paraît ni surpris ni gêné. « J'ai le sentiment qu'il protège Eucharistein », nous confie Carole. Sans nouvelles après l'entretien, la femme adresse un nouveau mail à l'évêque. Dans sa réponse pour le moins laconique, datée du 29 novembre, que nous avons pu consulter, Mgr Rey écrit : « J'ai bien reçu votre courriel. Je confie cette situation douloureuse au Seigneur, pour que les nœuds se défassent. […] Je vous assure de ma bénédiction paternelle et de mes prières, vous confiant à la Vierge Marie, source de réconfort. »

À des paroissiens de La Garde qui sont allés se plaindre auprès de l'évêque des comportements du père Guitton, il aurait conseillé de changer d'église. Lorsque Anne demande à être reçue par l'évêque après avoir écopé de grossièretés de la part du curé, le prélat semble, là encore, déjà bien informé. « Il est arrivé avec

1. Réponse envoyée aux auteurs par mail le 1er août 2020.

un dossier déjà bien fourni sur Guitton. Je n'étais pas la première ni la dernière.» Après avoir écouté Anne décrire les comportements du père Guitton, Mgr Rey la regarde et dit : «Je sais, mais...» Et se tait.

Sollicité, le diocèse nous a répondu dans un mail : «Le père Louis-Marie Guitton, curé, conduit les âmes qui lui ont été confiées, avec ses forces et ses qualités et ses défauts, comme tout un chacun[1].»

*

* *

Pourquoi l'évêque de Fréjus-Toulon a-t-il balayé en quelques lignes le signalement de Carole, qui dénonçait tout de même un exorcisme subi sous la pression d'un curé lui-même décrit par plusieurs paroissiens comme ayant des tendances manipulatrices ? La manière dont la Fraternité Eucharistein a vu le jour dans l'Hexagone permet d'en savoir davantage.

La communauté a en effet été fondée par un Suisse, qui en a été le modérateur jusqu'en septembre 2020. Juriste de formation, avocat et élu député suppléant du Parti démocrate-chrétien à l'âge de 23 ans dans le canton du Valais, Nicolas Buttet est un jour contacté par un cardinal qui lui propose de travailler pour le Vatican. Par la suite, il devient pendant cinq ans ermite sur une falaise, dans une grotte de 9 mètres carrés, à la chapelle de Notre-Dame du Scex. «J'ai quitté mes études d'avocat et ma position politique pour épouser le Christ pauvre», nous raconte le prêtre à travers son écran, lunettes carrées et vestes en cuir[2]. C'est là, selon sa légende personnelle, qu'il aurait reçu l'inspiration

1. Réponse envoyée aux auteurs par mail le 20 mai 2021.
2. Entretien avec les auteurs, le 6 mai 2021.

divine de créer Eucharistein – ce qu'il fait en 1996 à Saint-Maurice, en Suisse.

Ne parvenant pas à devenir prêtre assez rapidement dans son pays, visiblement impatient du sacerdoce, il se tourne vers Mgr Rey. L'évêque de Fréjus-Toulon, issu de la Communauté de l'Emmanuel dont l'Helvète est proche de longue date, l'a rencontré par l'entremise de Jean-Loup Dherse, membre de l'Emmanuel et ancien vice-président de la Banque mondiale. Il lui met à disposition en 2002 le Château Rima, pour qu'il le restaure en y installant l'antenne française de sa communauté. L'année suivante, sans que Nicolas Buttet ait suivi un seul jour de séminaire, il l'ordonne prêtre dans le diocèse, le laissant choisir lui-même la dizaine de clercs qui le recommandent pour l'ordination, d'après le père Dominique Auzenet[1].

Damien Frossard développe : «Connaissant déjà Nicolas, il avait proposé de l'accompagner jusqu'à l'ordination comme prêtre, effectivement avec un parcours qui ne serait pas le parcours habituel, à savoir intégrer un séminaire et faire sept ans d'études. Il lui a demandé des cours et des travaux écrits pour valider un diplôme ecclésiastique en vue de l'ordonner[2]. »

Depuis son arrivée à la tête du diocèse en 2000, Mgr Dominique Rey, qui voyage fréquemment aux États-Unis pour s'inspirer des mouvements pentecôtistes, a ainsi favorisé l'implantation de communautés nouvelles, à l'image d'Eucharistein. Il a réussi de la sorte à enrayer la chute du nombre de candidats à la prêtrise. L'Église catholique de France connaît en effet, depuis plusieurs décennies, une «crise des vocations»

1. Entretien avec les auteurs, le 24 janvier 2020.
2. Entretien avec les auteurs, le 15 avril 2021.

due à une baisse des entrées au séminaire. Ces mouvements, souvent attractifs chez les personnes jeunes et en bonne santé financière, permettent de combler ce manque.

Tout en prétendant consacrer sa vie aux pauvres, Nicolas Buttet est plutôt en odeur de sainteté au sein des milieux d'affaires. Il est l'un des initiateurs, avec l'entrepreneur Christopher Wasserman, du Sommet de Zermatt, qui depuis juin 2010 réunit chaque année des hommes d'affaires et politiques dans le but d'« humaniser la mondialisation ». Présent quasiment à chaque édition depuis la première, il fait toujours partie du conseil d'administration de la fondation[1].

Il a créé en 2004 – « en lien avec le Medef[2] », affirme-t-il auprès de nous – la Fondation Ecophilos, avec la « conviction que l'épanouissement de la personne humaine ne s'oppose en rien aux intérêts économiques de l'entreprise », et l'institut d'anthropologie chrétienne Philanthropos, qui s'est séparé d'Eucharistein en 2019. « Nous peinions à nous accorder pour trouver une ligne pédagogique unifiée et claire pour les étudiants, ce qui nous ennuyait un peu », nous explique le père Damien Frossard. De plus, l'attractivité de l'établissement aurait détourné les jeunes des autres « maisons » de la Fraternité Eucharistein : « Nous n'avons pas beaucoup de forces vives, donc nous avons estimé que nous mettions beaucoup d'énergie au détriment de notre mission plus franciscaine de travail de la terre, d'accueil des personnes en vulnérabilité. »

Au-delà de cette présence assez déconcertante auprès des élites économiques, le train de vie de Nicolas Buttet interroge. Circulant dans une Mercedes offerte par un

1. Site Internet du Sommet de Zermatt.
2. Mouvement des entreprises de France.

ami, il s'octroierait des nuits dans des hôtels 5 étoiles lors de ses voyages d'affaires. « La Mercedes, on n'a jamais été très chauds, reconnaît le père Damien. C'est sûr que c'est un signe extérieur plutôt riche. » D'après le prêtre, la voiture de luxe aurait surtout servi pour ses longs voyages de nuit dans les débuts de la communauté. Un véhicule « fiable » et « grand », pour qu'il puisse y dormir et y stocker ses affaires. La Fraternité Eucharistein a d'ailleurs refusé, il y a quelques années, le don d'une voiture autonome de la marque Tesla. « Le père Nicolas a une vie très simple, en Suisse il a un petit cabanon de chantier, de 2 mètres sur 5, dans lequel il dort à même le sol, pas beaucoup d'ailleurs », plaide le supérieur de Château Rima. « Oui, effectivement, à Zermatt, on a des hôtels 4 et 5 étoiles, ça fait deux nuits par année et je dors par terre », concède quand nous l'interrogeons Nicolas Buttet, passablement agacé[1].

Grâce au réseau du prêtre suisse, la Fraternité Eucharistein est financée par la Fondation Bettencourt-Schueller, créée par la famille actionnaire de L'Oréal. Sur son site Internet, la fondation dit soutenir l'association Domaine de Beauregard, une des branches de la Fraternité, installée en Haute-Savoie. « C'est un projet de rénovation d'un site agricole, de permaculture, d'intégration de personnes en vulnérabilité qui pourraient s'investir dans une sorte d'association ou de projet solidaire », précise le père Damien. La Fondation Bettencourt-Schueller aurait versé, en tout, près d'un million d'euros à Eucharistein, d'après un ancien adepte de la communauté, qui ajoute que des membres des familles Leclerc et Michelin seraient également donateurs.

1. Entretien avec les auteurs, le 6 mai 2021.

Eucharistein serait en outre soutenu par la famille Mulliez, fondatrice du groupe Auchan, à en croire un prêtre qui a assisté à une soirée dans le prolongement d'une session « Chemins d'humanité » – des formations créées par les Mulliez pour initier les clercs à l'économie – où Nicolas Buttet était présent. Le père Damien le confirme, sans pouvoir donner de détails sur le montant, l'allocation ou la date des donations : « La famille Mulliez, c'est plus un lien amical, qui lie à la fois principalement le père Nicolas mais aussi la communauté. Ils sont venus quelquefois dans nos maisons. Il y a une grande rencontre chaque année à Saint-Maurice, à laquelle la communauté participe, les rencontres saint Nicolas et Dorothée de Flüe, qui touchent les acteurs de la vie économique, politique et sociale dans une perspective chrétienne. Ce sont des grandes familles chrétiennes, des chefs d'entreprise, ça crée des liens privilégiés[1]. »

« Buttet est assoiffé de reconnaissance mondaine, du fait d'avoir de hauts personnages qui peuvent soutenir sa communauté », glisse un théologien qui a passé quelques jours dans la Fraternité il y a une dizaine d'années et souhaite préserver son anonymat[2]. Et il semble plutôt bien s'y prendre. La Fondation Zermatt Summit compte dans son conseil d'administration l'archiduc Rudolf d'Autriche, de la maison de Habsbourg-Lorraine, qui est aussi président de la Fondation Philanthropos. Certains des descendants des empereurs du Saint-Empire romain germanique se sont en effet rapprochés de la Fraternité Eucharistein. Quatre arrière-petits-enfants de l'empereur d'Autriche Charles Ier et enfants de Rudolf d'Autriche en sont ou en

1. Entretien avec les auteurs, le 15 avril 2021.
2. Entretien avec les auteurs, le 3 février 2020.

ont été membres – Joseph, Thomas, Marie-des-Neiges et Johannes.

En juin 2018, ce dernier, tournant le dos à une carrière dans la finance, a été ordonné à l'âge de 37 ans par Mgr Rey lui-même, en présence de près de 2000 croyants. Il avait rejoint la communauté douze ans plus tôt après s'être formé, sur le conseil de ses parents, à l'Institut Philanthropos. «En bon intello, j'aurais pu choisir les dominicains mais le Seigneur m'a conduit là», confiait alors le trentenaire aux yeux bleu ciel[1]. Thomas d'Autriche, lui, occupait en 2015 la fonction de «caissier», c'est-à-dire trésorier, au sein de Château Rima.

*

*   *

Plus que les talents de Nicolas Buttet pour s'attirer le soutien des élites, c'est son autoritarisme supposé que décrient plusieurs témoins. Théophile[2] a passé une quinzaine d'années au sein de la Fraternité Eucharistein, entre la Suisse et la France. Il l'a rejointe au milieu des années 2000, alors qu'il traversait une période douloureuse de son existence. Alors qu'il vient de vivre une expérience de conversion et est attiré par l'idéal religieux, il embrasse pleinement la spiritualité du renoncement total propre à Nicolas Buttet : «Moi qui étais original et créatif, je suis devenu obéissant, avec une vie communautaire très intense, sans aucune créativité ni personnalité, témoigne-t-il[3]. C'était à la fois un choix personnel et la spiritualité d'Eucharistein. Le discernement de la volonté de Dieu ne passe absolument pas par

1. Marie-Eudes Lauriot-Prévost, «L'ordination de l'archiduc Johannes d'Autriche», *Point de vue*, 6 juillet 2018.

2. Son prénom a été modifié pour préserver son anonymat.

3. Entretien avec les auteurs, le 26 avril 2021.

ce qu'on pense, ressent ou croit mais par la médiation du réel, de l'obéissance à son supérieur, de la règle de vie. Ce qui impliquait de renoncer à tout. Et j'ai renoncé à tout. » Depuis qu'il en est sorti, le trentenaire a l'impression de respirer, d'être redevenu lui-même, après des années de souffrance. « J'étais sous emprise, j'étais angoissé, fatigué, je n'étais pas bien dans mes baskets. J'ai même eu pendant quelques années des paralysies au visage, je sentais mon cœur crispé du matin au soir. Psychologiquement, c'était affreux. »

C'est en étudiant la théologie que Théophile a fait la rencontre de chrétiens plus « humains » et a commencé à remettre en cause le dogme d'Eucharistein. « Quand j'ai pu affronter Nicolas Buttet sur ces questions-là, ça a littéralement explosé, je suis devenu le traître, l'ennemi à abattre. J'ai remis en cause le mythe fondateur, donc il était impossible de dialoguer, son charisme reçu de Dieu avait façonné la communauté et celle-ci était reconnue par l'Église : on ne pouvait pas en discuter. Il a tout essayé pour me faire taire et me faire rentrer dans le cadre. Je suis convaincu d'avoir été manipulé par lui, et qu'il a uniquement un rapport utilitariste avec les gens. Avant d'être chrétien hyper engagé, il était homme politique. Il est toujours politicien, il va toujours tout calculer, ce qui est possible, ce qui n'est pas possible, il met en place des stratégies de malade, c'est complètement surréaliste. »

Dans un témoignage écrit que nous nous sommes procuré, une femme raconte, semblant s'adresser à elle-même, ses quelques années passées dans la Fraternité Eucharistein : « Tu n'es pas libre de penser. Tu répètes ce que dit Nicolas Buttet, tu es suspendue à ses lèvres. Combien de fois par semaine dis-tu : "Nicolas a dit…" ? Nicolas Buttet a convaincu avec sa rhétorique (la manipulation, il l'a apprise en droit, en politique et à l'armée). Tu n'oses pas remettre en question une seule de ses paroles. Tu crois vraiment que l'Évangile sort de sa bouche ? »

La Fraternité aurait en outre mis en place une « interdiction formelle de rendre visite à sa famille », ce que nie le père Damien. Nicolas Buttet dénigrerait systématiquement les démissionnaires de la communauté pour dissuader les départs, critiquerait sans cesse les autres communautés nouvelles. « On était les meilleurs, on snobait tout le monde, on snobait les évêques, les diocèses et les autres communautés religieuses », confirme Théophile.

« Je pense qu'il a pu y avoir effectivement des commentaires ou des paroles qui n'étaient pas suffisamment nuancés pour qualifier des personnes qui seraient parties, admet Damien Frossard[1]. Peut-être qu'il a pu y avoir une forme de comparaison avec d'autres communautés. Ce sont des erreurs de jeunesse que nous avons commises, en voyant des communautés qui étaient en difficulté, en pensant que nous allions éviter les écueils dans lesquels elles étaient tombées. En fait, le temps nous montre que nous sommes faits de la même pâte. Je ne pense pas que ce soit propre au père Nicolas. De sa bouche, c'est vrai que j'ai entendu quelquefois des phrases qui ne me semblaient pas suffisamment à propos et suffisamment nuancées, qui ont pu blesser. Je pense que, moi-même, j'ai pu avoir des paroles qui n'étaient pas forcément très justes. » Au cours de notre entretien, le prêtre nous invite à transmettre son « pardon », au nom de la Fraternité Eucharistein, aux anciens membres qui ont pu être blessés. « Nous avons manqué de justesse », dit-il. « Quand on

1. Entretien avec les auteurs, le 15 avril 2021.

part dans une communauté, on fait des erreurs, évidemment, il y a un enthousiasme qui nous aveugle», ajoute Nicolas Buttet, qui assure avoir «demandé pardon à plusieurs personnes».

Prêtre exorciste au diocèse du Mans et connaisseur des dérives sectaires dans l'Église, le père Dominique Auzenet a été alerté sur Eucharistein par plusieurs témoins en France et en Suisse. En les recoupant et en approfondissant ses recherches, le religieux est parvenu à rédiger une note qui synthétise les inquiétudes qu'il en retire. Il la publie alors, en mars 2016, sur son site Internet Pastorale nouvelles croyances et dérives sectaires. D'après cette note, l'hygiène et la santé seraient négligées à Eucharistein, les membres dormiraient à même le sol, les maladies y seraient fréquentes. Le fondateur suisse de la communauté parlerait souvent du démon, de la fin du monde et entretiendrait une peur du «monde extérieur». «Il a une vision du monde apocalyptique : pour lui, le retour de Jésus-Christ, c'est demain matin», affirme Théophile.

La synthèse a visiblement déplu au fondateur de la Fraternité Eucharistein. Deux ans plus tard, le temps de s'apercevoir de sa publication, il contacte Dominique Auzenet en mettant à chaque fois en copie l'évêque du Mans, Yves Le Saux – issu, comme son homologue toulonnais, de la Communauté de l'Emmanuel. Nous avons pu consulter l'échange de mails. S'affairant à dénigrer les sources supposées du père Auzenet – d'anciens membres d'Eucharistein –, n'hésitant pas à dévoiler des éléments de leur vie privée et de leur dossier médical, Nicolas Buttet menace à mots couverts son confrère prêtre de poursuites judiciaires. Il conclut son dernier message, en date du 26 avril 2018, en décrivant les «conséquences possibles et ultimes» de la publication d'un tel document : « Au début de la Fraternité, j'avais rencontré une fille, Sandra[1], prise par la drogue et sujette à beaucoup de violence. [...] Nous avions pris la décision, un samedi matin, que Sandra viendrait chez nous dès le lundi matin suivant. Sandra était enchantée de cette perspective. Ses grands-parents étaient émus de la voir sourire pour la première fois depuis des mois. Sandra est tombée en larmes dans les bras de sa tante en lui disant que, pour la première fois depuis des années, elle voyait une lumière s'allumer dans sa vie. Le dimanche, les grands-parents ont rencontré un prêtre qui leur a émis quelques doutes sur notre Fraternité, du style de ceux que vous avez publiés. Je précise que ce prêtre n'était jamais venu nous trouver. Les grands-parents ont donc refusé d'amener Sandra le lundi chez nous. Le mardi, Sandra disparaissait. La police a retrouvé le corps de Sandra une semaine plus tard, dans une rivière au bas d'un pont de 187 mètres, en partie rongé par des renards. »

Au cours de notre entretien via la plateforme Zoom, le 6 mai dernier, Nicolas Buttet nous répète cette anecdote lorsque nous abordons les critiques formulées à l'égard d'Eucharistein, précisant qu'il est ensuite allé voir ce prêtre pour lui dire qu'il avait un cadavre sur la conscience. « Il faut beaucoup de prudence quand on parle », conclut le prêtre.

Lors du passage de relais de Nicolas Buttet à Cyrille Jacquot comme modérateur de la Fraternité Eucharistein, en septembre 2020, un ancien membre affirme pudiquement au quotidien *La Croix*, sous couvert d'anonymat, que « certains fondements théologiques et

1. Son prénom a été modifié pour préserver son anonymat.

spirituels d'Eucharistein posent problème, et nécessiteraient un accompagnement théologique extérieur[1] ».

« Comme beaucoup de communautés nouvelles, la Fraternité vit un temps de relecture et d'inventaire au moment du départ de son fondateur et de sa mise en retrait, estime de son côté le curé de La Garde, Louis-Marie Guitton. Sa forte personnalité a profondément marqué la communauté. Je pense que ce temps sera aussi un temps de vérité. L'évêque avait diligenté une enquête canonique en 2017. À l'époque, il n'y avait pas eu de signalements de dérives sectaires. S'il y a eu des abus, les langues se déliant, ils ressortiront[2]. »

Même son de cloche du côté du diocèse de Fréjus-Toulon : « Ce changement de gouvernance marque une étape importante, étant donnée la personnalité de Nicolas Buttet. C'est aussi un temps de relecture et de bilan quant à la jeune existence de la communauté, à son fonctionnement et ses difficultés[3]. »

Par le passé, d'autres communautés catholiques, estimées dans l'Église, se sont effondrées après les révélations des multiples abus dont elles avaient été le théâtre. Certaines ne se sont toujours pas relevées. Jusqu'ici, la Fraternité Eucharistein était passée sous le radar des pouvoirs publics et des médias. Nicolas Buttet inspirerait trop de peur, dit-on.

Si elle tire sa théologie de sources très anciennes, cette communauté loin du monde épouse parfaitement son siècle. Elle se nourrit de la détresse psychique des personnes pour leur proposer une autre guérison, là où la médecine et la psychiatrie ont échoué, à coups

1. Clémence Houdaille, « Cyrille Jacquot, nouveau modérateur de la Fraternité Eucharistein », *La Croix*, 24 septembre 2020.
2. Réponse envoyée aux auteurs par mail le 27 avril 2021.
3. Réponse envoyée aux auteurs par mail le 20 mai 2021.

d'exorcismes et de « médecine holistique ». Elle recrée de la communauté et du sens dans une société qui isole et abrutit de plus en plus. Elle s'attire les faveurs de milieux économiques complaisants.

Finalement, en dehors du type de spiritualité qu'on y enseigne, Eucharistein n'est pas très éloignée des mouvements néopaïens ou New Age que nous avons croisés au cours de notre enquête, des gourous du crudivorisme aux admirateurs de Rudolf Steiner.

Les dieux diffèrent mais les ressorts de l'emprise sont les mêmes.

ÉPILOGUE

Pour un État (enfin) protecteur

Décembre 1996, Los Angeles. Au 1680, North Vine Street, dans le quartier d'Hollywood. Derrière la façade de briques brunes du Taft Building au pied duquel se succèdent, sur le trottoir, les étoiles du « Walk of Fame » au nom de célébrités du cinéma américain, se joue l'avènement d'une « nouvelle ère » dans le pays qui se targue d'être la figure de proue du « monde libre » et qui est devenu, depuis un demi-siècle, le berceau de tous les grands mouvements à tendance sectaire, exportés à travers la planète tels des produits de grande consommation. Washington en a même parfois fait des instruments d'impérialisme pour lutter contre l'ennemi communiste, en Asie ou en Europe de l'Est, ou pour réduire à néant les poussées socialistes en Amérique latine.

Dans les étages du bâtiment à l'architecture néo-classique, au quatrième étage plus précisément, le Cult Awareness Network (CAN) renaît de ses cendres après avoir échappé de peu à la faillite. Pendant près de vingt ans, les bénévoles de la plus célèbre association de lutte contre les dérives sectaires aux États-Unis – née en 1978, après le drame du Temple du Peuple causé par le pasteur Jim Jones – ont répondu chaque année aux milliers d'appels de familles angoissées après le départ de leur enfant chez Moon, Hare Krishna, dans des mouvements évangéliques radicaux ou chez Landmark Education, une société douteuse de développement personnel aujourd'hui renommée Landmark Worldwide.

Dans les locaux de l'association, la sonnerie du téléphone retentit à nouveau. Mais, depuis peu, les appelants ont de fortes chances de tomber à l'autre bout du fil, et sans le savoir, sur… un scientologue. C'est en effet la multinationale marchant dans les pas de L. Ron Hubbard qui vient de racheter le CAN[1], après l'avoir asphyxié financièrement au moyen d'une cinquantaine de procès intentés depuis cinq ans[2]. Un coup de maître pour l'Église de Scientologie, qui vient ainsi d'achever son principal adversaire. En plus de son nom et de ses contacts téléphoniques, elle récupère ses précieuses archives sur le millier de groupes surveillés et documentés par l'association.

Freedom Magazine, le principal média de l'Église de Scientologie, se réjouit aussitôt de la fin de « deux décennies d'intolérance et de violences antireligieuses » et salue le début d'une « nouvelle ère ». Le mouvement avait décrit le CAN comme un « groupe haineux », à l'image des néonazis ou du Ku Klux Klan[3]. Bien sûr, l'association ne critiquera plus jamais la scientologie. Dans une Amérique qui l'a reconnue comme une religion, lui ouvrant le droit à des exemptions fiscales, le

1. Ray Quintanilla, « Scientologists now run Barrington-based organization », *Chicago Tribune*, 2 février 1997.

2. Annie Gowen, « Spreading the word on cults », *Chicago Tribune*, 29 janvier 1995.

3. Lesley Stahl, « The Cult Awareness Network », *60 Minutes*, CBS News, 28 décembre 1997.

mouvement a désormais les mains libres. La priorité pour le « nouveau CAN », sous la mainmise de scientologues alliés à des baptistes ou à des bouddhistes, est de mettre fin au *deprogramming*, une technique controversée y compris dans le milieu de la lutte contre les dérives sectaires.

Le *deprogramming*, ce sont des programmes qui se sont développés de manière anarchique depuis la fin des années 1970. L'idée est de promettre aux familles dont un membre a rejoint un groupe jugé sectaire de le leur ramener par tous les moyens, même par la contrainte : enlèvements, manipulation émotionnelle, coercition physique… Un paradoxe pour des militants qui prétendent défendre le libre arbitre contre le « lavage de cerveau » pratiqué par les mouvements à caractère sectaire. Un des pionniers de la méthode, également cofondateur du CAN, Ted Patrick – dont le fils a lui-même été approché par un mouvement à tendance sectaire, les Enfants de Dieu –, a écopé en 1980 d'un an de prison et d'une amende de 5 000 dollars pour enlèvement[1]. En 1996, c'est le procès de Jason Scott contre le CAN qui met un coup d'arrêt brutal à la pratique[2]. Ce jeune pentecôtiste avait subi une session forcée de *deprogramming*, dans des conditions dégradantes dignes des pires groupes sectaires, organisée par Rick Ross, consultant pour le compte du CAN. Une procédure qui a coûté plus d'un million de dollars à l'association et a achevé de la couler financièrement. Le « nouveau CAN », sous le joug scientologue, n'hésitera pas à se vanter d'avoir mis fin au *deprogramming*, quitte à utiliser les techniques de L. Ron Hubbard pour réunir les familles

1. « Ted Patrick is sentenced in seizure of cult member », *The New York Times*, 29 septembre 1980.

2. Laurie Goodstein, « Plaintiff shifts stance on anti-cult group », *Washington Post*, 23 décembre 1996.

qui auraient été, selon ses membres, brisées par ces programmes.

*

* *

En France, heureusement, le *deprogramming* n'a jamais été pratiqué dans les proportions américaines – même si une association locale avait commencé à l'utiliser au milieu des années 1970, avant de se rétracter. Cependant, depuis quelques années, une méthode beaucoup plus douce, dérivée du *deprogramming* et d'origine également américaine, s'implante lentement dans l'Hexagone : l'*exit counseling*. Cette technique a été inventée par Steven Hassan, un rescapé de l'Église de l'Unification qui a ouvertement dénoncé le *deprogramming*. Débarrassée en principe de toute coercition, elle vise à faire sortir l'adepte du mouvement à tendance sectaire par la seule force du dialogue et de la persuasion. Une poignée de cabinets la pratiquent d'ores et déjà, proposant des programmes qui peuvent coûter jusqu'à 20 000 euros aux familles.

« Il n'y a pas de règles et on sort peu de victimes », grince une militante dans une association de lutte contre les dérives sectaires. « Nous sommes complètement opposés à l'*exit counseling*, abonde une autre. Nous avons toujours pour principe de ne pas remplacer le mouvement sectaire. Nous voulons rendre leur dignité et leur libre arbitre aux personnes, certainement pas décider à leur place. C'est un truc américain. Ici, nous ne cherchons pas à forcer les gens à sortir, nous sommes juste un lieu où les personnes pour qui ça s'est mal passé peuvent s'exprimer. »

L'histoire glaçante du Cult Awareness Network, du *deprogramming* et de sa version édulcorée, l'*exit coun-*

seling, bien qu'elle soit encore méconnue en France, dessine un aperçu de ce à quoi pourrait ressembler dans dix ans, dans vingt ans, le monde de la lutte contre le phénomène sectaire, si les pouvoirs publics ne modifient pas la trajectoire dans laquelle ils se sont engagés depuis une décennie. Les associations, lessivées par la chute de leurs subventions et le coût des procès en diffamation, qui les réduisent déjà au silence, ainsi que par le manque de renouvellement générationnel de leurs bénévoles, seront réduites à peau de chagrin et tomberont à la merci d'organisations puissantes et de leur armée d'avocats.

Des solutions privées, hors de tout contrôle éthique, se développeront alors, accessibles uniquement à une caste privilégiée, aux milieux bourgeois capables d'aligner des sommes conséquentes. Les victimes issues des classes populaires et leurs proches, eux, n'auront plus personne vers qui se tourner. Car oui, l'accompagnement de ceux qui s'extraient de l'emprise sectaire est aussi, et surtout, un enjeu de justice sociale. Au sommet de l'État, la Miviludes aura peut-être finalement disparu, comme cela a bien failli se produire au beau milieu de l'automne 2019.

C'est la question fondamentale que nous nous sommes posée dès le début de cette enquête. Qui a tué – ou tenté de le faire, du moins – le modèle français de lutte contre les dérives sectaires ? Les lobbies liés à ces organisations ont-ils gagné la partie, comme le suggérait Georges Fenech sur le plateau de CNews fin 2019 ? La Miviludes a-t-elle plutôt souffert de son statut d'autorité trublionne rattachée au Premier ministre ? D'une simple coupe budgétaire, d'une volonté de simplification administrative ? Ou le climat général a-t-il tout simplement changé, ouvrant les vannes d'une américanisation de la société et d'un laisser-faire face aux dérives de certains mouvements spirituels, tant qu'ils ne commettent pas d'attentats ? Pendant cette année d'enquête, nous avons naïvement cherché un coupable idéal, là où se rejouait en vérité le crime de l'Orient-Express : une succession de meurtriers, chacun pourvu d'un mobile solide.

Ces vingt dernières années ont vu la préoccupation de la population et des pouvoirs publics se porter sur le phénomène de l'islam radical, circonscrit à une question cultuelle et sécuritaire plutôt qu'à un phénomène sectaire. Dans le même temps, les gouvernements successifs se sont employés à ne pas s'aliéner ces nouvelles minorités spirituelles, ni les promoteurs des médecines parallèles, participant ainsi au libéralisme croissant en matière de dérives sectaires. Les deux derniers présidents de la Miviludes, Georges Fenech et Serge Blisko, partagent ce constat : « Je pense qu'il y a effectivement une forme de libéralisation, d'américanisation du phénomène cultuel en France », estime le premier. Quant au second, il déplore cette « ère de liberté individuelle » : « Chacun sait ce qui est bon pour soi, pour ses enfants, chacun estime que ce n'est pas à l'État de le lui dicter. C'est une vision libérale-libertaire. » Et la réaction d'une partie – minoritaire mais bruyante – de la population à la politique vaccinale mise en place par le gouvernement ne fait que confirmer cette inquiétante tendance.

Mais parallèlement, et alors que l'État baissait les armes, les organisations qu'il surveillait ont rodé leurs arguments, dont le plus pervers reste encore celui de la liberté. Car nombre d'organisations ont compris qu'elles avaient tout intérêt à retourner l'argument de la liberté de culte, de la liberté de réunion, de la liberté d'entreprendre et de se soigner ou de la liberté d'enseignement, pour acquérir une forme de légitimité. Cette sommation à la « liberté » des cultes en France et en Europe n'est pourtant jamais comprise comme la liberté des individus à disposer de leur propre spiritualité mais bien comme la liberté de ces organisations à régir la vie de leurs fidèles, jusqu'à l'édiction de règles à suivre et la mise en place d'une justice parallèle capable de les sanctionner, à l'image des Témoins de Jéhovah. Ce n'est pas la liberté qui leur importe : tout ce qu'elles souhaitent, c'est qu'on les laisse faire. Aussi, moins l'État est présent, moins l'État se soucie de ces questions et plus ces groupes pourront progresser et faire des victimes.

Car dans le sillage de ces puissantes organisations se trouveront toujours des victimes, à l'image des dizaines de témoins qui ont accepté de se livrer à nous pour cet ouvrage. De nombreux associatifs ont tenu à nous faire remarquer une différence fondamentale entre les groupes présentant des risques de dérives sectaires et des courants spirituels sincères, véritablement respectueux des libertés – une différence qui réside dans les motifs de leurs activités tels qu'ils sont présentés aux adeptes. Quelle est l'intention véritable de l'Église de Scientologie ou des écoles Steiner-Waldorf quand elles se présentent à de potentiels adeptes ? Ces intentions sont-elles sincères ? N'existe-t-il pas plutôt une intention dissimulée, une motivation véritable, cachée aux non-initiés ?

Si nous n'avons pu que constater l'affaiblissement de la puissance publique en matière de surveillance des dérives sectaires, nous nous sommes également réjouis, tout au long de notre enquête, de la combativité des relais citoyens mis en place par les « lanceurs d'alerte » et les associations de terrain. Tous ces acteurs, qui sont aujourd'hui à la pointe de la lutte contre les dérives sectaires, avec de bien faibles moyens, mènent un travail de Titan pour informer, écouter et protéger les victimes et leurs proches. Ces rencontres nous ont laissé un sentiment doux-amer.

Lors de l'un de nos derniers entretiens, un de ces « lanceurs d'alerte » refusait de se réjouir d'une victoire remportée à l'encontre d'un gourou. « On pourrait être fiers de notre travail mais la vérité, c'est que ce n'est pas à nous de faire ça, nous confiait-il. C'est l'État qui devrait être en première ligne dans ce combat. »

Remerciements

À nos familles et à nos proches qui supportent nos obsessions et restent toujours à l'écoute.

À Éric Maitrot, qui croit sincèrement aux projets qu'il défend et accompagne. Il a toujours les bonnes idées pour les améliorer sans cesse.

À Noëlle Meimaroglou, qui a tout de suite su comprendre les enjeux de notre enquête.

Aux associatifs de terrain et aux « lanceurs d'alerte » qui défendent sans relâche la liberté et l'esprit critique.

Et, bien sûr, aux rescapés qui ont bien voulu, à visage découvert ou non, nous livrer une partie d'eux-mêmes pour éviter à d'autres des souffrances inutiles.

Table

Ce livre existe grâce au travail de toute une équipe.

Communication : Caroline Babulle, Sandrine Perrier-Replein, Typhaine Maison, Adélaïde Yvert.

Coordination éditoriale et administrative : Céline Poiteaux, Martine Rivierre.

Studio : Pascaline Bressan, Barbara Cassouto-Lhenry, Joël Renaudat.

Fabrication : Muriel Le Ménez, Céline Ducournau, Bernadette Cristini, Sophia Paroussoglou, Phousa Chantharath, Isabelle Goulhot, Émilie Lapan (Canada).

Correction : Emmanuelle Coppeaux, Valérie Gautheron.

Commercial, relation libraires et marketing : Laetitia Beauvillain, Alexandra Profizi, Élise Iwasinta, Morgane Rissel, Aurélie Scart, Clément Vekeman.

Cessions de droits : Isabelle Votier, Benita Edzard, Lucile Besse, Sonia Guerreiro.

Gestion : Sophie Veisseyre, Chloé Hocquet, Isabelle Déxès, Camille Douin.

Service auteurs : Viviane Ouadenni, Jean-François Rechtman, Catherine Reimbold.

Ressources humaines : Mylène Bourreau.

Juridique : Laëtitia Doré, Anaïs Rebouh, Valérie Robe, Jean-Benoît Vassogne, Julia Crosnier.

Diffusion : Aurélia Spalacci (directrice des ventes), Nadine Eugénie, Céline Pitt, Arnaud Weill, Hervé Adamczyk, Annie Bourgade, Éric Charpentier, Gilles Couillard, Sandrine Ducrocq, Élisabeth Ehlinger, Guillaume Loras, Jean-Philippe Pilloux, Philippe Maulnier, Gilles Torché, Élisabeth Gastaldo, Jean-Pierre Stephany (Belgique), Olivier Béguin (Suisse), Jean Bouchard et Marie-Ève Provost (Canada), Emmanuelle Cadot, Virginie Godet et Caroline Pan.

Avec le soutien des équipes d'Interforum et d'Editis qui participent à la création, la diffusion et la distribution de ce livre.

Canoros Vehit Canentes